教师专业发展丛书 中学数学教师卷

中学数学教学研修

任升录 尹德好 薛立新 著

华东师范大学出版社

图书在版编目(CIP)数据

中学数学教学研修/任升录编著.—上海:华东师范大学
出版社,2013.6
ISBN 978－7－5675－0893－4

Ⅰ.①中… Ⅱ.①任… Ⅲ.①中学数学课-教学研究
Ⅳ.①G633.602

中国版本图书馆 CIP 数据核字(2013)第 131214 号

中学数学教学研修

撰　　著　任升录　尹德好　薛立新
策划编辑　李文革
审读编辑　李文革
封面设计　黄惠敏

出版发行　**华东师范大学出版社**
社　　址　上海市中山北路 3663 号　邮编 200062
网　　址　www.ecnupress.com.cn
电　　话　021－60821666　行政传真 021－62572105
客服电话　021－62865537　门市(邮购)电话 021－62869887
地　　址　上海市中山北路 3663 号华东师范大学校内先锋路口
网　　店　http://hdsdcbs.tmall.com

印 刷 者　江阴天海印务有限公司
开　　本　700×1000　16 开
印　　张　16.5
字　　数　258 千字
版　　次　2013 年 7 月第一版
印　　次　2013 年 7 月第一次
书　　号　ISBN 978－7－5675－0893－4/G·6614
定　　价　35.00 元

出 版 人　朱杰人

目　录

绪论

一、数学教师专业发展的必由之路

教师专业发展是现代教育发展的要求和必然趋势,随着我国教育事业的发展和教师专业化进程加快,对数学教师的专业发展研究也日趋深入.从我国现阶段的教师发展实践来看,成为优秀教师是绝大多数教师的专业发展目标之一.优秀教师不仅会教学,而且会研究,善于反思,并且都取得了丰富的教学成果和教研成果.虽然他们成长的历程和途径各异,但都成为了"行家里手".

（一）精于教学的能手

优秀教师一定是精于教学的,通过不断的实践使自己的课堂教学受到学生欢迎,教学效果良好.反思是一名优秀教师成长的必要环节,是一种有益的思维活动,是教师成长的实践要求.只有善于反思,才能提高教学技艺.卓越的教学艺术、灵活的教学技巧、良好的教学效果是优秀教师追求的目标,而这种艺术、技巧和效果的形成,需要经历较长时间的磨炼,从点滴实践中增加量的积累.要能够体现自己的个性,做到驾驭课堂,机智灵活,风格独特,教有特色,效果突出,必须从基础做起.

1. 理解教材

能够独立对教材进行分析,吃透教材精神.教材分析是教师备课中一项重要的工作,是教师进行教学设计、编写教案、制订教学计划的基础,是备好课、上好课和达到预期教学目标的前提和关键,对于教师有效完成教学任务有很重要的奠基意义. 那么,如何才能做好教材分析呢? 首先要明确数学课程标准要求,深入理解标准,理解标准所提出的课程总体目标和对各个教学内容提出的具体要求,进而领会教材的编写意图. 例如,学习直线与圆锥曲线的位置关系,首先要掌握一元二次方程根与系数的关系,因此,教学设计要做好相关知识的复习准备;其次,要把握所教内容的知识结构、重难点,以便选择合适的教学方法和安排合理的教学时间.

2. 了解学生

教书育人,既要读懂书,又要读懂人. 研究学生是教好书的前提,对于学生知之准、识之深,才能教到点子上. 了解学生的核心就是树立正确的学生观:其一,学生虽然个性不同,但他们都有学习的基因,要相信学生能够学好. 这就要求教师既能够从总体上把握学生的心理规律,又能了解具体学生的特殊规律,掌握学生的个性特质,在优秀教师眼里每个学生都有优点与不足. 其二,不同阶段的学生具有与其经历相适应的社会经验,这就要求教师摸清学情,把握好学生的认知起点和可理解的问题情境. 其三,教育必须以人为本,对于教育对象的这个"人"的认识并非易事. 既要看到学生的今天,更要想到他们的明天,为他们未来的生活和工作着想.

3. 选择方法

要把知识完美地传授给学生,需要有一个相应的沟通媒介,这就是科学的教学方法. 不懂得传道有方、授业适时的教师,纵有满腹经纶,学富五车,也难以让学生达到解惑的境界. 教法的全部内涵,就是能够应对自如地把教学内容与学生学习创造性地结合起来,教学方法是由教学内容、教学对象结合而来的;离开内容讲方法,方法是低效的;离开学生讲方法,方法是盲目的. 此外,教法与学法关系密切,离开了学法谈教法,教法就悬空,对学生没有切实的指导意义. 教法来自学法,教师选择教法,首先应该考虑学生怎么学,教师的教学,主要是教会学生怎么学、如何学得好. 摆正学生与方法的关系,应选择适合学生特点的教学方法.

4. 掌握技能

教学技能包括许多方面:创造性备课的技能、启发和调动学生的技能、驾驭课堂的技能、管理学生学习的技能、与学生家长沟通交流的技能、解题技能、编选习题的技能、运用信息技术的技能等等,每一项技能的发挥都会直接影响教学效果.教学技能是否合适取决于对教学内容的处理是否得当,没有脱离学科的空洞技能.例如老生常谈的初高中教学衔接问题,之所以做得不好,一个很重要的原因就是,部分初中数学教师强调知识点的落实教学,没有考虑这些知识点将来在高中的发展,甚至对于中考要求较低的内容,采取弱化甚至虚化的处理方法.这些学生到了高中之后,如果高中教师对于初中教学实际不了解,就容易产生初高中教学脱节的现象.教师在选择具体的教学技能时,能够从学生的原有基础和将来发展两方面考虑,教学效果会持久显现出优势.

5. 形成特色

形成教学特色是一名教师成熟的标志,是一名教师知、情、意、行等心理素质在教学实践上的整体体现,是人格、学识、才能、理念的综合反映.教学特色是指教师在长期的教学实践中,形成的具有个性化特点的教学模式,是教师的经验凝结和独特的创造.它不只表现为明显优于一般教师的教学水平,更表现为凝聚在教师身上的一种精神品质.

(二)乐于研修的强手

大凡取得中学教师资格的数学教师,在学习了较多数学专业知识的同时,都学过教育学和心理学,都具有教育科学的基础知识和基本理论.但是,学科专业知识的要求不断变化,教育科学知识在不断地发展,各种理论不断涌现,这就需要及时地学习.优秀教师要在全部创造性教育和生活的过程中去使用、验证和丰富自己的教育学和心理学知识.

1. 学科专业知识研修

本学科专业知识是知识结构中的基础层次.主要包括数学学科知识、课程标准、数学教材、试题研究、学科方法论、学科课程资源的开发与利用等内容,它是教师胜任岗位工作的基本保证.教师应具有丰富的学科知识,它是教学活动的基础.

对中学数学教师来说,应精通中学阶段的全部数学内容,掌握与数学教学直接相关的高等数学知识,还应包括数学史知识、概率统计等应用数学知识、离散数学知识、分形几何知识、算法语言知识等.这些是中学数学教师应该了解并掌握的内容,它是中学数学教学必备的基础知识.固然,一名教师不能门门精通,但是,要在全面了解的基础上,精通其中一些内容.

2. 教育知识研修

教育知识是教师在从事教育教学过程中所具有的教育学、心理学知识,是与完成教学工作相关的教育科学知识.具备这些知识有利于教师认清各种复杂教育教学现象,不断增强工作的自觉性,有利于帮助教师对具体的学科专业知识进行教育学、心理学方面的思考和解释,以使学科知识通过教师重组转化为学生易于理解的知识,从而更加自如地进行创造性教育教学活动.

对于中学数学教师来说,教育知识是自身专业知识结构的重要组成部分,学生身心发展的知识、教与学的知识、教学评估等教育知识是教师在什么条件下和什么时候运用何种程度的学科专业知识的重要依据及前提条件.

3. 通识性知识研修

通识性知识主要指广博的科学文化知识,如自然科学知识、生活知识、文艺知识、美学知识、环境知识、历史知识,甚至文娱体育知识等.是指教师在本专业以外具有的学识水平和文化底蕴,主要由人文艺术知识、科学技术知识、社会阅历和生活经验、个人兴趣与爱好、艺术欣赏等构成.它是教师形成教育教学特色与风格的坚实基础.理科教师要重视提高人文素养,教师只有汲取了人类文明的丰富营养,才能厚积薄发.

对于通识性知识,教师应尽可能多懂些,知识面要尽可能宽些.数学教学中作为工具来应用的知识,如适应教育内容、教学手段和方法现代化的信息技术知识、网络知识、多媒体知识等,随着时代的发展,对教师的要求将越来越高,显得越来越重要.

4. 学科教学知识研修

学科教学知识指教师在教育教学活动中处理各种情景与问题的经验和智慧,这种经验和智慧既来自于自身实践的积累,又来自于间接的接受学习或者受他人经验和智慧的启发.它是教师有机组织起来的关于教学的程序、策略和方法,是关于决策、执行与控制的行动艺术,是由教师个人的经验和体验所丰富、补充、充实、支撑、建构起来的个性化知识.往往难以言传,如庖丁解牛,只能靠个人心灵的顿悟或渐悟,它是教师提升教育教学水平的生长点.

数学教师的专业知识是在教学实践中建立和完善的. 每位教师都有不同于其他教师的实践,因此,学科教学知识有着很强的个性印记. 例如,对于教育事件的处理,不同的教师会有不同的策略,而这些策略都是有效的,因为教师的实践具有很强的情境性,教师行为背后的原因具有多样性和复杂性. 学科教学知识也有可以相互借鉴之处,如教学设计、教学分析、常规教学策略等都是有章可循,具有基本规范的.

(三) 善于科研的高手

真正的优秀教师应该是一名研究者,把学来的东西内化为素养、外显为行动,达到学以致用. 毋庸置疑,先进的教育思想与成功的教学技艺都是实践的产物. 但是,并不是只要实践就有思想与艺术. 只有把实践与研究结合起来,边实践边研究,在实践中研究,以研究带实践,积累经验,探索规律,把感性的经验上升为理性的规律,才有普遍的指导意义.

教育是育人的事业,必须以人为本,而人是世界上最复杂的万物之灵. 教育的过程是师生共同成长的过程,是一种综合复杂的心理过程,有着深刻的内在规律. 不研究规律,不掌握规律,就无法科学施教. 教育要适应时代的需要,适应未来的需要,就必然要产生一系列的变革,出现许多前所未有的新情况、新特点、新问题、新动向. 教师面临这些问题的挑战,要通过科研,提高认识、更新观念,揭示规律,寻找解决的方法. 一名优秀教师在教学研究上从不吝惜自己的精力和功夫.

优秀教师成长的轨迹应有相应的成果体现. 这就是说,创新研究必求其有成果. 创新,既要耕耘,又要收获. 只求耕耘,不问收获是空忙;不愿耕耘,只想收获是空想. 研究者必须有成果意识,包括理论成果和实践成果. 就理论成果来说,你的研究成果应揭示教育现象所蕴涵的规律或者从某一新的视角思考教育教学现象,成果必须适当传播,供大家借鉴和分享;就实践成果来说,你的研究成果必须可以操作,在实践中有好的教学效果,例如,提高了教学效率,或者增强了学生学习兴趣和信心,或者拓宽了学生的视野,或者提高了学生某些方面的能力.

优秀教师几十年呕心沥血,孜孜以求,进行大胆试验,积累并总结出既博采众长，又独具特色的教学经验. 如果说优秀教师是一只鼎的话，那么教学、研修、科研则是鼎的三只足，它们相互作用，缺一不可，否则就立不直、站不稳. 而撰写的成果只是三者达到一定高度时的自然呈现."教学"就是教好该教的内容，完成教师的基本职责，达到知其然."研修"就是研究和进修，即在学习中研究和修正自己的知识、理念和实践操作，实现提升自己的教育修养和专业能力."科研"就是在空中鸟瞰，居高临下，全面了解教学的内外部联系及其规律性，懂得应该"怎样教"、"怎样学"，从而建立自己的、科学的、有独特个性的教学模式. 只有到这个时候，教学才能从"必然"走向"自由"，由"技术"变成"艺术"，课堂教学才能达到真、善、美的统一.

二、本书的主要内容构成

为了促进教师专业发展，使得越来越多的教师都成为"行家里手"，华东师范大学出版社组织出版一套教师专业发展丛书，本书是这套丛书中的一本.

本书论述中学数学教学研修的主要内容和方法. 中学数学教师的发展方向和社会期望的教师的理想素养，构成了研修的基本内容.

教师应具备的素养分为四个方面：第一，具有与时代精神相通的教育理念，并以此作为自己专业行为的基本理性支点，这些理念主要包括价值观、对象观、活动观等方面. 第二，知识结构上，不再局限于"学科知识＋教育学知识"的模式，而是强调多层复合的结构特征. 这包括最基础的有关当代科学和人文两方面的基本知识，以及工具性学科的扎实基础和熟练运用的技能技巧. 另外还要具备一至两门学科的专门性知识与技能以及教育学科类知识. 第三，当今社会赋予教师以更多的责任和权利，也提出更高的要求和期望，教师要胜任工作就需要有各方面的能力，包括理解他人和与他人交往的能力、管理能力和教育科研能力. 第四，教育智慧. 总之，对人类的热爱和博大的胸怀，对学生成长的关怀和敬业奉献的崇高精神，良好的文化素养，复合的知识结构，在富有时代精神和科学性的教育理念指导下的教育能力和研究能力，在实践中凝聚生成的教育智慧，这就是我们期望的教师的理想风采[1].

2012年年初,也是"十二五"的开局之时,教育部颁布了《中学教师专业标准》(以下简称《专业标准》).该标准把教师的终身学习提高到极高的高度来认识,在"基本理念"部分指出:学习先进中学教育理论,了解国内外中学教育改革与发展的经验和做法;优化知识结构,提高文化素养;具有终身学习与持续发展的意识和能力,做终身学习的典范.这为中学教师包括中学数学教师的研修打开了广阔的空间.

《专业标准》的开篇就指出:中学教师是履行中学教育工作职责的专业人员,需要经过严格的培养与培训,具有良好的职业道德,掌握系统的专业知识和专业技能.《专业标准》是国家对合格中学教师的基本专业要求,是中学教师开展教育教学活动的基本规范,是引领中学教师专业发展的基本准则,是中学教师培养、准入、培训、考核等工作的重要依据.

在"实施建议"部分明确指出:各级教育行政部门要将《专业标准》作为中学教师队伍建设的基本依据.根据中学教育改革发展的需要,充分发挥《专业标准》的引领和导向作用,深化教师教育改革,建立教师教育质量保障体系,不断提高中学教师培养培训质量.制定中学教师准入标准,严把中学教师入口关;制定中学教师聘任(聘用)、考核、退出等管理制度,保障教师合法权益,形成科学有效的中学教师队伍管理和督导机制.

中学教师要将《专业标准》作为自身专业发展的基本依据.制定自我专业发展规划,爱岗敬业,增强专业发展自觉性;大胆开展教育教学实践,不断创新;积极进行自我评价,主动参加教师培训和自主研修,逐步提升专业发展水平.

《专业标准》对教师专业标准提出了统一而全面的要求,本书主要内容的选取考虑了对中学数学教师在符合《专业标准》的要求方面有促进作用的内容.

绪论部分描述了对教师专业发展的一般认识,以下共分七章.

第一章分析了中学数学教学研修的内涵和目标,以实例分析说明中学数学教学研修的特点.

第二章介绍若干数学教育教学的理论论述,简要论述理论研修的几种理论,目的是使教师通过研修掌握中学教育原理和主要方法,了解中学生身心发展的一般规律与特点,了解中学生思维能力与创新能力发展的过程与特点,了解中学生群体特点.在本章最后给出中学数学教师进行理论研修的具体案例.

　　第三、四章及第五章分别论述中学数学教学研修的基本内容.第三章介绍了数学课程标准的研制背景和主要内容,分析了按照数学课程标准所编写的教材的一些特点,并举例对教材内容进行了分析.旨在帮助教师理解和掌握学科课程的知识体系、基本思想与方法,明了知识原理与技能.本章采用了作者承担的"上海市中小学数学课程标准的理念解读"的部分研究成果.

　　第四章着重讨论常规教学的研修,沿着课前、课堂和课后的线索有侧重地对目前已经有的常规教学研修做了分析和总结.

　　第五章则是针对中学数学教师在专业发展过程中必须经历的、实现自身素养的提升和教学水平不断提高的研修过程,从数学素养和数学教学文化等方面进行梳理和介绍.

　　第六章和第七章分别论述研修的途径和方法.第六章分别从个别化和团队两个维度、校内和校际两个方面介绍研修的若干途径.第七章介绍研修的若干组织形式和方法.

　　本书所呈现的案例都是真实的,而且经过实践检验都是有效的,在具体的研修活动中以不同方式使用过,其中多数都是作者亲历或者亲为的,主要集中在作者熟悉的地区,也选取了一些公开发表的全国各地的高质量的案例.这些案例可以为读者提供研修的不同样式,在具体的研修活动中进行参照、借鉴,也可以为读者打开一扇窗,提供一个研修的方向.

　　本书各章都围绕中学数学教学研修展开论述,旨在帮助教师把握中学数学课程资源开发的主要方法与策略,把握中学生在学习具体学科内容时的认知特点,把握针对中学数学内容进行教学的方法与策略,并提供基于案例的反思与总结,涉及教学设计、教学实施、教学反思和教育教学评价等方面的内容.

第一章

中学数学教学研修概论

本章从中学数学教学研修的基本内涵和主要目标来阐释研修的意义,从中学数学教学的特点来分析教学研修的特点,透过两个真实的研修实例,我们可以真切地感受数学教学研修的独特性.

第一节　中学数学教学研修的意义

数学教师所具备的专业知识和通识性知识是其胜任教学工作的一个方面,其实际教学经历则是保证其能够顺利实施教学和获得专业能力发展的另一个方面.教师要跟上变化的社会形势,就得加强学习,对自己和他人的实践进行思考,研究遇到的问题,寻求解决问题的办法,不断提高理论水平,积累实践经验,通过个人努力和他人的帮助,提高驾驭复杂教育教学局面的能力.

一、中学数学教学研修的基本内涵

研修是一种学习类型.研:研读、研磨、研究,修:修习、修正、进修.研修主要包含研究、学习、进修、修正的涵义.

在本书中,研修是指教师在职期间非脱产的旨在拓展专业知识、提高专业能力和教学水平的各种进修方式.研修应以教师的专业发展为本,为教师成长提供良好的外部环境,在学习中研究和修正,促进教师教学能力的全面提高.任何研修首要的是提高教师作为教育工作者的道德修养,教师对所从事职业的热爱、对中学生独立人格的尊重、对学生的关爱是保证教学研修取得成效的前提.

　　由于人们所处的自然环境、人文环境、经济环境不断变化,作为教育对象的学生的成长环境和身心发展、教师自身的思想认识都在不断发生变化,因此,人们对教师的要求和期望也是不断变化的.一个人从成为教师的第一天起,研修就一直与之相伴.研修是在职教育的主要实现方式,学校对教师进行研修所持有的态度和支持力度是决定研修能否顺利开展的主要因素.

　　课程改革要顺利进行,首先要保证教师能够较好地理解和接受变化了的课程体系.如果不顾教师的感受强行推进改革,在实践中就会遇到麻烦和曲解,改革的初衷就不可能实现.通过不同形式的教学研修可以促进教师理解课程改革的意图和内容.

　　中学数学教师的教学研修,主要是从数学学科教学的角度,提高教师对数学课程内容、数学教学和不断变化的学生群体状态的理解,增强教师实施教学的自觉性和选择教学方法的灵活性,促进教师会反思和研究,不断提高教师专业素质和专业水平,从而实现教学质量的提高.

　　提高教学质量和办学水平,关键在教师.数学教师有其职业的特殊性,需要教师个人凭借自己的责任、人格、专业知识、学识水平,在课堂内外创造性地实施教学.无论是有多年教学经验的教师,还是新走上教坛的青年教师,都不同程度地面临着各种压力,如何把压力转化为动力,转化为内驱力,既需要教育行政、教育研究、教研指导部门的关心和帮助,更需要教师自己有接受终身学习的主动性、自觉性和迫切性,常学常新,充满自信地实施教学,胜任教书育人的使命.教学研修是教师不断接受新挑战、适应新群体、站稳新讲台的法宝.

　　常见的数学教学研修有各种形式的教学实践研究活动.以校为本的研究在我国十分普遍,如教研组就某个专题展开讨论交流、对某个教学内容进行集体研讨,备课组结合本年级的实际教学状况进行集体备课,本校教师相互听课磨课.区域教研员组织的有主题的教学研究活动也是数学教学研修的有效形式,如分析区域内近期的教学动态、说课和公开课等教研活动、教学内容研究、研讨不同的教学设计方案会带来怎样的结果、研究本区域在一段时期内的教学安排、考试与命题研究、解题研究、教学评价等做法.在较大范围内交流教师的想法,有助于实现教学策略的优化和个性化,教学展示或者教学评比可以有效促进先进教学策略的传播.各级各类的培训活动,如研修班、名师基地、导师顾问团等也是数学研修的常见组织形式. 近些年兴起的培训师面授或者通过网络视频授课与网络研修结合的国家级、省市级等各级各类的培训项目,由于允许学员选择课程和培训师,研修时间灵活机动,研修地点不受限制,加上辅以远程在线互动交流,在线辅导,形式多样,实施灵活,受到广大教师的欢迎.

二、中学数学教学研修的主要目标

　　胜任数学教学工作是对中学数学教师专业发展的基本要求,也是开展教学研修的基本目标. 数学教学是个性化特征极其明显的师生交互活动过程,教学研修要根据研修对象的不同,确定个性化的目标要求,根据一个学校集体中教师发展的定向不同,制订不同的研修目标,通过个人业务潜能的充分发挥,实现团队发展中的个性化研修的目的. 从我国中学的现实来看,对中学数学教师的发展至少有三类定向:

　　其一,教学型数学教师. 学校对这类教师的要求是驾驭课堂教学的能力过硬、数学素养高、解题能力强、教学效果好、受学生欢迎. 这是中学数学教师的主流价值取向,也是学生和家长希望能够遇到的优秀老师. 这一教师群体是一所中学数学教学质量的基本保证,我们称他们为教学型数学教师. 真正的课堂教学专家应来自于教学型数学教师.

　　其二,科研型数学教师. 学校需要数学学科团队中(对其他学科也有类似的要求)有这样的教师,教学能够胜任,同时能对本学科的教学现象进行研究和概括,对教学实践进行反思和总结,通俗地说就是能够结合教学搞数学教学课题研究、总结本校的教学经验、撰写数学教科研文章、开发校本课程等. 这类教师往往对所在学校的数学课程建设、数学学科地位的提升起到相当大的作用. 我们称之为科研型数学老师. 研究课堂教学中的现象,这种类型的教师应是重要的依靠力量,他们本身常常就是教学研究专家.

　　其三,管理型数学教师. 社会的发展、学校的运转,都需要能够胜任多种岗位的数学教师,一些学校甚至直接把教学和管理并重作为骨干教师的培养目标. 主要包括协调和沟通人与人之间关系的能力、管理能力,除了能够胜任数学教学工作外,可以负责适当岗位的管理工作,包括做班主任、担任校长,甚至负责更大范围的管理工作. 我们称之为管理型数学老师.

无论哪一种发展取向的数学教师,不断提高教学水平和教学效果,成为优秀教师,是共同的研修目标. 数学学科的专业知识、与数学教学相关的教育知识、数学教师的学科教学知识、人文素养等通识性知识的研修应是研修的主要内容.

教学过硬,科研能力强,又具有很好的管理水平,思想修养和人际交往能力也比较好,各方面条件都很理想,这样的教师毕竟凤毛麟角,是教师中的精华,成为个人的追求无可厚非,但不应作为对数学教师专业发展的普遍要求. 中学数学教学研修目标应坚持面向全体数学教师,突出数学学科教学特点,促进教师专业能力和道德修养的全面提高,科学与人文并举,使教师在专业团队中充分施展自己的才能,胜任所承担的工作.

在一个教师团队中,每一个个体都能够得到充分的发展,教师个人的专业发展能够得到充分的保证,教师能够各展所长和各尽所能,形成一个生机勃勃、具有较高的专业实力和健康的人文生态系统的教师团队,这是理想的研修目标. 在对教学必须符合学生的个性化需求的要求越来越高的今天,面对学生多样化的需求,对教师的要求也是多样化的,例如对于学生高阶思维的培养,特别是对 $1\% \sim 3\%$ 的对数学学习有浓厚兴趣的学生的培养,需要数学教师团队中具备相应教学能力的教师,以便在诸如学科竞赛、数学建模等方面满足学生的需求.

教师自身内在发展的需要和对教育事业的热爱是促成教师专业发展的内驱动力. 数学教师的职业和所有学科教师一样,具有非常复杂的结构体系,这种复杂性决定了教学研修的复杂性. 对数学教师的研修指导,主要是专业方面的指导,包括师德、学科、教学和科研,以教学研修为主. 教师通过研修具备数学教学的专业知识和能力,获得数学教学的一个整体观点,对数学教学有一个总的认识,对教学实践有自己的做法,促进自己的知识结构不断更新、不断优化,在专业素质和专业水平上不断获得发展.

第二节　中学数学教学研修的特点

教师专业的特点是追求丰富多彩的教学过程和高质量的教学效果. 数学教

学有其自身独特的规律,这种规律又烙有很强的教师个人印记.

一、数学教学的特点决定了教学研修的特点

数学教师经常问的问题是:如何理解需要教学的内容? 我们教师理解的教学内容是否都正确? 准备的教学内容在具体教学过程中能否顺利进展? 学生的学习基础和学习状态如何? 如何让学生有一个积极的学习状态? 如何让学生理解将要学习的内容? 学生如何能够掌握已经学过的内容? 如何让学生会运用已经学习的内容? 如何让学生发展已经学习的内容? 等等. 数学教师的教学研修就是通过自己或者外部力量的帮助解决教学中遇到的问题,包括:研读文献、进修学习、观摩访问、参加教学比赛、在实践中获得教学能力和领悟教学真谛、通过亲身运用数学教学知识获得专业发展.

数学学习领域具有结构体系和顺序关系,数学思维具有抽象性、严谨性和表现方式的多样性,数学语言具有简练准确的特点和自身的符号系统. 数学课具有概念认识讲条理、规则学习重逻辑、得出结论有根据等特点. 理解教学内容,辨析教学语言,探寻教学策略,研究实施教学的最佳方式,是数学教师教学研修不变的主题.

进行有价值的研究是一回事,而把这些成果表述成能被广大数学教育工作者阅读和理解的形式,常被看作另一回事. 数学教育领域的研究所提出的或者所遇到的问题在规模上完全不同于纯数学和纯理论里遇到的问题,数学教学研修有其独特的内容和开展方式.

在数学课堂里,经常发现关键性的技巧学生想不出来,需要通过教学才能实现;不同的处理方式,学生的理解指向会不同,需要教师进行适当的处理. 有时让学生探究,虽然偏离了轨道,但有新的发现;有时让学生探究,不仅偏离了轨道,还干扰了学习. 有的概念和命题需要通过教师的讲解,而有的知识则可以通过学生自学获得. 数学教学充满了变数和不确定性,怎样的处理是恰当的呢? 对同一个教学内容,在不同的情绪状态下备课的设想会有差异. 教学中的困惑,既有内容上的,又有方法上的;既有教师自身的理解问题,又有学生目前的学习阶段问题,还有采取什么观念指导自己的教学问题. 观念一旦形成往往是根深

蒂固的,难以改变,但是内容和方法是可以通过研修加以解决的.

　　数学教学的特点决定了教师教学研修的特点,这些具体的教学问题可以通过适当的教学研修来解决.数学教师教学研修,要结合具体的教学内容展开,脱离教师当前的教学内容,进行抽象的研修,只能是空洞的说教,对于提高教师的教学水平的实际意义不大.

二、课堂教学研修应结合数学教学实践开展

　　课堂教学研修,很大的一部分是通过现场观课、听课、磨课、评课,达到提高执教教师和参与教师的教学水平的效果,在需要的时候,可以是多个教师同时教授同一内容的教学任务.

案例 1.2.1

等比数列前 n 项和公式推导的三种不同教学处理

　　方案 1:由棋盘上的麦粒数故事,引出求和:$1+2+2^2+\cdots+2^{63}$,师生研究如何求和,通过分析和式的特点,回到等比数列的通项公式,发现前后相邻项之间有 2 倍关系,启发学生发现把和式乘以 2,变成 $2+2^2+2^3+\cdots+2^{64}$,通过两式相减抵消中间各项,得到化繁为简的目的.

　　通过教师的提问,再把问题适当一般化,考虑首项为 1、公比为 $q(\neq 1)$ 的等比数列的前 n 项求和问题.(教师提问:1.求解的关键步骤是什么? 2.为什么乘以 2? 乘以其他数可以吗? 3.对一般公比的等比数列,如何求其前 n 项的和?)最后研究一般的等比数列前 n 项和公式的推导.

　　方案 2:复习等差数列的前 n 项和公式的推导方法——倒序相加,把等差数列转换成等比数列,启发学生能否由等差数列的前 n 项和公式的推导方法联想等比数列前 n 项和公式如何推导.接下来让学生分组讨论探究,除了个别事先预习或者讨论过程中看了课本的学生,绝大多数学生都没有联想到教师希望出现的"错位相减".

　　方案 3:复习等比数列的通项公式之后,师生共同探讨:

　　一般等比数列前 n 项和:$S_n = a_1 + a_2 + a_3 + \cdots + a_{n-1} + a_n = ?$

即 $S_n = a_1 + a_1 q + a_1 q^2 + \cdots + a_1 q^{n-2} + a_1 q^{n-1} = ?$

在学生简短讨论之后,教师给出三种方法.

方法 1:错位相减法

$$\begin{cases} S_n = a_1 + a_1 q + a_1 q^2 + \cdots + a_1 q^{n-2} + a_1 q^{n-1}, \\ qS_n = a_1 q + a_1 q^2 + a_1 q^3 + \cdots + a_1 q^{n-1} + a_1 q^n. \end{cases}$$

$$(1-q)S_n = a_1 - a_1 q^n,$$

$$S_n = \begin{cases} \dfrac{a_1(1-q^n)}{1-q}, & q \neq 1, \\ na_1, & q = 1. \end{cases}$$

方法 2:提取公比 q

$$\begin{aligned} S_n &= a_1 + a_1 q + a_1 q^2 + \cdots + a_1 q^{n-2} + a_1 q^{n-1} \\ &= a_1 + q(a_1 + a_1 q + \cdots + a_1 q^{n-2}) \\ &= a_1 + q(S_n - a_1 q^{n-1}), \end{aligned}$$

$$(1-q)S_n = a_1 - a_1 q^n.$$

方法 3:利用等比定理

$$\frac{a_2}{a_1} = \frac{a_3}{a_2} = \frac{a_4}{a_3} = \cdots = \frac{a_n}{a_{n-1}} = q,$$

$$\frac{a_2 + a_3 + \cdots + a_n}{a_1 + a_2 + \cdots + a_{n-1}} = q$$

$$\frac{S_n - a_1}{S_n - a_n} = q,$$

$$(1-q)S_n = a_1 - a_n q,$$

……

[点评] 这三节课是近年来较为流行的"同课异构"的一种方式,三位教师同时同校在三个班上同样一节课,课前各自备课,课后一起进行研讨,研讨后形成对该内容教学的一般看法.参与教师通过观摩或者评论,对教学内容有一个认识,对自己如何实施教学有一个启发.有比较就有鉴别,同类型的学生采用不同的处理方式,从过程到效果都可以进行比较.

　　就本案例的三节课而言,我们可清楚地看出,三个设计所表达的课堂教学观念的差异.方案1从具体的情景引入,先解决特殊的问题,再逐步一般化,在解决特殊的等比数列求和问题时,力图把一般的求和方法渗透其中,从等比数列的通项公式试图启发学生明白为什么要对原和式乘以公比,学生对"错位相减"法的理解难度有所降低.

　　方案2从等差数列求和方法出发,企图让学生联想出等比数列求和的方法,但是两者思维方法差异过大,造成学生认识上的一个较大冲突,影响了教学的顺利推进,但这种冲突可能会给学生留下一个较为强烈的印象:等比数列与等差数列求和方法不一样.

　　方案3与前面两个方案不同之处在于用了三种方法推导等比数列前 n 项和的公式,这种设计的数学味很浓,对较为优秀的学生理解等比数列的通项公式,特别是相邻项之间的关系、连续和与前 n 项和之间的关系都有所帮助,对学生思维的发散也有积极意义;而对于绝大多数学生,看到了教师的解题技巧的展示,除了欣赏美妙的解法以外,可能会对数学的奥妙有那么一些赞叹,而对理解前 n 项求和公式的"错位相减"法推导则会起到相当程度的干扰作用,容易偏离教学主题.虽说教无定法,但是设计的效果是可以比较的,方案1是较为公认的合适的处理方案.三种处理方法产生不同的结果,如果不亲临现场观课、听课,就不会有深刻体会.

　　"同课异构"让教师直观地比较不同教学处理方式的效果,但是需要耗费较多时间准备,对场地和教学班级也有较高的要求.教师本人对教学环节不断尝试各种不同的处理方式,并反思比较差异点和优劣,在专家的指导下或者通过个人感悟,体会教学的奥妙,日积月累,同样能够达到提高教学水平的效果.

案例1.2.2

平方差公式和完全平方公式引入的三次备课

第一次

一、复习引入,发现规律

复习:多项式与多项式的乘法法则.

1. 填空：

(1) $(a+2)(b-3) = $ _____；

(2) $(a-2b)(a+3) = $ _____；

(3) $(a+b)(a-b) = $ _____；

(4) $(a-b)(a-b) = $ _____；

(5) $(a+3b)(a-3b) = $ _____；

(6) $(a+3b)(a+3b) = $ _____；

(7) $(5a-b)(5a+b) = $ _____；

(8) $(5a-b)(5a-b) = $ _____．

二、归纳规律，得出公式

平方差公式：$(a+b)(a-b) = a^2 - b^2$；

完全平方公式：$(a \pm b)^2 = a^2 \pm 2ab + b^2$．

平方差公式：1) 等式左边是两个数的和与这两个数的差的乘积；

2) 等式右边是这两个数的平方的差（与差的平方区别）．

完全平方公式：1) 等式左边是两个数的和（差）的平方；

2) 等式右边是这两个数的平方和与它们乘积的两倍的和（差）．

（口诀：首平方，末平方，两倍首末中间放）

第二次

一、复习引入，发现规律

首先请同学们完成下面两个二项式的乘法运算.

1. 计算：(对第一次所选二项式中的 3 个做了细小的修改，其他不变，下面仅列出有改动的)

(2) $(a+2b)(a+3) = $ _____；

(7) $(5x-y)(5x+y) = $ _____；

(8) $(5x-y)(5x-y) = $ _____．

在两个二项式相乘时，用一个二项式的每一项分别乘以另一个二项式的每一项，再把所得的积相加. 一般情况会有几项？

其余 6 题的运算结果发生了怎样的变化？原因是什么？

二、归纳规律,得出公式

(3)、(5)、(7)题的计算结果还有什么特征?(两数的平方差)

而原来相乘的两个式子有什么特点?(正好是这两个数的和与差)

由此我们可以知道:两数的和乘以这两数的差等于这两数的平方差.

这一结论我们可以说成:两数的和与这两数的差的乘积等于这两数的平方的差.

用式子表示这一规律:$(a+b)(a-b) = a^2 - b^2$.我们把它作为一个公式,可以叫做平方差公式.

(5)中的 $3b$ 可以看作一个整体,相当于公式中的 b;(7)中的 $5x$ 可以看作一个整体,相当于公式中的 a.

我们再来看(4)、(8)题,原来相乘的两个式子有什么特点?(两数差的平方)(6)题呢?(两数和的平方)

而它们的结果又有什么特点呢?(这两数的平方和再加上或者减去这两个数积的两倍)

这一结论我们可以说成:两个数的和(差)的平方等于这两个数的平方和,加上或减去这两数的乘积的两倍.

这一规律可用式子表示为:$(a \pm b)^2 = a^2 \pm 2ab + b^2$.

我们同样把它作为一个公式,可以分别叫做差平方公式、和平方公式,我们统称为完全平方公式.

在完全平方公式中,如果我们把 $-b$ 看作一个整体,那么 $a-b$ 可看作 $a+(-b)$.这样,和平方公式与差平方公式就可以看作一个公式.

由此,我们得到了平方差公式和完全平方公式这两个乘法公式.

平方差公式:两数的和与这两数的差的乘积等于这两数的平方的差.

完全平方公式:两数的和(差)的平方等于这两数的平方和,加上或减去这两数的乘积的两倍.

在公式 $(a \pm b)^2 = a^2 \pm 2ab + b^2$ 中,为了便于记忆,我们将结果按字母 a 的降幂排列表示,这样就可以归纳成口诀:"首平方,末平方,两倍首末中间放".

第三次

复习:多项式与多项式相乘的法则:$(a+b)(m+n) = an + an + bm + bn$,

其中右边展开的多项式有 4 项. 当相乘的两个多项式具有某种特征时, 其结果怎样呢? 先让学生自己独立探究, 再进行适当的师生讨论.

如果 $m=a$, $n=b$, 上面的乘积式展开的结果合并同类项后怎样呢?(学生操作)

如果 $m=a$, $n=-b$, 上面的乘积式展开的结果合并同类项后又怎样呢?(学生操作)

提问学生, 师生总结, 规范表达和语言, 得到: $(a+b)(a+b)=(a+b)^2$, $(a+b)^2=a^2+2ab+b^2$; $(a+b)(a-b)=a^2-b^2$. 其中关键的一步是合并同类项. 思考: $(a-b)^2$ 展开后会是怎样的结果?

[点评] 三次备课, 前两次的差异最小, 第二次的主要变化是修改了第一次的几个二项式, 主要是表示字母符号的变化, 使得复习引入的练习更集中指向本节课的主题, 而第一次所选的二项式相乘, 包含有干扰因素. 同时, 第二次备课对如何处理本节课准备教学的公式的过程展开得更为充实、更易于实施教学, 可以看成是对第一次备课的丰富和细化. 第三次则是完全另起炉灶, 直奔主题, 从一般的二项式与二项式的乘积着手, 对字母特殊化, 由学生探究得出本节课的公式.

身为个体的教师, 如果能够在自己的教学实践中不断思考、不断尝试各种变化、不断积累自己的教学经验, 再加上不断学习和总结, 与其他教师精诚合作, 必将成为一名优秀的教师.

从上述案例我们还看到, 数学教学备课耗时多, 远远多于上课所用时间, 而且教学内容完成之后, 学生还可能存在各种不同类型的理解和问题. 这些特点决定了数学教师的工作有很多别人看不见的也是不可替代的内容, 在长期的教学实践中, 数学教师必然形成个人独特的对教学的理解和个性化的做法.

研修的主人是教师, 在实施研修的过程中, 要让教师从台下走到台上, 展现对中学数学教学的个人理解和看法, 例如怎样突出关键点、如何评课、如何命题、如何评价试题、如何进行试卷分析, 等等. 挖掘教师教学实践中实际存在的丰富的研修资源, 用贴近教师教学的内容和方法进行教学研修, 解决教师急需解决的教学困惑, 不断提高研修水平.

思考题

1. 教师日常教学工作包括备课、上课、准备作业、批改作业、订正作业、答疑、辅导、监考、出考卷、评价等诸多环节. 在教学研修中,教师处于怎样的地位,怎样明确教师的角色?

2. 在不同层面的学校的学生中进行小范围的调研,发现学生喜欢在课堂上能够讲清重点、注意适当调节气氛的数学教师;希望教师能够做到上课不拖堂,不要影响学生的正常休息(例如:课间、中午),考试前不抢自修课,中午不要进教室讲题目. 请问:如果你是一名中学数学教师,你如何看待学生的这些要求呢?

3. 下面记录的是一位高二年级数学教师周二一天在校期间的活动情况,从记录情况我们看到,虽然课堂教学时间只有两节课,但是从早上 8:00 至下午 16:30 的多数时间都在进行着与学科教学相关的工作,这是数学教师工作的一个显著特点. 备课时间大大长于上课时间,上课后还需要给学生个别答疑、批改作业或者订正作业. 教师业务水平要提高,必须进行业务进修,无论采取何种方式都需要时间的保证,对此你有何建议呢?

某教师在校一天的活动记录

6:50 进校

7:00 早餐

7:15 早自修(进教室,学生陆续进校到教室)

7:45 广播操

8:00~9:40 备课

9:50~11:20 上高二两个班的课,课间没有回办公室

11:30 中餐

12:10~12:50 进教室给学生个别答疑,包括给个别学生订正作业(很少)

13:00~14:20 批改作业,之后找学生单独订正、谈话

14:30~16:30 备课

17:00~17:30 下班回家

(备注:该中学对教师上下班的要求是早晨 7:30 上班,下午 16:30 离校,17:30~18:00 学校清场)

第二章

中学数学教学理论研修

　　教育理论、心理理论、学习理论、数学教育教学理论体系庞大，分支众多，流派纷呈，且随着时间的推移和社会的发展，重点和关注点不断发生变化．本章介绍中国古代不同时期对现代教育教学影响深远的部分论述，选编国外近现代与数学教学有密切联系的几个理论，并给出理论研修的具体案例．

第一节　教学与学习论述选编

　　全面实现现代化，科技是关键，教育是基础．教育要发展，教师是关键．数学教师进行教学研修，学习理论知识，是提高自身理论水平和教学质量的重要保证．为此，我们需要了解一些教育教学方面的理论论述．

一、教育教学及学习心理论述

1. 中国古代教育教学论述

　　中国是一个具有古老灿烂文明且文明没有中断的伟大国家．中国古代有着极其丰富的教育遗产．教育教学理论的萌芽是从孔子（孔丘，字仲尼，春秋鲁国（今山东曲阜）人，公元前 551—前 479）开始的．孔子在长期的教学实践中积累了很多的经验，总结了一套行之有效的教学原则．

　　其一，学与思相结合的原则．"学而不思则罔，思而不学则殆"（《论语》为政篇）．学习时如果不思考，就会毫无所得；但是思考如果不以学习为基础，就会流于空想，徒然使自己疑惑不定，流入梦幻之乡．就是说要把学和思结合起来，

"学"与"思"两者又是辩证关系,即学习知识与培养能力的关系,二者不可偏废.

其二,启发思维的原则."不愤(心求通而未得)不启,不悱(口欲言而不能)不发,举一隅不以三隅反,则不复也"(《论语》述而篇).孔子这段话的意思是:教导学生,不到他想求明白的时候,不去开导他;不到他想说却说不出来的时候,不去启发他.教给他东方,他却不能由此推知西、南、北三方,便不再教他了."心愤口悱"和"举一反三"的原则,就是要求教师要善于抓住学生有了学习的主动性和自觉性的时机,引导学生积极思维,并在学生积极进行思维的基础上再加以启发,不要越俎代庖.

其三,"由博反约"的原则.孔子主张从博学中去认识"一贯",子贡等人认为孔子的博学多才是由于他"多学而识之",孔子认为这个看法片面,于是他对子贡说:你认为我是多多地学习又能记住的吗? 子贡回答说:对呀,难道不是这样的吗? 孔子说:不是的,我是用一定的原则去加以归纳,把它们贯串起来的(《论语》卫灵公篇).在这里,孔子提出了处理学习中博与约的原则:要以博为基础,根据一定的原则去加以归纳,约简成精要的认识和知识,这是正确的治学方法.

其四,因材施教的原则.孔子在进行教学时,常按照不同的对象因材施教.例如,同样问仁、问学、问事,孔子对每个学生的答复都是对症下药,不相雷同的.有一天,孔子与学生们席地而坐,谈论经意故典.子贡问孔子:别人如果让我去做某件事,我是不是应该马上去做呢? 孔子严肃地说:你的父亲和兄长都健在,你应该先去问问他们,切不能自以为是,莽莽撞撞就去干.与此同时,学生冉由也问同一个问题,孔子却鼓励他马上去办.过后,公西问他:"老师,子路和冉由问的问题一样,您回答的为什么不同呢?"孔子笑了笑说:"我是根据他们不同的性格来回答的.你看,冉由平常办事不果断,所以我激励他,增强了他的自信心,使他迅速做出了决断;而子路自以为是,争强好胜,所以我让他多倾听大家的意见,避免草率行事."这就叫因人施教.正是由于孔子重视学生的个性,发展个人的特长,有教无类,因而使他的学生的成就各不相同:有的长于"言语",有的长于"政事",有的长于"文学".

其五,温故知新的原则.《论语》开宗明义就指出:"时习"的意义,孔子认为,学习必须时时温习和练习,才能把所学的东西纯熟巩固.孔子还进一步指出要"温故而知新",要求在温习旧的知识当中探求出新的知识.

其六,虚心好学的原则."知之为知之,不知为不知,是知也"(《论语》为政篇)."道听而途说,德之弃也"(《论语》阳货篇).他提倡:"不耻下问",要"每事问".

孔子以后的教育家,对孔子所述的理论,也多有继承和发展.

孟子(约公元前 372—约前 289)说:"君子深造之以道,欲其自得之也.自得之,则居之安;居之安,则资之深;资之深,则取其左右逢其源.故君子欲其自得之也."(《孟子·离娄下》).这意思是,君子依循正确的学习方法来求得高深的造诣,就是要求他自觉地有所得.自觉地有所得,就能牢固地掌握它而不动摇;牢固地掌握它而不动摇,就能积蓄很深;积蓄很深,便能取之不尽,左右逢源.这段话重点在要求君子能自觉地学习,以积蓄很深——有广博高深的知识,才能左右逢源.所以在同一篇中他又说:"博学而详说之,将以反说约也."只有"博学"、"详说"(即"熟读"),融会贯通,才能回到简略地述说大义的地步.在这里他又强调"博学"、"详说",只有这样,才能"左右逢源","以意逆志";反过来说,没有"博学"、"详说",就难以"左右逢源"、分辨真伪,瞎子摸象,不殆而何.

《学记》是世界上最早出现的专论教育的著作,是先秦儒家学派从正反两方面对教育进行经验的总结和理论的概括,对教育的作用、目的、制度、教学的原则和教学的方法都做了比较完整、系统的阐述.据郭沫若考证,《学记》是战国末年孟轲(孟子)的学生乐正克所作,但也有的学者对此持不同看法.《学记》是《礼记》49 篇中的一篇,它的写作年代大约在战国(公元前 403—前 221 年)晚期.《礼记》是儒家的重要典籍之一,是战国至初汉时期儒家的有关文章的汇编.编辑者是戴德和戴圣叔侄二人.《学记》从"玉不琢,不成器;人不学,不知道",引申出"化民成俗,其必由学"和"建国君民,教学为先",揭示了教育的重要性和教育同政治的关系.

《学记》针对当时教学中的弊病,指出:"今之教者,呻其占毕,多其迅,言及于数,进而不顾其安.使人不由其诚,教人不尽其材,其施之也悖,其求之也佛."就是说,现有的教师,只是诵读竹简上的文字,又过多地发问,并且次数频繁,只赶进度,不管学生接受的可能性,使学生不知所措,学生的才智不能得以充分发展.这样的教学,必然违反教学的规律,提出的要求也不符合学生的实际.《学记》针对这些问题,提出了"豫、时、孙、摩"的原则,说:"禁未发之谓豫;当其可之谓时;不陵节而施之谓孙;相观而善之谓摩;此四者,教之所由兴也."意思是,事物没有发生之前先预防;抓住时机叫做及时;教学内容多少、难易、知识发展和认识的顺序,要根据学生,叫做顺应;鼓励学生相互切磋商讨,取长补短,叫做观摩;这四点就是教学成功的因素.不然的话,"发然后禁,则扞格而不胜;时过然后学,则勤苦而难成;杂施而不孙,则坏乱而不修;独学而无友,则孤陋而寡闻;燕朋逆其师;燕辟废其学.此六者,教之所由废也."意思是说,如果等到事情发生以后才去禁止,就会费力,甚至不易克服;错过学习的时机,虽经过艰苦的努力,仍然难得成功;教学杂乱无章、不循序渐进,便不能取得效果;一个人学习,不与同学进行切磋,见闻就不广,不利于学习;交友不慎,必然会违背教师的教诲;经常和不正派的同学在一起谈论不正经的事情,也会荒废学业.这六点就是教学失败的原因.它是从反面论证了"豫、时、孙、摩"的重要意义.《学记》在教学方法方面,可归纳为三个方面:(1)讲述法.一是"约而达",就是教师讲述要简明扼要、不啰嗦、不含糊.二是"微而臧",就是教师讲述要有重点、要精辟,不要平均用力,也不平铺直叙.三是"罕譬而喻",就是举例不多,要精选,有代表性,又能说明问题,恰到好处.举例过多,就会喧宾夺主;但是也不能抽象说教,从概念到概念.(2)问答法.包括两个方面,一是如何提问,《学记》认为提问应该由易到难;二是如何回答问题.(3)练习法.《学记》对练习法没有作正面的阐述,举了三个例子:优秀冶匠的儿子,一定先学会用皮子镶嵌成衣;优秀弓匠的儿子,一定先学会用柳条编织成箕;小马学驾车,总是先跟随在车子的后面.从这三个比方中,人们可以得出这样两层意思:一、在练习中范例是很重要的;二是练习应循序渐进,从易到难,由浅入深,才不至于因畏难而中止.

《学记》把儒家的教学思想做了综合整理,全面论述,它不仅对两千多年以前封建时代的教育工作,具有极为重要的指导意义,而且对两千年以后的今天,仍有其重要的价值.

荀子(生卒年不详,他的主要政治、学术活动约在公元前298—前238之间),是战国末期儒家最后的一位大师.他提出"学不可以已",即学习不可停止,"君子博学而日参省乎矣,则知明而行无过矣","知明"是分辨是非之能力,"行无过"是行为不犯错误,"吾尝终日而思矣,不如须臾之所学也","积土成山,风雨兴焉;积水成渊,蛟龙生焉;积善成德,圣心备焉"(荀子《劝学篇》).

韩愈(768—824),中唐时期伟大文学家,他在《师说》中提出师之作用在于"传道、授业、解惑",在《进学解》中提出"业精于勤荒于嬉;行成于思毁于随",这已经说明了学与思的关系,要勤学,在学的基础上,思而行之,行之有惑,再求师解决之.

朱熹(1130—1200),是南宋哲学家、宋代集理学之大成者,又是一个重视躬行实践、热心讲学的著名的教育家.他认为知与行,或者学习与实践,必须两者结合,"穷理以致其行,反躬以践其实","方其知之,而行未及之,则知为浅;既亲历其域,则知之益明,非前日之意味"(《晦翁学案》).

王守仁(1472—1528),是明朝中期的教育家,从他的"知行合一"的哲学观点出发,结合他自己的讲学经验,提出了不少关于教学原则和教学方法方面的主张.王守仁强调"学、问、思、辨、行皆所以学,未有学而不行者也……盖学之不能以无疑,则有问.问即学也,即行也;又不能无无疑,则有思,思即学也,即行也;又不能无疑,则有辨,辨即学也,即行也.辨既明矣,思既慎矣,问既审矣,学既能矣,又从而不息其功焉,斯之谓笃行,非谓学问思辨之后,而始措之于行也"(《答顾东桥书》).

明末王夫之(1619—1692)根据孔子"学而不思则罔,思而不学则殆",阐述了学思并重的主张,他认为"致知之途有二:曰学、曰思,学则不恃已之聪明,而一唯先觉之是效;思则不徇古人之陈迹而任吾警悟之灵……学于古而法则俱在,乃度之吾心,其理果尽于言中乎?抑有未尽而可深求者也?则思不容不审也……学非有碍于思,而学愈博则思愈远;思正有功于学,而思之困则学不勤"(王夫之《四书训义》卷六).这就是说,求得知识的途径,一是学,二是思.学的时候可不问自己的聪明才能如何,只有向先觉者学习,才能得益;但思,则要求自己去独立思考,对古人所说的话是否符合实际,是否真有道理,都必须经过自己的慎重考虑.如果有未尽的地方,还应进行补充或发挥,所以,学不但不妨碍思,并可因思而学得更好,思是有助于学的,二者是并重的.这种学思结合的方法是有积极意义的.王夫之认为儿童教育要适应儿童的特点,为儿童所能接受,同时认为儿童易受外界影响,可变性大,便于"求通而不自锢",故教育者必须"正其始"、"养其习于童蒙".

颜元(1635—1704),是清初农民出身的教育家和思想家,他大力提倡"实学、实习、实用"的"经世致用"之学,在教育内容和教育方法上都主张"习行"和"时习"是为学的主体,摒弃那种脱离实际的学究式的教育内容和静坐读书的方法.他平日施教的内容特别注重他所倡导的实事、实用的知识和技能.清代另一位教育家戴震(1723—1777)在学习方法上,反对死记硬背或生吞活剥的食而不化的方法,认为"学不足以益吾之知勇,非自得之学也;犹饮食不足以长吾血气,食而不化者也","问学犹饮食,则贵其化,不贵其不化"(《戴东原集》).

2. 西方教育教学及学习心理论述

如何在教育中发挥数学的作用,使数学在培养人的过程中起到它应有的作用,换句话说,怎样把数学教好,怎样使学生学好,这是一个很难解决的问题.数学在教育中反反复复的实践历程,为我们提供了一个可供参考的思路.一般的数学教育,大约在十九世纪初已成为西方各国教育体系中的组成部分.西方近现代教育家的理论论述对数学教学的发展有着极其重大的影响.

17 世纪捷克教育家夸美纽斯(Johann Amos Comenius,1592—1670)在教学论上的一个重要贡献就是确定了学年制和班级授课制,提出了一系列的教学原则.如,直观性原则、系统性原则、巩固性原则、连贯性原则、量力性原则、自觉性原则.他的这些教育思想都在他的代表作《大教学论》中有详尽论述.

20 世纪荷兰著名数学教育家弗莱登塔尔(Hans Freudenthal,1905—1990)把夸美纽斯的教育原理"教一个活动的最好方法是演示"改为"学一个活动的最好方法是做".重点从教转向学,从教师活动转向学生活动.将数学作为一种活动来进行解释和分析,建立在这一基础上的教学方法,弗莱登塔尔称之为再创造方法[2].

在 19 世纪初,德国著名哲学家、心理学家和教育家赫尔巴特(Johann Friedrich Herbart,1776—1841)第一个企图按照心理活动的规律,把教育学和心理学结合起来.把心理学引入教育学,也就是企图按照心理学活动的规律来分析教学过程.他认为教学的进行必须在教师传授新内容的时候能够在学生的心灵中唤起一系列已有的概念.这就是新旧知识结合,这种在原有的经验基础上去掌握新概念的过程,他叫做"统觉".

数学教育哲学是数学教育的理论基础.事实上,无论人们的意愿如何,一切数学教学法根本上都是出于某一数学哲学,即便是很不规范的教学法也是如此.因此,问题并不在于教学的最好方式是什么,而在于数学到底是什么.如果不正视数学的本质问题,便解决不了关于教学上的争议.除课程哲学观以外,教师本人的数学哲学观对教学方式亦有很大影响.一项著名的研究结果表明:教师专业数学思想的形成与他表达数学内容的典型方式存在着一致性,这有力地说明了教师的数学观、数学信仰和爱好的确影响着他们的教学活动[3].

瑞士著名哲学家、儿童心理学家皮亚杰(Jean Piaget,1896—1980)在研究人类知识发生、发展的过程中,深入探讨了人的认知建构.他的"发生认识论"和"认知发展阶段论",对学习和思维发展研究有着巨大的作用,尽管弗莱登塔尔等对一些具体的研究问题和实验方法提出了质疑,但不影响他的理论的整体价值.皮亚杰发生认识论的核心思想是企图根据认识的历史、社会根源以及它所依赖的概念与运算的心理起源,去解释认识尤其是科学认识的现象和问题.为什么可以让学生自己去发现知识呢? 其理由是儿童有一种与生俱来的探索事物如何运作的好奇心,即人具有一种探究世界的内部动机.他的认知发展阶段理论认为儿童思维发展既是连续的,又是分阶段的,每个阶段是前一阶段的自然延伸,也是后一阶段的必然前提,发展阶段不能逾越,也不能逆转,认知(思维)总是朝着必经的途径向前发展.

感知运动阶段(0~2岁),儿童仅靠感知动作的手段来适应外部环境,并构建动作图式的认知发展阶段.

前运算阶段(2~7岁),儿童从具体动作中摆脱出来,逐渐用表象符号代替外界事物,开始出现表象或形象图式的阶段.

具体运算阶段(7~11、12岁),儿童从表象性思维中摆脱出来,逐渐进行抽象思维的认知发展阶段.

形式运算阶段(11、12岁以上),儿童逐渐从依赖于具体内容的抽象思维中摆脱出来,而逐渐进行脱离具体内容的抽象思维的认知发展阶段.

维果斯基(Лев Семёнович Выготский,1896—1934)等前苏联心理学家的基本观点看似与皮亚杰类似,但是有本质的差异.在维果斯基看来,由于儿童自出生以来就处在其周围特定的社会环境的影响之中,他的成长过程中必然伴随着他所处的社会文化环境中语言文字符号的学习,在学习和运用语言文字符号的过程中,他以其所掌握的心理工具为中介,他的高级心理机能逐步从低级心理机能的基础上发展起来.在整个认知发展过程中,虽有生物成熟的影响,但成熟更多的是对低级心理机能(如各种感知觉)的制约作用,而对高级心理机能而言,主要受社会文化环境的影响.维果斯基认为,心理发展就是指个体心理在环境与教育的影响下,在低级心理机能的基础上,逐渐向高级心理机能转化的过程[4].

杜威(John Dewey,1859—1952)是20世纪初至50年代,现代西方教育史上最有影响的代表人物.在20世纪初,中国许多人到美国去学教育,受杜威的教育思想的影响较深.如著名的教育家陶行知(1891—1946)在早期就受杜威的影响较大,他把杜威的"做中学"加以发展,提出"教学做合一",并把杜威的名言倒过来成为"社会即学校,生活即教育".杜威认为书本知识是"冷藏的死的知识",人要学的知识是"活知识".杜威的另一个中国学生陈鹤琴(1892—1982),提出"活教育".这些教育家都是受到杜威教育思想影响并联系中国当时教育实际提出了具有进步意义的教育观点.杜威的名著《民主主义与教育》是近现代教育理论的一座丰碑,是他实用主义教育思想的集中代表.杜威认为,教育是社会生活延续的手段.人一出生不仅不了解,而且十分不关心社会群体的目的和习惯,为了社会的延续,就必须使新生的人认识群体的目的和习惯,并且使他们主动地对社会的目的和兴趣感兴趣.教育恰恰就是弥补人在成长中的缺陷的手段.杜威认为:社会生活本身的经久不衰不仅需要教导和学习,共同生活过程本身也具有教育作用.这种共同生活,扩大并启迪经验,刺激并丰富思想,对言论和思想的正确性和生动性担负责任.成熟的人和未成熟的人,彼此之间的成就不等,不仅使教育年轻人成为必要,而且为这种教育的需要提供巨大的刺激,把经验整理成一定的次序和形式,使经验最容易传达,因而最为有用.教育的过程是一个不断重组、重构、转化的过程,教育的过程是一个继续不断的生长过程,在生长的每一个阶段,都以增长生长的能力为目的,教育的目的在于使个人能够继续其教育,学习的目的或报酬是继续不断生长的能力.在学校中知识的获得与在共同生活的环境中所进行的活动和作业联系起来.因此,一个人离开学校之后,教育不应停止,学校教育的目的在于通过组织保证生长的各种力量,以保证教育得以继续进行.使人们乐于从生活本身中学习,并乐于把生活条件造成一种境界,使人人在生活过程中学习,这就是学校教育的最好产物[5].

前苏联教育家凯洛夫（Иван Анлреевич Каиров，1893—1978）于 20 世纪三四十年代主编了《教育论》中的教学论. 凯洛夫的教学论的主要论点是：认为教学过程是学生认识客观世界的一个过程，强调了智育在教育中的重要作用，提出了学校的主要任务是传授科学知识和发展学生的智力，形成技能、技巧，但他没有着重谈怎样发展智力.

针对凯洛夫教学理论的不足，前苏联教育家赞可夫（Л·В·Занков，1901—1977，维果斯基的学生）提出了自己的教学理论. 他首先提出的基本概念是教学与发展的关系，他认为："我们的时代不仅要求一个人具备广泛而深刻的知识，而且要求发展他的智慧、意志、情感，和他的才能和禀赋". 他所说的发展有两种，一种是一般的发展，他说："一般发展不仅是指智力发展，而且包括情感、意志、品质、性格、集体主义的个性发展"；一种是特殊发展，这是指发展人的一些特殊才能. 他的另一个概念是，不能认为学习成绩好就等于发展水平高，也不能认为掌握了知识就会"自然而然地"变成发展水平高的人，就是知识和发展不能简单地等同起来. 但是发展和掌握知识又是密切联系的，"人的头脑不是什么真空的东西，发展不能在真空里进行". 学生的发展是在掌握知识的过程中进行的，掌握知识应当促进学生的发展，而发展上的进步又应促进学生更好地掌握知识，知识和发展的关系是一种辩证关系. 赞可夫所指的"智力发展"有三个方面：观察能力的发展、逻辑思维能力的发展、实际操作能力的发展.

美国教育家布鲁纳（Jerome Seymour Bruner，1915—　）的教学论思想，是通过教学达到什么目的、教什么、什么时候教、怎么教、教师在教学中起什么作用等问题体现出来的.

关于教学目的，布鲁纳认为，教学不仅要使学生学习和掌握学科的基本结构，还要重视发展学生的智力. 单纯的传授知识为主的教学是低水平的教学，主要发展了学生的记忆力. 关于课程中心，布鲁纳很重视课程的基本结构和人的认知结构的关系. 他指出："不论我们选教什么学科，务必使学生理解该学科的基本结构". 对学生来说，学习结构就是学习事物是怎样相互关联的. 这里，布鲁纳所说的"学科的基本结构"就是指学科的基本概念、基本原理，即学科所阐述的带有规律性的知识体系. 关于什么时候教，布鲁纳强调基础学科的早期学习. 关于怎样教，布鲁纳把学生的学习看作认识过程，看作学生主动地获取知识和不断地发展智慧的过程,进而论述了四条学习原则:动机原则、结构原则、序列原则、强化原则(反馈原则).

现象学理论假定每个人都和别人不一样,例如,当两个人听同一个政治演说时,一个人可能表示拥护,打算投演说者的票,而另一个可能决定投演说者对手的票.现象学者认为,这是由于候选人在演说时,听讲者个人对他有不同的知觉.按照这种看法,人不是消极被动的个性载体,也不是强化的单纯的承受者,而是做出行为并能够对他的行为做出计划和选择的能动的有思维的机体[6].

现象图式学是对现象学理论的发展.现象图式学的目的是探究和辨别学习目标出现方式中的变异.由于人们体验现象的方式是有限的,这使得现象图式研究的结果成为一个有用的教育工具,可以帮助学生以某种方式学习所教主题.根据现象图式学理论,学习是"个体和世界之间的内在关系","学习的最重要形式是让我们能够从不同的角度审视世界","由于变异,我们可以经历并辨析我们必须面对的情境或现象的关键,在这个意义上,关注这些关键问题,从而出现了模式.由于已经经历了充满变化的过去,我们就有能力应对充满变化的未来."[7]

训练迁移中最重要的变因是两个课题的相似性.如果课题1和课题2很相似,就会有正迁移.如果两个课题要求相反的或相冲突的习惯,就会有负迁移.当两个课题彼此毫不相干时,就会有零迁移.即使两个课题互相有关,也可能有零迁移,因为同时存在正、负迁移影响,两者结合就会相互抵消.对迁移现象进行的分析表明,通常都是这种情况.迁移通常兼有正影响和负影响,两者相抵决定迁移是正、是负还是零.因而对迁移的分析就致力于把不同的课题分成各个组成部分,并说明在一个课题内哪些组成部分可能正迁移,哪些组成部分可能负迁移,而为得到最大的正迁移和最小的负迁移,将只教那些显示正迁移的组成部分[6].

二、教育教学及评价论述

中国教育中很早就将数学列为"六艺"之列,表明中国文化是重视数学的,以《九章算术》为代表,世代相传的中国古代数学教育正是以满足社会需要为目的,从一种具体问题出发,分析提炼出一般原则和方法,达到解决一类问题的目的.数学教育不是作为一种思维训练,而仅仅是一种技艺训练.

古希腊数学教育的突出成就的标志是《几何原本》,编撰该书的欧几里得(Euclid,约公元前 332—前 275)活动于所谓的"希腊化"时期(又称亚历山大时期),以杰出的数学教学才能闻名遐迩.早年他曾在雅典接受教育,深谙柏拉图(Plato,约公元前 427—前 347)的几何学.公元前 300 年左右,在托勒密王的邀请下,欧几里得到亚历山大从事数学教学.经过数百年的数学教育,古希腊的数学(主要是几何学)集中了异常丰富的材料.欧几里得从几条经过精心选择的公理出发,推导出了古希腊人已经掌握的最重要的结论——近 500 条定理!《几何原本》的出现——欧氏几何的创立,不仅仅在于贡献出了许多有用的、美妙的定理(其实,绝大部分定理在欧几里得以前人们已经得到了),而其重要性在于:它产生了一种理性精神,它使得希腊人和以后的文明看到了理性的力量、思维的力量,从而增强了人们利用思维推理获得成功的信念.

从 20 世纪 50 年代中期以来,世界进入了科技日新月异飞速发展的新时代,在社会、经济、教育进步中科技起着关键的作用.由于科技的发展、知识总量的膨胀,对教育提出了新的要求,对所培养的人才提出了新的标准,必须使得学生的学习能力和创新能力得到充分的发展.中学数学教学工作中的各种关系也随着社会发展的要求和心理学家、教育学家的不断深入研究,发生着深刻的变化.需要处理好学生主体与教师主导的关系,教材的知识结构与学生的认知结构的关系,知识、能力和个性品质的关系,直接经验与间接经验的关系,接受与探究的关系,基础与创新的关系,螺旋上升与结构化的关系,"双基"的理解和记忆的关系,过程与结果的关系,面向全体与因材施教的关系.

认真处理教学中各种矛盾关系的目的是提高教学质量.教学实践表明,优良的教学效果往往是教师在确定教学目标,选择和组织教学内容和材料,考虑教学方法,安排课堂教学,指导作业,考查学生掌握知识、技能的程度和质量等的过程中,科学、合理地把握和处理这一系列矛盾关系所获得的结果.处理上述各种矛盾关系,关键是掌握好辩证法,不走极端,把握平衡.对于数学教学而言,主要以数学的学科特点(如数学的抽象性、严谨性和应用的广泛性等)和学生的数学认知特点(如直觉与逻辑、定量与定性、分析与构造、具体与抽象、一般化与特殊化、反思与批判等基本要求)为依据,考察它的基本规律,并进而对数学教学提出基本要求[8].

　　教学过程是极其复杂的认识过程,既依赖于教学任务又依赖于学生的原有认知水平和现有学习能力.采用什么教学方法以及如何实施教学活动包括在整个过程中的管理,都是影响教学最终质量的因素.如何评价教学的效果是对数学教学过程的一种重要的价值判断.

　　评价从本质上说是属于认识范畴的,是事物价值对象性的意识反映.通过对某种活动实践的评价,可以使新的活动实践产生较原来的活动实践更大的价值.这是因为评价的本身已是一种实践的活动,它的价值也就体现在新的活动实践的价值之中.评价作为与价值和认识紧密相关联的一种活动,它从价值和认识的各种关系中,凸现出两个密切联系的特性,即评价的客观性与主体性,并且是相互统一的.这种统一的客观性与主体性是来自于价值和认识领域的客观性和主体性,或者说,评价之所以是客观性和主体性的统一,是因为价值和认识的客观性和主体性所决定的.评价作为一种价值判断,其基本特征是:它是一种客观性和主体性高度统一的活动.所谓客观性,就是说它是在客观地描述对象的基础上进行的;所谓主体性,就是说评价的结构又与评价人本身的对事物'应该怎样'的认识有关,反映了评价人的主体需要和愿望①.

　　教育评价是根据一定的教育价值观或教育目标,动用可行的科学手段,通过系统地搜集信息,分析解释,对教育现象进行价值判断,从而为不断优化教育和教育决策提供依据的过程.评价的根本功能,是引导教育实践过程按预期的路径行进,推动并控制教育系统逼近期望达到的教育目标.

　　中学教育评价最基本的价值取向是提高民族素质.整个民族素质是由每个公民的个体素质构成的,群体和民族素质的状况,不仅取决于个体素质,更重要的还取决于个体素质是否与社会需要、民族利益、历史使命相统一.

　　从发展的观点去看数学教育评价,它的现实意义应该体现以下几个

---

① 王伶.试论教育评价的客观性与主体性[J].教育评价,1997,3.

方面[9]：

　　根据国家对数学教学的总要求，全面检测教学目标和学习目标的达成度；教师和学生共同努力，使预先制订的教学目标得以全面实施；合理运用教育测量和教育统计的各种有效方法，对数学教学中不可缺少的重要的教学环节，最大限度地收集教育信息，包括学生对知识的掌握程度、能力表现的差异、数学思想和数学方法理解的程度，以及学生在学习中表现出来的行为、情意、态度、精神等同样被列入教育信息收集起来，处理并评价收集的信息；把经过科学处理做出初步结论的信息，及时反馈给学生个体，使学生客观地进行自我评价，只有学生充分地认识了自己时，才能进行自我调整和自我控制，达到自我完善的目的，反馈和调控往往经历多个回合；数学教学目标达到程度的检测是教学评价不可缺少的环节，经过反馈与调控后的数学教学，应该以十分优化的教学结构最大限度地发挥数学教学的整体功能．

　　所谓教学评估就是对教学效果进行价值上的估量和评判．教学评估的主要目的是探索教学工作的规律，调节教学内容，改进教学方法，提高教师的教学水平和学生的学习水平，促进教学目标的实现．合理地使用评估过程中的各类信息，就能使评估工作发挥衡量实现教学目标的程度、控制教学过程、鉴别教与学的效果等方面的作用[10]．

　　为了获得有价值的信息和比较准确的评估结论，着手评估工作时，必须考虑评估的具体要求：评教师的教法还是评学生的学习，是认知领域还是情感领域．在进行教学评估时，通常是通过数学测验了解学生对数学内容的掌握程度和他们的数学能力水平；通过问卷调查和交谈，了解学生对数学的情感水平和学习条件等情况．这时我们把测试用的试卷和调查用的问卷（包括交谈提纲）叫做测量工具．在编制测量工具时，就应考虑到信息的收集问题，避免时间和精力花在一些无用的信息上，也不要使必要的信息被遗漏和混淆．原始信息是评估工作的基础，收集整理一定要做到准确、完整、有序、便于使用．原始信息一般不直接用于评估，而需要作统计处理，使原始信息中所蕴涵的特征明朗化，才能从中获取评估的依据．根据对各类信息进行适当的数据处理和综合分析研究，对照评估目标，做出价值上的判断，获得评估结论．

第二节　理论研修案例

历经两千年的沉淀,教育领域的著作汗牛充栋,一名中学数学教师如何选取合适的教育教学作品进行研读,提高自己的理论水平呢? 经典性与学科特点以及教师个性爱好结合应是一个较好的切入点. 中学教师研读理论著作,应联系其工作实际,适当提升从理论层面认识教学,达到用理论引领实践的目的.

一、理论研修的基本方案

1. 研修目标

力求能够理解和把握作者的原意,领悟其中的核心思想,不曲解原著内容,不停留于细枝末节. 通过对原著的研修达到:了解书中有关章节的主要观点和在相关问题上的主要看法;了解该书写作的时代背景、思想基础、方法论;了解该书作者的构思架构、逻辑层次;思考作者在每个相关问题上的论证方式,表达自己的真实想法.

2. 研修准备与研读方法

研修准备:可以是一本著作或者一篇论文或者一项课题成果,例如:

《中国数学双基教学》(张奠宙编,上海教育出版社,2006 年)或《教育过程》(杰罗姆•S•布鲁纳著,人民教育出版社,1981 年(2006 年重印))或《数学课程发展》(杰弗里•豪森等著,陈应枢译,人民教育出版社,1991 年),等.

研读方法:研读确定下来的章节内容,按照自然段落编号,找中心句、关键词,概括段落大意,进而对章内容撰写提要或者中心思想. 用自己的语言表达作者的原意. 提出可能需要研讨的问题,或者提出自己的看法或者异议. 尽可能地记录自己研读过程的瞬间想法,或者简要评述,形成读书笔记.

对阅读过程的记录进行整理,包括:作者的主要观点以及依据,自己的启示或者认识,困惑、疑惑或者某些想法,等等. 不求全,但求真. 不要多,但要实. 有的教师以前没有做过,怕自己的想法很幼稚,但是恰恰是这些看上去幼稚的想法是真实的、具有交流价值的.

　　例如:对《中国数学双基教学》,确定几个章节:最低限度,阅读第一章"关于数学双基教学的一般论述"、第二章"数学双基教学的四个特征".查阅相关参考文献,联系教学实际或者自己的教学经历.相关参考文献,如:张奠宙、李仕锜执笔的"数学'双基教学'研讨的学术综述——2002年数学教育高级研讨班纪要",《中学数学教学参考》2003年第1—2期合期(前者可以看作是后者的一个提纲).

3. 理论著作导读

　　理论著作的选择原则上是研修教师根据自己的需要选定,建议对选定的内容,逐章逐节阅读,采用精读方法,提炼关键词、中心句,概括段落大意和中心思想.在阅读过程中提出需要研讨的问题或者质疑.

4. 研修实录

　　对研修过程进行记录,动态了解研修的情况,为研修取得效果提供保证.

5. 研修笔记

　　研修笔记是研修教师个人的研修记录,记录下自己研修过程中的一些想法与心得,不必字斟句酌.

案例 2.2.1

笔者的一段读书笔记

　　双基是中国的吗? 有哪个国家不重视双基? 精耕细作的农耕文化怎么就会导致双基? 应该说中国数学的双基教学有自己的特点.

　　重视基础,重视训练的古代证据:九九乘法口诀,熟能生巧的格言.

　　1952年首次在中央文件中出现"基础知识与技能".

　　1961年人教社把"力求避免片面强调联系实际而削弱基础知识,注意基础知识的充实和基本训练的加强"作为编写的指导思想.这是"双基论"在萌芽状态下的第一次实践.1963年大纲草案的一段论述(第5页),提出了基础知识的内涵,指明三大能力,要求加强练习,体现了加强"双基"的精神.一般认为,这是数学双基教学的开端.1990年的《全日制中学数学教学大纲》,明确提出了数学的"双基".

　　2001年教育部颁发的《基础教育课程改革纲要》中明确指出:使获得基础知

识和基本技能的过程同时成为学会学习和形成正确价值观的过程.

（录者注：此话的前一句是，改变过分强调……）

认识是在寻找一种平衡的叙述，目的是既顾及双基又怕过分强调双基.

削弱双基——重视双基——过度重视——反思批判——博弈中寻求平衡.

知识本位教学形成习惯.

二、理论学习的案例

案例2.2.2

对布鲁纳学科基本结构思想的几点思考

布鲁纳《教育过程》一书，对教什么、什么时候教、怎样教等问题给出了重要见解，如：关于学科的结构性与连续性，学生学习的主动性，发现学习等.关于教学目的，布鲁纳认为，学习一门学科包含着三个差不多同时发生的过程，都是在能力的参与下完成的.如：知识的获得，知识的转换，知识的评价.能力的发展状况决定着获得知识的速度、转换知识的水平和评价知识的正确与错误.单纯的传授知识为主的教学是低水平的教学，主要发展了学生的记忆力.布鲁纳提出要"帮助每个学生获得最好的智力发展"，强调发展学生的分析力、理解力、判断力和运用知识的能力.关于课程中心，布鲁纳主张课程应以知识结构为中心，注重学习各门学科的基本结构并且设计"螺旋式课程"来达到对基础学科的早期学习.这里，布鲁纳所说的"学科的基本结构"就是指学科的基本概念、基本原理，即学科所阐述的带有规律性的知识体系.学科的"结构"越是基本的，"几乎归结为定义，则它对新问题的适用性就越宽广"，每门学科都有自己的基本结构，如数学中的交换律、分配律、结合律等运算规律.布鲁纳把教学和掌握学科结构的意义归结为："懂得基本原理使得学科更容易理解"；获得的知识有完整的结构联系；可以"保证记忆的丧失，而不是全部的丧失，遗留下来的东西将使我们在需要的时候得以把一件件事情重新构思起来"；能促进知识的"迁移"；强调结构和原理，"能够缩小'高级'知识和'初级'知识之间的间隙"，使教材能够反映最新的科学成果.

基于学科结构的基本思想,布鲁纳提出了编写教材和设计课程的两条原则,即:教材编写和课程安排以科学基本结构为中心;要善于发现学生的认知结构,把教材分成不同水平,使之适应学校中不同年级、不同能力的学生.

关于教学原则,布鲁纳提出了四条原则.即:动机原则,结构原则,序列原则,强化原则(反馈原则).

动机原则——学生的学习动机是促进学生爱好学习的内部状态.学习动机往往制约着他对学习问题的选择、探索和解决,制约着持久性及其效果.

结构原则——教材结构是以许多事实、观念及原理、原则等有机地联系起来的一个整体.结构原则就是"按照最佳的方式"组织教材的原则,组织教材的最佳方式取决于学生理解知识的方式.因此教师在向学生提供教材信息时,就要选择合适学生理解的呈现方式.

序列原则——序列是指学习者在某种知识领域内所遇到材料的辅助程序.教材本身的发展有其逻辑程序性,学生智力的发展也就有其自身的程序性,最理想的程序也常伴随学生发展水平、个性差异和材料的性质等不同而有所变化.

强化原则(反馈原则)——布鲁纳认为,学生获得的知识必须经过反复检验,并把检验的结果不断做出校正,这样才能巩固和加深理解.

关于学习方法.为了使学生掌握研究这一学科的基本态度和方法,布鲁纳主张采用"发现法",即学生通过自己的思维,自己把知识弄懂,不是教师交给他的,而是在教师的启发诱导下,自己独立思考弄懂问题.他认为学生的学习活动就是一种发现."发现不仅限于寻求人类尚未知晓的事物.确切地说它包括用自己的头脑亲自获得知识的一种方法."他要求学生在教师指导下,像科学家发现真理一样,通过自己的探索和学习,发现事物变化的起因和内部联系,从中找出规律,形成概念.也就是说,让学生参与到使知识可以建立起来的过程之中.

发现法是一种极为灵活的教学方法,它强调学生是发现者,强调学生对学科本身的兴趣,发现学习的过程是一个动员学生各种心理机制积极参加的复杂过程.布鲁纳指出发现法的效果是:能较好地发展学生的思维能力,提高智慧的潜力,能使外来的学习动机向内在学习动机转移,能使学生学会发现的试探法,可以有助于保持记忆.

布鲁纳教学思想有它的时代性、科学性的一面,也有它绝对化、片面性的一面.这种二重性贯穿着布鲁纳教学思想的整个体系.

布鲁纳教学思想的二重性,首先表现在他的课程论思想上.布鲁纳主张"不论我们教什么学科,务必使学生理解该学科的基本结构",这是布鲁纳发动课程改革运动要解决的一个中心问题.它注重的不仅是让学生学习学科的基本结构,更为重要的是知识结构论强调要让学生参与学习的过程.参与知识结构的建设,而不是单靠教师的灌输,简单地让学生铭记学习结果.布鲁纳的课程论其实质就是掌握知识结构与发现知识结构的有机结合或有机统一.这个知识结构论的课程设计思想不仅具有一定的科学性价值,而且具有时代性的意义.这就是为了能适应知识爆炸时代形势的需要,必须让学生在有限的学校学习中,锻炼出对今后一生有价值的、自主自动地学习的能力和应变能力.学生有了这种能力,才能使学生在其一生发展的过程中适应、掌握和改造变幻莫测的未来世界.知识结构论的这种科学性和时代性的价值,便是布鲁纳教学思想之所以受到重视的奥妙所在.

知识结构论是一个有价值的理论,但是不能把它绝对化,需要考虑学科的特点、联系学生的实际、重视基础知识和基本技能、顾及文理渗透的科学教育和人文教育.

布鲁纳重视发现法,是基于对人的主动性的高度评价.他一再强调,认知过程是人主动地对进入感觉的事物进行选择、转换、储存和应用的过程,是主动地学习环境、适应环境和改造环境的过程.因此,他要求学生要像数学家那样思考数学,像历史学家那样思考史学,亲自去发现结构和规律,使自己成为一个发现者.发现学习要求学生充分地发挥主动性和创造性,因此从长远的意义上看,这是一种培养学生具有独创精神和独立思考能力的教学方法,是一种具有时代特征的教学方法.

但是,使用发现法教学,也要了解它的片面性.教学过程从本质上说毕竟是一种特殊的认识过程,学生学习的知识主要是间接知识.但是,这种间接知识跟科学家"原发现"知识,不仅有程度上的差别,而且也有质地的差异.学生学习这种间接知识的过程,并不需要事事都按照"再发现"的步骤进行.应用发现法还必须与应用讲授法、问答法、讨论法等其他教学方法相配合.

　　在课堂教学的实际中,由于学生学习有个性素质、智力、能力和才干等的个别差异,所以他们进行发现学习时,不可避免地会有种种表现上的区别.在教学过程中要重视学生的个别差异,防止给学习有困难的学生带来更多的自卑、恐惧或厌恶学习的心理.

　　布鲁纳提倡的发现法,要让学生自我探索和发现知识结论,把学生看成知识的探索者.这个思想是正确的、先进的.但是,他强调学生的"发现行为"和科学家的基本相同的观点,并不可取,如果只强调学生的自我发现,忽视教师的主导作用,以及教师的启发引导和必要的讲授,是片面的.

案例 2.2.3

《数学课程发展》给我们的启示

　　在第二次世界大战以后,从 20 世纪 50 年代末到 80 年代初近 30 年的时间里,大多数国家都先后卷入了轰轰烈烈的现代数学课程改革运动之中.这场席卷主要发达资本主义国家的数学课程改革风暴,强烈地冲击了传统的数学课程的内容、方法和思想体系,对全球产生了深远的影响.

　　这场现代数学课程改革运动,持续时间长,争论激烈,主要涉及数学课程内容如何设置,学生如何学习数学,优秀的教师如何培养,如何处理好基本技能、概念理解以及问题解决等方面的关系.

　　《数学课程发展》这本书试图对 20 世纪 60 年代和 70 年代这 20 年的数学课程改革作概括性的总结,提出了许多值得研究的问题,这些问题在 21 世纪的今天仍有很好的启发意义.如:需要汲取什么教训?将来的改革应该怎样做才能获得成功?课程发展的前景如何?如何评价一门课程?

　　我国的数学课程正处在剧烈变化的时代,课程改革正自上而下蓬勃开展.我们若能把别人的成果加以分析,广泛深入研究国外已经走过的道路,吸取教训,借鉴经验,就可以减少盲目性,少走弯路,以较少的人力、财力和物力投入取得较大的成功,从而以更快的速度赶超世界先进水平.

　　从 20 世纪 60 年代和 70 年代出现的各种课程设计方案和实施情况来看,经常由于研究资金和力量的分散以及研究人员的孤军奋战,使得本可以取得的成就没有得到.再加上不同派别的相互攻击,使公众对数学课程改革减少了兴趣,不利于数学课程改革的顺利进展.互助协作是我们的优势,集中精力解决一些关键问题,可以保证数学课程改革较快取得进展.例如多套教材在不同地区开展试验,要达到什么样的目标,采取怎样的方式达到目标,需要多方面的合作和协调.在编制新课程中要参考国外比较好的课程,这就涉及移植和改编的问题,但必须搞清楚移植不是照搬,不能盲目移植,必须结合我国的实际情况,适合我国自身的特点,即使是已被证明是成功的,我们移植时也要进行可行性研究.更不能把别人已经摈弃的东西当作宝贝,不能盲目崇拜外国.20世纪60年代和70年代原西德盲目以别国的设计方案为指导思想,忽视了自身的实际情况,仓促编制了许多新教材,结果对一些内容,如"集合论",学生和家长不能理解,许多教师不理解,导致了失败,产生了不良后果,是值得我们深思的.

　　课程研制要取得成功,必须注意理论和实践的结合.但在把设想付诸实践之前,必须经过充分的论证,进行广泛的调查分析,对于新课程的试验要谨慎对待,因为它不同于物理或者化学试验,这些试验失败了,仅是使用了一些药品和仪器,而一项新课程试验失败了,会引起人们对进一步的改革试验的厌烦,更为糟糕的是耽误了一批学生的学业.在国外数学课程改革迅速降温与他们滥用教育试验是有关系的.我们要引以为戒.当然为了使数学课程改革理念深入人心,还得加强舆论宣传.我国各行各业都在深化改革,而数学课程改革相对缓慢,已经变得与社会的需要不相称,数学教材的编写也相对滞后,因此数学课程改革势在必行.然而由于历史的连续性和人本身有一种爱好上的倾向性,教师、家长往往都倾向于已经实施多年的课程,认为那是千锤百炼的,而且对于教师来说熟悉的课程处理起来得心应手.如果不知道新课程改革的优点是不会主动使用新的课程标准的.强行推进,在实践中就会遭到抵制,新的课程也容易被曲解,我国本世纪初开始的义务教育数学课程改革在推进中所遇到的巨大阻力也说明了这一点.因此,必须充分利用宣传媒介作宣传,使教师、家长、社会对新的课程有比较正确的认识,以使他们能以主人翁的态度对待改革、支持改革.

　　数学课程改革中教师是最不能被忽视的力量,不论一种设计方案如何完善,如果不被教师理解和接受,也是没有实际价值的,因为一个设计、一种课程最终要经过教师和学生发生联系.

《数学课程发展》这本书中比较了不同国家的教师在数学课程改革中所起的不同作用,认为教师在数学课程改革中起决定性的作用.但要保证教师能在数学课程改革中真正发挥自己的作用,教师本身要有扎实的数学基础知识和必要的教学法知识,还要有课程研制的知识,我们的各类师范院校包括一些教育学院的课程设置应考虑到教师必备的这些知识.即高师数学系的课程设置,首先应当突出师范性,既要加强对中学教育有指导意义的基本课程(如空间解析几何、高等代数、数学分析、实变函数、复变函数、微分几何、中学数学教育等),又要加强数学教育理论诸课程(如教育学、数学学习心理学、数学方法论、数学课程论、数学教学理论、数学教育测量与评价、数学习题或解题理论、信息技术与数学),后者又应当与教学实习课相结合开展对青少年的教育心理研究.在职教师的继续教育对促进教师在实践的基础上理解课程改革、感悟数学课程的真谛、自觉追求高质量的数学教学具有强大的推动作用.数学课程是数学教育的核心,涉及问题纷繁复杂,广泛涉猎各国发展情况,可以开阔我们的视野,拓宽我们的思路.《数学课程发展》这本书是一本开放体系的书,从宏观上研究了许多设计模式,引发讨论了许多数学课程的关键问题.比起西方大国,我们起步较晚,但是这可以让我们设法避免他们犯过的错误,少走弯路,它山之石可以攻玉,通过理解辨别和驾驭,我们还会得到更多的启示和联想.

案例 2.2.4

变式教学的分类和变式题的分类

中学教师,特别是数学教师平时工作上占用时间很多,很难有较为完整的时间来读一些与专业发展有关的理论著作.而读一些理论著作,哪怕是其中的一点感兴趣的内容,都会对今后的教学有所帮助或启发.教师应适当抽空阅读一点理论著作,即使是做一点点整理,也是很有意义的.

学习《中国数学双基教学》一书,对其中第二章的三节主要是第五节和第六节内容[10]有些兴趣,在做文摘时,兼有一些心得体会.

1999年顾明远先生对变式教学给出一般涵义:在教学中使学生确切掌握概念的重要方法之一,即在教学中用不同形式的直观材料或事例说明事物的本质属性,或者变换同类事物的非本质特征以突出事物的本质特征,目的在于使学生理解哪些是事物的本质特征,哪些是事物的非本质特征,从而对一事物形成科学概念.这一关于变式的说明,只限于基本概念的形成,主要涉及本质特征和非本质特征的关联.

书中列举了 4 个例子说明一个好的问题是双基的黏合剂.例 1:二次函数 $y = ax^2 + bx + c$ 的图象与 x 轴有两个交点,那么点 (a, b) 在 xOy 平面上形成的区域(不包括边界)为(   );例 2:一元二次方程求根(9 个比较系统的变式设计);例 3:基本不等式的变式;例 4:含字母的因式分解由浅入深的 10 道小题安排(这不是变式而是铺垫).变式的复杂程度标志着双基能力的水平.涉及许多一元二次方程的知识,带动了整个单元的学习,有助于双基模块的形成.

概念性变式,包括概念性变式和非概念性变式两类.概念性变式,改变概念的外延;非概念性变式,改变一些能混淆概念外延的属性,譬如举反例.

概念性变式,目的是让学生获得对概念的多角度理解,具体做法有:(1)通过直观或具体的例子,即具体的外延来抽象概念的本质特征,从而引入概念.(2)通过非标准变式,突出概念的本质属性.(3)非概念性变式,如举出一些不是某一事物的例子.

过程性变式,数学活动的有层次推进.作者认为数学教学包括两种类型的活动,一类是教陈述性知识(概念),另一种是教程序性知识(即过程).数学活动过程的基本特征是层次性,它包含为解决问题而采用的一系列不同步骤和策略.采用程序性变式,学生能够解决问题,并形成不同概念之间的层次关系或获得多种方法.用途如下:

第一,促进概念的形成.当概念被作为对象属性来处理时,我们认为是静止的,概念性变式是卓有成效的教学方法.然而,如果概念是通过一系列过程的发展而形成的,这时概念呈现的是过程属性.为了掌握概念,允许学生体验概念的形成过程.

第二,问题解决的铺垫.通过对问题的多层次的变式构造,不仅可以使学生对问题解决及问题本身的结构有一个清晰的认识,而且也是有效地帮助学生积累解决问题的经验和提高解决其他问题能力的一条有效途径.

第三,构建数学经验体系.过程性变式的目的是为了通过概念形成或问题解决的层次形成一个有层次的活动经验系统.

以马飞龙(Morton)为首的欧洲学派的变式学习理论研究,认为经历事物的方式就是学习.把"变的部分"和"不变的部分"相区别,人们所经历的过程,称为变式学习.变式题包括按照表面特征变化的水平变式题和按照结构变化的垂直变式题.表面特征或称表面形式特征,是指问题呈现的表述方式的浅层次特征,水平变式的认知负荷小.结构特征指涉及问题本质的概念、关系与原则等深层次特征.垂直变式的认知负荷大.

问题变式的核心是数学结构的学习,逐步增加认识负荷,逐步驱动高层次的数学思维,逐步由表层类比向结构类比转化.增加深层策略,由原来的程式知识转化为策略知识.

变式教学的优势在于渐渐连续地增加认知负荷,教学的题目设计更接近循序渐进的规律.其实,我们平时教学中用的设计多是水平变式.笔者认为水平变式也有个梯度.比如,用十字相乘法进行因式分解,变化一下数字和出现的字母系数的类型,看起来都是系数的变化.其实,由数字到字母也发生了质变,因为需要分类讨论.

在教学中由水平到垂直设计变式可以看作是由特殊到一般,强化规则的应用.笔者认为对于方法的应用也可以设计变式,比如用待定系数法求函数表达式,从一次函数(正比例函数)到二次函数、反比例函数,再到幂函数、指数函数、对数函数等.关于问题的形式水平变式和结构垂直变式的心理学机制,马飞龙认为,重复是手段,扩展重复形成意识,第二次的经历丰富并加深了第一次的经历的各个方面,经历者与经验的关系,只有第二次才能看到,第一次是第二次的基础,互为弥补,每次焦点不同,强调的方面不同.采用变式重复形成意识,机械重复只强化一种题,第二次变式重复可以检验前面学习的内容是否遗忘了,是否真正掌握了,从而评价第一次掌握的情况.变式题保持某些方面变,而其他方面不变,强调内容不变的某些方面,突出主要因素,慢慢形成结构,变式在培养学生思维的灵活性方面也有帮助.

变式教学通常是通过编制适当的变式问题来进行教学的.概念性变式可通过一些具体的外延来抽象概念的本质特征,也即由一些水平变式问题归纳出概念的本质特征,从而过渡到结构特征.过程性变式是一个循序渐进的问题解决,随着问题的解决,结构特征浮出了水面.过程性变式侧重于问题解决的方法,水平变式问题侧重于训练.概念性变式侧重于对概念本质的认识过程,垂直变式侧重于对问题结构的认识.前者侧重过程,而后者侧重知识和问题的结构.

思考题

1. 我国古代教育教学理论博大精深,近现代也出现了很多对现代教育教学产生深远影响的教育理论和教育家.请列举其中的两位代表人物及其主要观点.

2. 对教师甲在课堂里实施起来有效的教学安排,不能保证教师乙在另一个课堂里实施同样的教学安排也有效;教师完成一个单元的教学,并不一定意味着学生对这一单元的学习也随之完成.这种现象导致数学教师的教学工作充满着不可重复性,无论是在时间上还是在空间上都具有连续不断的扩张的性质.有没有适当的理论解释这种现象?你如何解释?

3. 理论研修可以通过个人学习进行,也可以通过开设适当形式的理论研修班实现,还有其他形式,例如通过网络进行理论研修.你能否给出关于理论研修的具体建议呢?

第三章

中学数学课程标准与教材内容研修

进入新世纪以来，一方面，科技发展一日千里，随着全球化的加剧，国际竞争日显激烈，科技创新在经济中所占的比重日益增加，社会变化的节奏加快；另一方面，教育的现状不能适应快速变化的社会需要，课程内容多年不变，教学手段比较单一. 教育怎样才能适应社会发展提出的要求？ 不同地区或国家都在结合自身的特点进行教育改革.

课程标准是教育改革成果的具体体现，依据课程标准编写的教材是把握教学内容的基本依据，了解课程标准的主要内容和教材内容的主要特点是基本的研修内容.

第一节　课程标准研制背景

在国际大的课程改革背景下，从进入本世纪起，我国稳步推进了中小学课程改革，以研制新的课程标准为开端，掀起了一次声势浩大、影响深远的数学课程改革浪潮. 目前这一课程改革工程仍在继续，以《义务教育数学课程标准（2011 年版）》颁布，并于 2012 年 9 月实施为标志，数学课程改革取得了阶段性的成果.

一、课程标准研制概述

课程改革是教育改革的核心内容，是历史发展的必然趋势，基础教育课程改革必然成为基础教育改革的重要任务. 课程标准是每一次课程改革的必然产物.

　　数学课程标准的具体构成通常有：导言（前言）、课程目标（课程标准）、课程设置、学习内容与要求（内容标准）、实施意见（课程实施建议）、附录等篇章.

　　数学课程标准研制涉及面广，参与人员多，是系统工程，通常都有一个核心组负责具体研制开发工作. 核心组由来自全国高等院校或研究机构的数学专家、数学教育专家、教研人员、中学数学教师、教育考试研究和出版机构人员代表组成. 例如 2011 版义务教育数学课程标准修订组于 2005 年 5 月组建，共有 15 人，由专门研究数学的专业人员、从事数学教育研究的人员、来自一线的教师和教研员等方面的人员组成. 美国 2000 年出版的《学校数学教育的原则和标准》的写作小组和电子版小组成员包括教师、师范教育工作者、行政人员、研究人员和数学家等具有不同专长的人士[15]. 核心组成员组织有关人员形成专题研制小组开展相关研究工作. 标准研制组采用各个研制小组申报立项的方式开展基础性研究和专题研究. 我国 2003 年版高中数学课程标准研制组于 1999 年组建，研究了如下专题：数学学科新进展；社会需求状况研究；中学生学习的特点；国际比较研究；国内现状分析.

　　进入新世纪以来的国家课改的数学课程标准与前面几次颁布的教学大纲相比，课程目标改变了过去重知识学习轻能力培养、重技能训练轻活动经验积累的目标要求，从单一的基础知识与基本技能，扩展到基本的数学思想和方法、基本的数学活动经验，形成了知识技能、数学思考、问题解决、态度情感四方面相互支持的目标结构.

　　初中数学课程内容设计安排了"数与代数"、"图形与几何"、"统计与概率"、"综合与实践"四方面的课程内容，义务教育阶段数学课程的设计，充分考虑本阶段学生数学学习的特点，符合学生的认知规律和心理特征，有利于激发学生的学习兴趣，引发数学思考；充分考虑数学本身的特点，体现数学的实质；在呈现作为知识与技能的数学结果的同时，重视学生已有的经验，使学生体验从实际背景中抽象出数学问题、构建数学模型、寻求结果、解决问题的过程.

　　初中课程内容在十年（2001～2011 年）推广实验的基础上适当做了调整，降低了要求，安排了必学和选学内容. 必学内容具体包括数与式、方程与不等式、函数、图形的性质、图形的变化、图形与坐标、抽样与数据分析、事件的概率等方面的内容.

　　选学内容的设置,就是希望为一些有兴趣、有能力而且有愿望的学生进一步探索、学习提供文本,这些内容不要求面对所有学生. 例如:数与代数领域的能解简单的三元一次方程组、了解一元二次方程的根与系数的关系、知道给定不共线三点的坐标可以确定一个二次函数,以及图形与几何领域的了解相似三角形判定定理的证明、探索并证明垂径定理、探索并证明切线长定理等选学内容.

　　《义务教育数学课程标准(2011 年版)》明确提出使学生获得数学的"基本思想"和"基本活动经验"的目标. 希望学生在义务教育阶段的数学学习中,除了获得必要的数学知识和技能之外,还能感悟数学的基本思想,积累数学活动经验. 思想的感悟和经验的积累是一种隐性的东西,但恰恰就是这种隐性的东西在很大程度上影响人的思想方法. 因此,对学生,不管未来从事或不从事数学工作,都很重要,这是学生数学素养的集中体现,也是"育人为本"教育理念在数学学科的具体体现. 数学基本思想和基本活动经验是伴随着数学知识的学习和数学能力的提高而逐步积累丰富的,脱离数学基础知识和基本技能的教学,抽象谈论数学基本思想和基本活动经验的教学是没有意义的. 课程标准明确提出让学生获得数学基本思想和基本活动经验,其出发点应是希望学生在获得知识与技能的同时,更加注意数学素养的培养.

　　《义务教育数学课程标准(2011 年版)》提出与数与代数、图形与几何、统计与概率、综合与实践等四部分课程内容有关的十个核心概念:数感、符号意识、空间观念、几何直观、数据分析观念、运算能力、推理能力、模型思想,以及应用意识和创新意识. 这些核心概念的提出,有助于全面理解和落实课程目标,有助于深刻理解各部分课程内容,也有助于合理而有效地设计和组织教学活动,教师能够比较明确地围绕核心概念展开教学. 但是我们在理解核心概念时,要注意其数学内涵不能泛化和扩大化,作为教师应能够从数量关系、符号的单意性、符号运算的规律性、空间的多维性、图形的确定性和和谐性、数学归纳推理和演绎推理的逻辑性、数据存在的客观性和获得的随机性、数学模型的抽象性和应用的广泛性等方面准确把握核心概念.

　　中学课程增加了数学研究型课程(初中称为探究型课程,2011 年修订的国家义务教育数学课程标准统一称为"综合与实践"），其教学要求与常规课堂教学不同，可以不是以课时为单位实施教学，教学空间也可以超越课堂和教室之外.

《普通高中数学课程标准》(2003 年版)课程内容设计安排了必修和选修两个模块.提供多样的可供学生选择的数学课程，分为必修课程和选修课程两部分，由 5 个系列构成，分别是必修、选修 1、选修 2、选修 3、选修 4 系列课程.必修、选修 1、选修 2 系列课程由若干个模块组成，每个模块 2 学分(36 学时)；选修 3、选修 4 系列课程由专题组成，每个专题 1 学分(18 学时)，每 2 个专题可组成 1 个模块.高中数学学习实行学分制管理，每个学生都必须学习的数学必修课，共5 个模块，计 10 学分，4 个系列的选修课程，学生可以根据自己的兴趣和对未来发展的愿望进行选择，以期不同的学生都得到良好的发展，但也按照将来不同的发展方向，规定不同的选修学分.

在高中数学内容课程的设计中，增加了与现代数学思想关系紧密的学习内容，如向量知识、概率统计知识，在选修课程中，增加了信息安全与密码、对称与群等现代数学知识.值得注意的是所增加的这些现代数学味十分浓厚的选修内容，相当一部分超出了教师可理解的范畴.在试行过程中，多数学校没有办法开展教学，需要进行较大幅度的调整，以适应高中学段的教学实际.在经过试验之后，根据现实的情况，并预测今后一段时期内我国教师和学生的情况，特别是为学生未来的工作和生活着想，适当考虑未来社会可能发生的变化，需要对课程结构和内容要求进行恰当的调整.

另外，模块化内容设计有统一和可操作的一面，对于大范围、大面积保证教学内容的落实和教学时间的到位有十分积极的作用，但也在一定程度上限制了教师实施这些内容教学的灵活性和创造性.经过了两轮全国范围内较大规模的试验，国家正在根据实验反映出来的情况对高中课程标准进行修改.作为教师，我们应关注每次课程标准修改的部分，要理解其修改的意图，增强执行课程标准的主动性.

对于进入高中阶段的学生，首先必须获得最基本也是最核心的数学内容.一是提高公民的数学修养和数学素质，二是为进一步学习打下必备的基础.在课程结构的设置上，在高中阶段，提倡自主探索、动手实践、合作交流、阅读自学等学习数学的方式.同时,高中数学课程设立"数学探究"、"数学建模"等学习活动,为学生完善自身的学习方式进一步创造有利的条件,力求通过各种不同形式的自主学习、探究活动,让学生体验数学发现和创造的历程,发展他们的创新意识.

高中要求数学课程介绍数学发展的历史、数学的应用及数学发展的趋势,注意体现数学的社会价值、数学家的创新精神、数学科学的思想体系、数学的美学价值,以帮助学生了解数学在人类文明发展中的作用,逐步形成正确的数学观,使之成为学生正确世界观的重要组成部分,充分发挥数学的育人功能[16].

我国的课程标准是对相应学段的学生的统一要求,在标准之外,一般没有更高的统一要求,因此各地在具体实施过程中应根据当地的实际进行适当拓展和调整.与此相比,美国等西方国家所谓的国家标准,往往只是提出建议,不具有很大的约束力,而且这样的标准一般对水平要求十分具体,涉及内容比较广泛,不同地区和学校往往会根据当地的具体条件和不同发展倾向的学生,提出不同层次的要求或者对内容进行选择.如:美国的《学校数学教育的原则和标准》共八章和一个附录.第一章学校数学教育的前景,第二章学校数学教育的原则,第三章学前期至12年级学校数学教育的标准,第四章学前期至二年级的标准,第五章三至五年级的标准,第六章六至八年级的标准,第七章九至十二年级的标准,第八章齐心协力将理想变为现实.附录:标准和期望表[15].对内容及要求描述具体且详细,配有适当的实例加以说明,涉及内容较我国现行数学课程标准广泛.我们在参照别国的做法时,一定要适当了解这个国家的教学实际.

二、课程标准修订的必要性

国家每间隔一段时间就会对原来的课程标准进行适当的修订.修订课程标准是社会发展和教育进步的必然要求.21世纪之初,国家颁布的《基础教育课程改革纲要(试行)》的六个"改变"回答了修订课程标准的必要性.

● 改变课程过于注重知识传授的倾向,强调形成积极主动的学习态度,使获得基础知识与基本技能的过程同时成为学会学习和形成正确价值观的过程.

● 改变课程结构过于强调学科本位、科目过多和缺乏整合的现状,整体设置九年一贯的课程门类和课时比例,并设置综合课程,以适应不同地区和学生发展的需求,体现课程结构的均衡性、综合性和选择性.

● 改变课程内容"难、繁、偏、旧"和过于注重书本知识的现状,加强课程内容与学生生活以及现代社会和科技发展的联系,关注学生的学习兴趣和经验,精选终身学习必备的基础知识和技能.

● 改变课程实施过于强调接受学习、死记硬背、机械训练的现状,倡导学生主动参与、乐于探究、勤于动手,培养学生搜集和处理信息的能力、获取新知识的能力、分析和解决问题的能力以及交流与合作的能力.

● 改变课程评价过分强调甄别与选拔的功能,发挥评价促进学生发展、教师提高和改进教学实践的功能.

● 改变课程管理过于集中的状况,实行国家、地方、学校三级课程管理,增强课程对地方、学校及学生的适应性.

1949 年以后,中国大陆共颁发了 14 套课程标准[①]. 我国中学数学课程一直作为整个国家课程的重要组成部分,围绕着我国经济发展、培养社会主义建设人才的需要不断推进,大致经历了以下几个时期:20 世纪 50 年代,全面学习苏联,1951 年颁发《普通中学数学课程标准(草案)》,1952 年颁发《中小学数学教学大纲(草案)》,1956 年颁发《中小学数学教学大纲(修订草案)》,建立了由中央集中领导、教材和大纲统一的数学教育体制. 发生于"大跃进"背景下的改革,由于存在要求过高、对传统数学教学内容否定过多(尤其是平面几何)、新增相当多的近现代数学内容等问题,过分强调"多、快、好、省"和"高、精、尖",削弱了基础知识的系统性和科学性,只存在了很短的时间. 从 1961 年到 1963 年,教育部门在贯彻"调整、巩固、充实、提高"八字方针中,认真总结了全面学习苏联和 1958 年以来的数学教育改革的经验教训,先后两次修订中学数学教学大纲,1961 年重新制定了《全日制中小学数学教学大纲(草案)》,1963 年教育部新编了十二年制《全日制中学数学教学大纲(草案)》,首次明确提出了"培养学生正确而迅速的计算能力、逻辑推理能力和空间想象能力". 1966～1976 年,"文化大

---

① 从 1952 年起至 1996 年止,称为教学大纲,而上海地区从 1988 年第一期课改工程开始改称课程标准. 由于从 20 世纪 80 年代中期以后逐步实行九年义务教育,出现了义务教育和高中阶段两种课程标准.

革命"十年动乱期间,教育遭到破坏,数学教学也遭到破坏,数学教学质量和知识水平都降到新中国成立以来的最低程度.1978年,教育部制订了《全日制十年制学校中学数学教学大纲》(试行草案),把1963年大纲中的"计算能力"改为"运算能力","逻辑推理能力"改为"逻辑思维能力",并第一次提出了"逐步培养学生分析问题和解决问题的能力".1982年制订的《全日制六年制重点中学数学教学大纲(征求意见稿)》开始关注知识、技能与能力的关系,1986年,原国家教委按照"适当降低难度、减轻学生负担、教学要求尽量明确具体"的三项原则,制定了《全日制小学初中数学教学大纲》《全日制中学数学教学大纲》,正式把"双基"(基础知识和基本技能)和"三大能力"(运算能力、逻辑思维能力、空间想象能力)作为中学数学教学目标的核心内容.1988年制订《九年义务教育全日制初级中学数学教学大纲(初审稿)》,并于1992年颁布了《九年义务教育全日制初级中学数学教学大纲(试用)》.这个大纲与旧大纲相比,有一个根本性的转变,这就是由"应试教育"转变为国民的素质教育.这是教育性质、任务和目标的重大转变,反映了数学课程改革的方向,是科学主义和人文主义相结合的现代教育目的观的具体表现.1996年,原国家教委颁布了与1992年初中大纲相衔接的《全日制普通高级中学数学教学大纲(供实验用)》并编写了教材,1998年颁布《国民教育阶段九年一贯课程总纲纲要》,根据1999年《中共中央国务院关于深化教育改革全面推进素质教育的决定》,2001年教育部颁布了《全日制义务教育数学课程标准(实验稿)》,根据各地试验的结果,2011年教育部颁布了《义务教育数学课程标准(2011年版)》;2003年颁布实施的《普通高中数学课程标准(实验稿)》,也正根据试验情况进行修订.

2003年1月至7月,普通高中课程研究调研组在四川、宁夏、甘肃、江西、广西、广东等十五个省份发放问卷,了解我国普通高中课程总体状况.该问卷由三部分组成:(1)被调查者部分信息.设单选题7道,主要调查被调查者个人信息及其对高中的关注情况.(2)满意度调查.设单选题23道,主要调查被调查者对高中课程及其相关因素的满意度.(3)意见调查.设开放题1道,主要征询被调查者对高中毕业生的素质、高中课程的选择性和灵活性、高考招生制度改革等问题的意见和建议.此次问卷调查了1750位高中教师,其中有70位教师对开放题做了回答.在输入、整理这70位高中教师对开放题的回答问卷时,希望能了解到高中教师对高中课程问题真实的看法,并为高中课程改革提出具体建议,以引起社会各界对高中课程问题的关注和探讨.调查结果显示(鲍同梅,2005):90.63%的教师认为高中课程需要改进.需要改进高中课程的主要原因有:现有课程繁、旧、面、窄、脱离实际(占40.63%),应加强课程的选择性和灵活性(31.25%),加强课程对学生的适应性即适应学生兴趣、爱好和需要(18.75%).

高中课程改革是一项艰巨的系统工程,不仅意味着课程自身(如课程目标、课程结构、课程内容等)的调整和变革,还意味着课程实施及其影响因素的重大转变.

作为国家教育改革综合试验区,从1988年5月开始,上海开始了改革中小学课程、教材的重大系统工程.1989年4月,上海市教育委员会组织制订了新的课程方案;1990年4月,制订了《九年制义务教育数学学科课程标准(草案)》.从1991年开始,新的数学教材开始三年的试验,并于1993年正式使用.而新编高中数学教材于1991年9月起在全市23所完全中学试用,并于1994完成第一轮试点,1994年9月正式使用.1997年,上海中小学课程教材改革第一期工程的开发告一段落,1998年起进入上海中小学课程教材改革第二期工程,并于2004年颁布了上海市《中小学数学课程标准(试用稿)》,2012年组织人员编写和修订了上海市《中小学数学课程标准》,对正在试用的课程标准进行局部的修改和完善,2013年秋季正式实施.

初、高中数学课程标准重视体现数学的科学价值、应用价值和人文价值,使学生不仅学习数学的知识、技能、思想方法,而且了解数学发展的历史和趋势以及数学在现实社会中的作用,提高他们的数学素养.发展学生的数学应用意识和创新意识,力求对现实世界中蕴涵的一些数学模式进行思考和做出判断.

三、课程标准发生的变化

20世纪下半叶以来,数学应用的巨大发展是数学发展的显著特征.当今知识经济时代,数学正在从幕后走向台前,数学和计算机技术、信息技术的结合使得数学能够在许多方面直接为社会创造价值,数学的应用不仅是在自然科学、技术科学中发挥着重大的作用,而且在人文、社会科学中产生了重大的影响,为数学发展开拓了广阔的前景.数学学习内容也顺应这种变化在不断地进行着调整.

国家数学课程改革,删除了一些繁、难、偏、旧的内容,增加了与实际生活密切联系以及体现现代数学思想的知识.例如,在初中增加了统计与概率内容所占的比重,增加了平面向量,区分必学内容和选学内容,高中除了必修内容之外,还有限定选修、任意选修内容,原来的教学大纲仅区分基础与拓展内容.

1988年5月开始的上海一期课程改革工程,无论课程内容、课程结构、教材处理,甚至在数学的德育功能的开发方面都有不少创新之处,但以社会、科技、经济的飞速发展的需求衡量,仍需要对不少方面进行改进.

第一,增加课程的选择性.

上海一期数学课程改革在课程可选择性上有所突破,不仅设置了必修课,而且设置了选修课与活动课,增加了学生的选择性.但是,无论是选修课还是活动课,课程的开发都比较薄弱,除高三年级的选修课程外,其他年级的选修课的开发缺乏系统,选修教材的范围也比较狭窄,且多数由教师指定或自编,虽然能发挥教师的积极性,但容易导致选修课成为一种形式,甚至拿来补缺补差或挪作他用.另外,在课时安排上,学生能选择的内容所占的课时较少,主要是通过选修课程和活动课程来体现,但实际实施时所占比例很小.课程标准在增加课程的选择性方面进行了较大幅度的探索.

第二,加强数学应用和探究.

上海一期课改的数学课程,虽然已经意识到数学的实际应用,教材在联系实际、加强应用的处理上也花了很大的力气.但是其深度和广度还远远不够,数学应用、数学建模还没有大力开发.

一期数学课程改革也已经关注到把数学概念和数学思维的形成过程放在问题探究的过程中展开,但较多将注意力放在选修课程、活动课程及课本的拓展内容中.其实,即便是最基础的数学知识,也可能开发出一些值得探究的问题.数学探究还应该进一步重视和加强.

第三,系统考虑计算器、计算机的作用.

现代信息技术的发展,对数学教育提出一些新的课题,例如,如何整合现代信息技术与数学教学?在数学教育中如何提高学生的信息素养?上海一期数学课程加强了对于计算器及计算机的应用,也注意到通过数学教育提高学生的信息素养,如程序框图的设计等.随着信息环境的形成,对于计算器及计算机的使用,什么阶段应用到什么程度,达到什么效果,需要与信息科技等课程配合进行系统考虑.

第四,建立科学的习题训练系统.

我国数学教育的传统优势是学生拥有扎实的基础知识和基本的解题技巧.扎实的"双基能力"和学生平时有效的习题训练有密切联系.但20世纪80年代以来,愈演愈烈的应试教育,使数学的科学训练变成机械操练并发展为题海战术.这严重损害了学生对数学学习的兴趣,不利于学生的数学能力和心智的发展,更压抑学生的创新精神和创造才能的培养.因此,建立合理科学的习题训练系统就成为非常迫切的任务了.数学课程改革大力开发习题在促进学生主动活动、培养学生创造才能方面的功能,把非形式推理、开放性问题、课题研究和建模求解等纳入新编习题的范围,与原先强调现有知识掌握、巩固的习题类型相配合,组成完整的数学训练体系.

第二节　课程标准的基本理念

在基础教育阶段,数学是一门重要的基础课程,它对学生的整体发展、长远发展以及当前学习其他课程具有奠基意义,对培养学生的抽象能力、推理能力、创造能力以及科学的世界观和方法论等具有独特的作用.

一、初中数学课程标准的基本理念

由于我国义务教育法规定国家实施九年一贯制义务教育,初中数学课程标准的理念包含在义务教育数学课程标准理念之中,2011年修订的义务教育课程标准中共有5条[17]:

1. 数学课程应致力于实现义务教育阶段的培养目标,要面向全体学生,适应学生个性发展的需要,使得:人人都能获得良好的数学教育,不同的人在数学上得到不同的发展.

2. 课程内容要反映社会的需要、数学的特点，要符合学生的认知规律. 它不仅包括数学的结果，也包括数学结果的形成过程和蕴涵的数学思想方法. 课程内容的选择要贴近学生的实际，有利于学生体验与理解、思考与探索. 课程内容的组织要重视过程，处理好过程与结果的关系；要重视直观，处理好直观与抽象的关系；要重视直接经验，处理好直接经验与间接经验的关系. 课程内容的呈现应注意层次性和多样性.

3. 教学活动是师生积极参与、交往互动、共同发展的过程. 有效的教学活动是学生学与教师教的统一，学生是学习的主体，教师是学习的组织者、引导者与合作者.

数学教学活动应激发学习兴趣，调动学生积极性，引发学生的数学思考，鼓励学生的创造性思维；要注重培养学生良好的数学学习习惯，使学生掌握恰当的数学学习方法.

学生学习应当是一个生动活泼的、主动的和富有个性的过程. 除接受学习外，动手实践、自主探索与合作交流同样是学习数学的重要方式. 学生应当有足够的时间和空间经历观察、实验、猜测、计算、推理、验证等活动过程.

教师教学应该以学生的认知发展水平和已有的经验为基础，面向全体学生，注重启发式和因材施教. 教师要发挥主导作用，处理好讲授与学生自主学习的关系，引导学生独立思考、主动探索、合作交流，使学生理解和掌握基本的数学知识与技能、数学思想和方法，获得基本的数学活动经验.

4. 学习评价的主要目的是为了全面了解学生数学学习的过程和结果，激励学生学习和改进教师教学. 应建立目标多元、方法多样的评价体系. 评价既要关注学生学习的结果，也要重视学习的过程；既要关注学生数学学习的水平，也要重视学生在数学活动中所表现出来的情感与态度，帮助学生认识自我、建立信心.

5. 信息技术的发展对数学教育的价值、目标、内容以及教学方式产生了很大的影响. 数学课程的设计与实施应根据实际情况合理地运用现代信息技术，要注意信息技术与课程内容的整合，注重实效. 要充分考虑信息技术对数学学习内容和方式的影响，开发并向学生提供丰富的学习资源，把现代信息技术作为学生学习数学和解决问题的有力工具，有效地改进教与学的方式，使学生乐意并有可能投入到现实的、探索性的数学活动中去.

二、高中数学课程标准的基本理念

在《普通高中数学课程标准(实验稿)》中,列举了 10 项基本的理念,作为数学课程设计的基本指导思想.涉及课程内容设置、学生学习要求、数学文化价值以及评价等方面.

关于课程内容设置,提出 5 条:构建共同基础,提供发展平台;与时俱进地认识"双基";提供多样课程,适应个性选择;注重信息技术与数学课程的整合;强调本质,注意适度形式化.

高中数学课程的基础性,包括两方面的含义:第一,在义务教育阶段之后,为学生适应现代生活和未来发展提供更高水平的数学基础,使他们获得更高的数学素养;第二,为学生进一步学习提供必要的数学准备.对基础的理解,不能仅仅停留在知识与技能上,还应赋予基础知识和基本技能新的内涵.包括过程与方法、情感态度与价值观,它们对于学生未来的发展都是非常重要的.必修课程是所有高中学生未来发展的公共平台,它是一种共同的文化基础.与此同时,标准设置了不同的选修系列课程,它们仍然是学生发展所需要的基础性数学课程,为不同的学生提供不同的发展平台.

随着时代的发展,各行各业都对公民的数学素养提出了更高的要求,不同行业对数学的要求是不尽相同的;学生的兴趣、志向与自身条件也不相同,因此,每个人未来发展所需要的数学基础是不一样的.标准为学生提供了多种选择和发展的空间,高中学生可以在教师的指导下,自主地进行多层次、多种类的选择.教师可以根据学生的基本需求和自身的条件,制订课程发展计划,包括"校本数学课程"的开发,不断地丰富和完善数学课程,为学生提供更多的选择.

现代信息技术的广泛应用为数学课程和教学带来了极大的改变,以往教学中难以呈现的、纸笔运算难以完成的内容,可以借助信息技术手段实现.信息技术与数学课程整合的基本原则是应有利于学生认识数学的本质,改善学习的手段.

关于学生的学习,提出:倡导积极主动、勇于探索的学习方式;注重提高学生的数学思维能力;发展学生的数学应用意识.

社会的发展需要终身教育,而学生在学校中只能获得其需要的部分知识和初步能力,二三十年后甚至更长时间以后社会需要的知识和能力,更多的必须在其未来的人生历程中依靠自主的探索、主动的学习,去不断地充实自我,以适应不断变化的社会需要.此外,数学学习不仅仅是记忆一些重要的数学结论,还要发展数学思维能力和积极的情感态度,再加上数学学科高度抽象的特点,这就需要学习者有积极主动、勇于探索的精神,需要有自主探索的过程,需要保持对新事物的好奇心和对未知领域的探索精神.

数学教学必须鼓励学生积极参与数学活动,不仅是行为上的参与,更要有思维参与,通过个体积极的思考、与别人讨论疑难问题、发表不同意见等方式,激活思维;在教师的引导下,提炼数学思想方法,通过促进学生同化和顺应等心理活动和变化的过程,深化思维,不断地提高数学思维能力.

数学学习和研究从不满足于特殊情况的结果,而是通过归纳、类比等方法去探索、研究各种对象的一般规律,寻求解决问题的一般方法.数学学习和研究也从不满足于局部范围的统一,而是通过拓广原来的概念和理论去寻求更大范围的统一,发展和构建新的结果和理论.数学发展与数学学习的过程,还形成了数学的特定思维方式.人们在学习数学和运用数学解决问题时,不断地经历直观感知、观察发现、归纳类比、空间想象、抽象概括、符号表示、运算求解、数据处理、演绎证明、反思与建构等思维过程.

为了发展学生的数学应用意识,标准多次强调数学概念形成的背景,重视介绍数学知识发生发展的来龙去脉;注重帮助学生学会运用数学语言去描述周围世界出现的数学现象;开展"数学建模"的学习活动,注重帮助学生体验数学在解决实际问题中的作用;设立体现数学某些重要应用的专题课程,鼓励教师和学生收集数学应用的事例,加强数学与日常生活及其他学科的联系,拓展学生的视野,使他们体会数学的应用价值.

关于数学的文化价值,标准提出体现数学的文化价值的理念.

数学已经融入人类的文化发展进程,成为人类文化的重要组成部分.在古代文明中,《几何原本》是古希腊文明的标志,它在全世界的发行数量仅次于《圣经》,成为建构科学体系的范式,徐光启和利马窦翻译《几何原本》被认为是中国近代科学的起点.古老的中国算学,以《九章算术》为代表,以计算精确、体现算法思想为特征,是中国古代文明的标志.17世纪以来的近代文明,起始于牛顿与莱布尼兹发明的微积分和牛顿力学.信息时代的文明发端于麦克斯韦尔电磁学方程,信息论、控制论开启了信息时代的新纪元,而数学家冯·诺依曼的数字计算机方案,改变了人类的生活,当今的一切高技术都需要数学和计算机技术的支撑.

数学文化是多姿多彩的,受到各种人类文明的影响.数学科学的进步受到人类文明进程的影响,必然会打上那个时代的烙印.反过来,数学又对社会的发展起着推动作用,成为当时文化的组成部分.

标准提出建立合理、科学的评价体系的评价理念.

评价既要关注学生数学学习的结果,也要关注他们数学学习的过程;既要关注学生数学学习的水平,也要关注他们在数学活动中所表现出来的情感态度的变化.关注学生在学习过程中表现出来的与人合作的态度、表达与交流的意识以及实际能力、探索和创新的精神、坚韧不拔的意志等方面的评价.

评价应贯穿于数学教育的各个环节.对数学课程、数学教学、教研活动、管理工作,特别是数学教学过程,都需要建立科学的评价体系.评价既要关注学生也要关注教师.这方面,国际上有许多好的经验,例如,数学教师的专业标准、数学研究水平的评价、课堂教学的评价细目表,等等,都可以借鉴.我国出台中学教师专业标准和实行教师资格证定期复核制度,也是朝着科学的评价体系迈出的重要一步.但是要警惕对教师提出不切实际的过高要求,增加教师不必要的学习负担和精神负担,搞得教师有职业恐惧感,造成成熟教师的流失和具有优秀教师潜质的人不愿意从事教师职业.建立评价体制是一个长期的系统化的工程,其目的是进一步加强教师队伍的建设、提升整个教师队伍的质量,鼓励教师长期从事教育事业.

上海《数学课程标准》按照课程方案的总体理念和数学课程的具体特点,提出了六个方面的理念.

1. 关于提高数学素养,培育终身学习基础.这一理念和全国课标要求是一致的.

2. 关于构建共同基础,加强应用与实践.《数学课程标准》呼应《课程方案》关于"拓展基础内涵,加强课程整合"的理念,特别重视课程的基础性,而且要求努力体现"数学为人人"的指导思想.

3. 关于关注不同学生的数学需要,提供选择和发展的空间. 在关注"数学为人人"的同时,数学教学还需要关注学生群体的个性差异. 不同的学生原有的知识与经验是不同的,学习的能力与态度也有差异,在数学课程设置中应体现这种差异性.《数学课程标准》将数学课程内容设计为基本内容、拓展内容和专题研究与实践等三类,其中拓展性的数学内容和专题研究与实践活动,更多关注教学的选择性.

4. 关于充分关注学习过程,引导学生探索求知. 国家课改和上海二期课改共同的一个关注重点是学习过程.《数学课程标准》提出要"充分关注课程中的学习过程",其要求有二:一是"要遵循学生认知心理发展的规律,合理组织教学内容";二是"要展现知识的发生、发展、形成和应用的过程,加强数学学习的活动,提供学生亲身感受、体验的机会". 这样做的目的是"创设有利于学生、教师发挥主体性和创造性的条件".

5. 关于强化评价的教育功能,激励学生奋发进取. 上海二期课改也十分重视教学评价的改革. 强调要"强化评价的教育功能". 从《数学课程标准》的论述,看到学习评价的聚焦重点:一是对学生主体积极性的调动;二是对学生潜能开发的促进;三是对学生个性发展的促进. 因此,《数学课程标准》提出几条要求:第一,评价"应更多地肯定进步、鼓励成功、鼓舞信心";第二,"评价结果应更多地用于帮助师生改进数学的教与学,引导师生正确把握目标、能动发展,激励学生努力学习、奋发上进".

6. 关于加强信息现代技术的应用,促进信息技术与数学课程的整合. 因为"现代信息技术的迅速发展和广泛普及,对数学课程和教学产生了重大的影响",《数学课程标准》对数学课程与信息技术的整合提出了要求:"数学课程必须大力加强现代信息技术的应用,发挥现代信息技术对数学课程改革的积极作用";"使现代信息技术成为学生学习的有效手段和工具,成为获取信息资源和开展学习交流的广阔平台".

第三节　中学数学教材的特点

要教好中学数学,教师一定要了解教材中知识的安排,熟悉教材的编写形式,理解教材的编写意图.教材是课程标准的具体化,教材编写人员都是经过严格审查的本行业内的专家,特别是每一套教材的主编都是具有极高权威和威望的数学家或数学教育家,对中学数学,他们有自己的理解,任何一处处理都经过反复斟酌和讨论,并经过专门部门审查通过,教材的权威性是不容怀疑的.教师教学首先应认真研读教材,只有从整体上把握教材的设计理念、基本思路和特点,弄清编写意图,才能制定好教学目标,用好教材.

一、初中教材的特点

笔者曾于 2002 年 7 月 26 日和 8 月 28 日在北京和徐利治老先生深入讨论过数学教材的特点.在某个版本的初中数学教材立项讨论时,徐先生说:我参加两次义务教育讨论,西南联大我教过中学数学,天津学报做过顾问.教材全国使用,责任重大,人人完成义务教育,非常重要;文化教育、数学技术二重功能,非常重要,与自然科学、人文科学并列.他进一步指出,编教材有三个问题要解决好:是否有趣、是否有用、是否具有普适性.

徐利治先生对教材的这些论述,为我们分析教材的内容打开了一种思路,要关注文化教育和数学技术的二重功能,要从普适性和有趣有用等方面来考察.我国目前在试用的每一套初中课程标准实验教材都是依据同一部义务教育课程标准编写的、具有明显特色的教材.都较好地体现了课程标准的理念、设计要求和编写建议,在体现基础性、时代性和发展性的同时,在很多方面进行了大胆的探索.

1.教材覆盖了课程标准要求的知识点,突出基础知识和基本规律,教材中学习素材的选取具有现实性、趣味性和挑战性,贴近学生的生活;对新知(概念、运算法则的建立等)的学习,强调从学生已有的生活经验或认知水平出发,实例丰富;密切联系实际生活和科技发展,使学生经历一定的过程获得知识,既体现了知识的发生与发展的过程,又有丰富的事实背景,时代感强;注意发展学生的潜能、知识结构,引导学生思考、探究和动手操作.

2.体现数学的教育价值,选取有数学内涵的素材,体现培育人文素养;数学故事丰富了数学文化内涵,从人类历史发展的角度介绍数学史,培养科学的人生观和价值观;教材在重视培养学生科学态度的同时倡导人文精神,引导体验内容的文化底蕴,促进数学精神和科学态度的形成,努力创造一种数学课堂文化.

3. 教材把学习内容交叉编排、螺旋上升,采用"问题情境——建立模型——解释应用与拓展"的形式,使学生有机会进行观察、操作、实验及独立思考,经历"做数学"的过程;从"做数学"的理念通过操作、探究激发学生的动机和欲望;创设学生自主探究的学习情境和机会,安排的探究活动有利于激发学生的学习兴趣;提供有启发性的问题,多样、现实地呈现,引导学生自主探索和合作交流;为教师和学生留下了一片广阔的创造空间,为学生提供大量的具有开放性的探索活动.

4. 教材编排文字简练,图文并茂,插图示意性、可读性强,阅读内容丰富,有助于学生自主学习,开拓学生视野.教材设计了一些富有特色的栏目,如"想一想"、"议一议"、"做一做"、"试一试"、"为什么"等,为学生提供探索、交流、合作的时间和空间,满足不同学生的需要,较好地体现了数学教学是数学活动的教学的理念;解决问题的策略多样化,例题注重应用性,提供现实情境和综合课题,形成解决问题的策略;渗透数学思想方法;语言表达符合学生的年龄特点,有利于教师转变教学方式,形成数学学习的个性.

5. 教材充分展示现代信息技术在数学教学中的地位,信息的呈现方式多样且具有选择性,为教师创造性地把握教材留有很大空间.

教材也存在某些不足,例如:习题的数量和层次都比较单一,不能很好地使学生掌握所学内容,有些题目过难,应适当降低难度.部分问题情境和题目侧重于城市化和地方化,应注意面向全国的普适性;有些章节的知识体系不连贯,知识的跳跃性大,在推理的逻辑性上略显不足,知识的协调性也不够,个别地方内容和表述的严谨性和科学性有一定的欠缺.有些问题和情境的现实意义需要考虑,个别问题情境、问题串的设计和插图编排与课题关联不大.探索性活动偏多,增加了教学实施的难度.

不同地区、学校类型和教龄的教师对同一版本教材的看法差异比较大.当教材倾向于按学生认知发展的逻辑编写时,其内容的结构体系的合理性就受到质疑,特别是像数学这样有严谨的逻辑体系的学科,应该怎样做才恰当,需要进一步研究.

二、高中教材的特点

目前正在使用的依据高中数学课程标准编写的教材虽然版本多达七种,但主要内容都是课程标准中所列,编排结构和必修、选修等内容的安排也受课程标准对内容的制约而大致相同(见本节附件 1). 与全国高中课程标准教材按照模块化设计螺旋式呈现的方式不同,上海教材按照内容系列以套筒的方式,有序呈现学习内容.

1. 高中教材的体系结构

首先,全国教材按数学课程标准的要求,以模块的形式,交叉呈现数与数系、代数与函数、图形与几何、概率与统计等各块内容. 按数学知识内容,以最基本的数学知识为主干,充分体现各个系列的不同特点与要求,由浅入深,由简单到复杂,螺旋上升,由低层次的展开到高层次的综合,不断深化.

将现代数学的思想、内容和中学数学的传统内容相整合,融入数学课程. 开展数学建模与数学探究等活动,将课程与学习融为一体.

数学内容的引入,采取从实际问题情境入手的方式,贴近学生生活实际,选择具有现实背景的素材,建立数学模型,使学生获得数学概念,掌握解决问题的技能与方法. 努力创设学生自主探究的学习情境和机会,呈现数学课程内容,编排"数学建模"、"数学探究"等活动,发挥学生的主动性,给学生留有充分的时间与空间,自主探索实践,促进学生数学思维能力、创造能力的培养与提高.

教材内容的编写,依据课程标准,同时又具有弹性,编入一些选学内容,以适应较高程度学生的需要,既保证每个学生的数学学习完整有效,又使一部分优秀的学生得到更多的学习机会,充分发挥他们的创造性,使得不同水平的学生都得到发展.

以"数学文化"为载体,让学生了解数学在人类文明发展中的作用. 教材内容中,安排一些有关的阅读材料,适当介绍数学内容的背景知识与数学史料等,将背景材料与数学内容融为一体,扩大学生的知识面,增强学生对数学的兴趣,对学生进行爱国主义、人文精神的教育,引导学生体会数学的文化价值.

基础型课程教材根据学生的共同数学需求,提供高中学生必需的基础知识、方法和技能的基本训练,以及与其密不可分的情感、态度、价值观等人文教育.基础型课程是每位高中学生必学的,此外,文科学生和理科学生各有一些定向拓展的学习专题,例如上海文科学生学习投影与视图、线性规划,理科学生学习空间向量、极坐标与参数方程、不等式证明.另外还有任意拓展课程供学生选学,内容是基础课程延伸的数学内容.教师可根据学校情况帮助学生选定研究型课程的专题.课本提供了一部分探究与实践专题,供研究型课程选用.

上海教材(各年级安排见本节附件2)关于基本内容的调整和变化,主要有以下几方面:进一步删除或简化用纸笔进行繁复的数值计算的内容;精简关于式的运算、变形、求值的内容和单纯解方程(组)训练的内容;削减繁杂的求函数定义域、单纯求函数值和用描点法画复杂函数图象的内容.三角恒等式变换内容有所减少,半角公式改为理科拓展Ⅱ的内容;立体几何内容仅涉及空间几何最简明的基础知识,主要学习平面的基本性质、关于直线与平面的位置关系的几何定义及其表示、简单几何体,而其他内容如空间直线、平面的平行和垂直关系的有关定理,线面关系的有关论证问题,距离和角的度量问题等,都改为理科拓展Ⅱ的内容,采用向量方法研究.为适应计算机技术广泛应用和信息整理、判断大量出现的要求,数学基本内容中适当增加了概率、统计初步的内容,从初中到高中都要进行教学.

拓展内容包括四个方面:一是体现基础知识扩展的内容,如:复数的三角表示、复数的乘除和开方、一般二元二次方程的讨论和分类、坐标旋转变换;二是体现综合能力培养的内容,如:定积分与面积、体积;三是体现兴趣爱好需求的内容,如:数学建模;四是反映数学与现代科技密切联系的科普性材料,数学史料、数学趣味故事等人文性材料.

2. 高中教材的编写体例

在教材的呈现过程中,根据教学内容的实际需要,适当配置一些相应的栏目,对课程内容加以注解、强调、说明,给学生提供思考、探索、猜想、回忆、推广、推理、证明等机会.

各章开始时,安排与教学内容有关的、贴近学生生活的导图和导入语.在章节之后根据需要设置阅读材料或者思考与探究等拓展内容,供学生进行数学阅读,拓展学生的视野,培养学生独立思考的习惯.

学生课外进行的自主学习活动,除相应的习题外,根据需要,设置诸如资料查阅、信息收集、调查研究、数据处理、问题解决与研究性活动等专题.

按照不同要求,编制不同水平的练习题.数学课程的训练是整个课程改革的一个重要的组成部分.训练系统设置几个不同水平的层次,以适应各种学生的需要.在完善数学基础知识与技能训练的同时,把非形式推理、开放性问题等纳入习题系统,设立探究性课题和数学建模,与强调掌握基本知识和技能的习题一起,组成一个完整的数学课程训练体系.注意创设与实际生活和社会关注的问题相联系的情境,引导学生关心社会,关心自己周围所发生的一切,提高解决实际问题的能力.各套教材都采用页边注的形式,丰富编写的内容,并给学生提示或留出思考空间.上海教材把练习部分独立成册,方便学生使用.

附件1:普通高中数学课程标准内容标准

必修模块由五个模块组成;必修课程是每个学生都必须学习的数学内容,包括:

数学1:集合、函数概念与基本初等函数Ⅰ(指数函数、对数函数、幂函数);

数学2:立体几何初步、平面解析几何初步;

数学3:算法初步、统计、概率;

数学4:基本初等函数Ⅱ(三角函数)、平面上的向量、三角恒等变换;

数学5:解三角形、数列、不等式.

选修课程有4个系列,其中系列1、系列2由若干个模块组成,系列3、系列4由若干专题组成;每个模块2学分(36学时),每个专题1学分(18学时),每2个专题可组成1个模块.

◆ 系列1:由两个模块组成.

选修1-1:常用逻辑用语、圆锥曲线与方程、导数及其应用;

选修1-2:统计案例、推理与证明、数系的扩充与复数的引入、框图.

◆ 系列2:由三个模块组成.

选修2-1:常用逻辑用语、圆锥曲线与方程、空间中的向量与立体几何;

选修2-2:导数及其应用、推理与证明、数系的扩充与复数的引入;

选修 2 - 3：计数原理、统计案例、概率.

◆ 系列 3：由六个专题组成.

选修 3 - 1：数学史选讲；

选修 3 - 2：信息安全与密码；

选修 3 - 3：球面上的几何；

选修 3 - 4：对称与群；

选修 3 - 5：欧拉公式与闭曲面分类；

选修 3 - 6：三等分角与数域扩充.

◆ 系列 4：由十个专题组成.

选修 4 - 1：几何证明选讲；

选修 4 - 2：矩阵与变换；

选修 4 - 3：数列与差分；

选修 4 - 4：坐标系与参数方程；

选修 4 - 5：不等式选讲；

选修 4 - 6：初等数论初步；

选修 4 - 7：优选法与试验设计初步；

选修 4 - 8：统筹法与图论初步；

选修 4 - 9：风险与决策；

选修 4 - 10：开关电路与布尔代数.

附件 2：上海二期课改高中数学教材各年级的学习内容

年级、学期	必修内容	选修内容
高一第一学期 48 学时	集合与命题（12 学时），不等式（14 学时），函数及其基本性质、二分法求根（算法渗透）（16 学时），幂函数、指数函数和对数函数（上）（6 学时）	各校自行选定如数学建模中的函数建模
高一第二学期 46 学时	幂函数、指数函数和对数函数（下）（14 学时），三角比（20 学时），三角函数（12 学时）	各校自行选定如《理科数学拓展》中有关三角比（和差化积、积化和差）的内容

年级、学期	必修内容	选修内容
高二第一学期 42 学时	数列与数学归纳法(18 学时),平面向量的坐标表示(8 学时),矩阵、二阶行列式(2 学时),幂函数与多项式函数等基本函数的导数及应用(18 学时)	各校自行选定如数列建摸、有关的矩阵专题
高二第二学期 42 学时	坐标平面上的直线方程(14 学时),曲线与方程(18 学时),复数(10 学时)	各校自行选定如坐标旋转变换、一般二元二次方程的讨论和分类、复数的三角表示、复数的乘除和开方及其应用专题
高三第一学期 40 学时	空间直线与平面(15 学时),简单几何体(10 学时),排列组合与二项式定理(15 学时)	文科必学选修 20 学时或理科必学选修 20 学时
高三第二学期 20 学时	概率论初步(8 学时),基本统计方法(12 学时)	文科必学选修 20 学时或理科必学 27 学时

说明:本套教材是在 1999 年开始的两轮试验的基础上,做了较大幅度的修改后,从 2006 年秋季起在上海全市推广使用的.对各年级的学习内容都作了系统安排.2011 年上海启动了课程标准修订工作,截至本书定稿时,修订工作已经基本完成.删去了基础课程中的算法初步、三阶行列式化二阶行列式的代数余子式和展开式内容,把基本函数的导数及应用内容列入高中基础课程教学内容,把定积分与面积体积列为拓展Ⅰ的内容,删去了文科拓展Ⅱ中的线性回归以及数学与文化艺术内容,这样上海和全国的教材内容更为一致.

第四节　课程标准和教材内容研修案例

教师对课程标准的学习方式是多样的,本节呈现的第一个案例是一所试验学校根据教学过程中教师遇到的困难和思考的问题而形成的案例.对教材内容的研修给出个人研修和区域研修两个案例.在一所学校,每位教师会对某一些教学内容有较为深入的研究和深刻理解,不同教师的兴趣点和关注点会有所不同;在一个区域,不同学校对教学内容的处理会呈现学校的特点,因为每所学校都有其独特的教学文化,集中大家的智慧可提高研修的效率、开阔研修的思路和拓展对问题思考的深度.

一、课程标准研修案例

案例 3.4.1

上海市民立中学高中数学组对上海数学课程标准的看法

说明:民立中学是上海市首批 51 所(高中)"二期课改"试验学校之一,民立中学数学教研组组织全体教师专门对《上海市中小学数学课程标准》(试行稿)(上海教育出版社,2004 年 10 月第 2 版)(以下简称《标准》)进行了学习,同时组织部分高中教师开展了讨论,并提出了一些个人的想法和问题.本案例由民立中学数学组提供.

一、有关课程内容与要求

现行的高中教材(试验本)(上海教育出版社)我们都已经使用过了,对照《标准》中第 71 页至第 92 页中"高中阶段(十至十二年级)内容与要求"发现有出入,一些内容与要求在教材中没有出现,如:"基本内容"中的"算法初步"主题(第 73 页),"空间图形"主题中的"球"(第 80 页);"拓展内容"(包括拓展Ⅰ和拓展Ⅱ的 A、B、C、D)、"专题研究与实践"与教材的差别更大;《标准》中把"矩阵"、"二项式定理"作为"基本内容",而教材中把它们划为了"拓展内容";等等.

我们的想法是:教材和《标准》应统一起来,这样教师容易把握;在现行没有统一的情况下,要及时补充制定"教材实施指导"供教师参考.

二、有关课程实施

《标准》中多次提到有关"以现代信息技术的适切介入为手段处理课程内容"方面的建议,如:《标准》第 29 页"大力推进基于现代信息技术的数字化数学活动(简称 DIMA)……利用 DIMA 平台,改善教学内容的处理方式和呈现方式……完善学生的学习方式",第 72 页"学习利用计算机(器)计算行列式的值",第 74 页"重视利用 DIMA 平台探索规律……",第 76 页"利用 DIMA 平台,研究函数 $y = A\sin(\omega x + \varphi)(A > 0, \omega > 0)$ 的图象……",第 78 页"可借助图形计算器或计算机,由方程直接画出对应的曲线",第 79 页"对空间图形的研究,要利用 DIMA 平台",等等.

　　我们的想法是：在目前广大教师尚未普遍掌握使用的情况下，能否提供一些具体的建议（如使用某种教学软件、某种功能的计算器等），或者提供一些较为具体的案例供教师参考.

　　《标准》中第 94 页指出："数学学习训练系统是教材的重要组成部分……必须高度重视数学学习训练系统的组建."

　　我们的想法是：应尽快组织一批有经验的一线教师（是团队而非个体），落实构建数学学习训练系统，编制符合《标准》要求并适应学生水平的配套习题，这是学生数学学习的基本活动，也是教师把握教学的一个参照.

　　三、有关课程理念和课程目标

　　《标准》中第 26 页指出："关注不同学生的数学需要……不同的学生可以有不同的数学发展……满足学生对数学学习的不同需要."因此，在课程的"内容与要求"中有了"基本内容"、"拓展内容"和"专题研究与实践"之分（我们是这样理解的），以适合不同学生的数学需要.这和我们现行的考试要求和考试模式有一定的差距.如何才能切实地落实"拓展内容"和"专题研究与实践"的教学，走出"考什么就教什么"的怪圈？同时，对"拓展内容"和"专题研究与实践"的教学安排，《标准》中给出的时间表也比较模糊，只在第 40 页提到了"拓展内容教学的总课时，三年累计不超过 160 课时……"等.

　　我们的想法是：在具体指导教学"拓展内容"和"专题研究与实践"方面，《标准》应有更详细的方案、目标以及评价方式和指标，以便教师能更好地执行新教材，体现新理念.同时建议教材可以适当编写相应的内容，供教师在适当的教学时段选用.

　　《标准》对课程的三维目标提出了要求，即知识与技能、过程与方法和情感态度与价值观.我们的问题是：如何在教学中把握好这三维目标的实现（尤其是后两项）？具体合适的"度"是什么？又如何在学习评价中有所体现？能否提供一些这方面的比较成功的案例供参考？

　　四、有关学习评价

　　《标准》中第 100 页指出："数学学习评价不应只是认定，更重要的是激励和调控."第 101 页还指出要"提倡过程性评价"等.

　　我们的想法是：先前的评价方式尚不符合《标准》要求，现今已出现了一些新的评价手段(有些是其他学科的),但可操作性还不是很强(我们认为),希望有一些专家和教师一起来研究完成(或在实践中完善)这项工作,或者在目前的情况下能否提供一些这方面的案例先供大家借鉴、尝试.

以下是几位教师结合课程标准学习和实际教学感受提出的原始问题:

教师 A 的问题:

1. 课程标准提出:"拓展基础内涵,加强课程整合,改变课程内容繁、难、偏、旧和脱离学生实际的现状,精选学生终身学习必备的基础内容."其中,"课程内容繁、难、偏、旧和脱离学生实际"所指哪些内容?

2. 课程标准提出:"结合实际,设计有特色的学校课程计划."能否针对数学列举一些事例? 或者说,哪些数学学校课程对数学的学习更有帮助?

3. 自主拓展课程在教学中如何把握?

4. 高中阶段课时安排的依据是什么? 考虑到不同类型学校的差异了吗?

5. 能否组织编写教材的有关人员,再编写配套的训练资料?(因为,很难找到合适的训练资料)

6. 教师专业化发展的评价体系涵盖哪些内容?

7. 数字化数学活动(DIMA)的具体内容有哪些?

教师 B 的问题:

1. 在第 96 页"提出问题——引导探究——形成新知——应用反思"中的最后一步如何体现? 怎样才能称得上很好地应用了反思?

2. 在第 96 页和 97 页"让学生经历通过观察现实生活中的数学现象提出问题……"中的"数学现象"具体指什么? 比较有必要去观察的,举例时希望把后面所有的推导过程都附上.

3. 第 97 页指出:"随着学生学习经验的积累和研究能力的发展,应逐步提高探究性学习的水平层次及其在学习活动中所占的分量."怎样能够体现研究型学习的水平层次及其在学习活动中所占的分量?

4. 第 99 页"分层要求……"中如何分是有效的? 如何安排课时是有效的?

5. 同一页"追求人人成功"中怎样才算人人成功?

6. 如何"引导学生在课后自主地进行反思和领悟"?(100 页)

教师 C 的问题:

1. 课程理念中说"以德育为核心",那么数学教学中如何体现德育目标?请举例说明.

2. "关注不同学生的数学需要,提供选择和发展空间"是否就是老话"因材施教"?一名教师面对全班四五十人如何做到这一点?

3. 学习评价中要求学生反思学习过程,教师应该怎样培养学生反思学习的能力?

4. 拓展Ⅰ和拓展Ⅱ(数学 A、B、C)安排在哪个学习阶段?若安排在高一和高二,学生如何选择?老师怎么做?若都集中安排在高三,则高三内容是否太多?

5. 在未实行学分制的情况下,教学中如何区别拓展Ⅰ与拓展Ⅱ?

6. 数学 A、B、C、D 等是否可理解为高考文理科分叉的内容?

7. 教材中带星号的内容可否依据学生的具体情况有选择性进行学习?

[点评]　一线教师根据自己教学中遇到的问题,通过课程标准的学习,产生了困惑,进行了思考,在解决这些困惑和思考的过程中,教师对课程标准和教材的理解会更为准确,也能够更为有效地实施.教师遇到的问题,是在具体教学实施过程中,把课程内容标准与教学实施中的学习目标相关联,对课程标准进行由抽象到具体、由模糊到清晰分解的过程中产生的.崔允漷认为,教师关于课程标准分解的一类困惑源自没有正确理解"目标"的含义与意义."目标"应是"看得见的靶心",即预期的学习结果.课程标准中的目标相对来说比较概括、抽象,对教师而言,许多目标是"看不见的靶心",故需要教师学会专业的思考,通过分解将之变成"看得见的靶心",即使之成为清晰的、可检测的学习成果①.另一类困惑是由于没有把课程标准和教材很好地统一起来而引起的,特别是在大规模的课程改革阶段,会出现课程标准中的要求与教材中的要求不一致或者没有体现的现象,这时课标和教材的编写人员应注意倾听一线教师的意见,实现课标、教材和教学的良性互动,这些一线教师研修的内容反过来又会促进课标和教材的进一步修改完善.上述民立中学关于教材内容处理的若干建议都在后来修订教材中得到了体现,例如,增加了每学期配套的习题册,教材中增加了矩阵和球等课标内容,并把二项式定理改为必修内容.

―――――――――

① 崔允漷.学会专业地思考课程标准的分解[J].基础教育课程,2010,4:45.

二、教材内容研修案例

案例 3.4.2

"等差数列前 n 项和公式"教学分析

我们知道,学习一个新的概念、命题或公式,必须系统掌握才能深刻理解、灵活运用.数列的求和相对于数列的概念、通项公式,对学生来说是新的内容,思维方式有很大的不同.等差数列的前 n 项和公式内容又是数列前 n 项求和的起点和基础,因此教学中既要处理好数列求和的共性,又要突出等差数列求和的特点.

上海高中数学教材把等差数列的前 n 项和公式内容安排在等差数列的概念及其通项公式之后,是希望学生通过掌握等差数列的前 n 项求和公式并解决一些相关问题,可以反过来更为深刻地理解等差数列的概念.这种处理是在总结 3 年试验成果的基础上所做出的合理改变,体现出内容呈现的层次性和螺旋递进的特点.

一、等差数列前 n 项和公式的推导过程分析

关于等差数列的前 n 项和公式,由于有经典的高斯求 $1+2+\cdots+100$ 的算法,以及诸如堆放铅笔或堆放钢管等比较形象且容易理解的例子,因此用该教学内容进行公开教学或教学评比的机会比较多.但是熟知的事实或形象的直观不能代替数学说理.学生是认知的主体,设计教学过程必须遵循学生身心发展的规律,让学生对知识的形成与发展过程要有所经历.教学过程要体现学生认知的发生、发展过程.公式教学首先需要把握其过程属性,理解公式的形成过程,通过对具体问题的反思抽象,形成思维的飞跃.

等差数列求和公式的推导,采用了倒序相加法,而倒序相加法是数列问题中的一个重要方法,这一方法是与等差数列的性质相联系的,也为今后解决其他数列前 n 项求和打下基础.因此,在公式的推导和运用中要让学生领悟和掌握这一方法.

在探索求和方法的过程中,既要注意一般思维方法的渗透,又要帮助学生

理解"倒序相加法". 可以采用从特殊到一般的研究方法, 这不仅可以得出等差数列前 n 项和公式, 而且对以后推导等比数列前 n 项和公式有一定的启发, 它是一种常用的数学思想方法.

这一过程的关键点是通过诸如高斯算法等具体的求和问题引导学生说理: 为何 $a_1 + a_n = a_2 + a_{n-1} = a_3 + a_{n-2} = \cdots = a_n + a_1$? 用到了等差数列的什么性质? 突破了这一点, 就为后面内容的顺利展开奠定了基础.

在推导出公式以后, 如果学生能力具备, 可以作如下拓展:

由于在公式推导过程中, 用到了等差数列的本质属性, 所以 $S_n = \dfrac{n(a_1 + a_n)}{2}$ 反映了等差数列的属性. 因而提出逆向问题: 若数列 $\{a_n\}$ 的前 n 项和 $S_n = \dfrac{n(a_1 + a_n)}{2}$ 对所有的正整数 n 都成立, 则数列 $\{a_n\}$ 是等差数列. (提示: 运用

$$a_n = \begin{cases} S_1 & (n = 1), \\ S_n - S_{n-1} & (n \geqslant 2), \end{cases}$$ 得 $(n-1)a_{n-1} = (n-2)a_n + a_1 (n \geqslant 2)$, 因而当 $n \geqslant$

3 时, 有 $(n-2)a_{n-2} = (n-3)a_{n-1} + a_1$; 两式相减变形可得 $a_n - a_{n-1} = a_{n-1} - a_{n-2}$, 对任意 $n \geqslant 3$ 的正整数成立, 因此 $a_n - a_{n-1} = a_{n-1} - a_{n-2} = \cdots = a_2 - a_1$)

二、等差数列前 n 项和公式的特点分析

公式教学的另一个要点是理解其对象属性, 从形式和内容上把握公式的特点.

由数列的前 n 项和的定义我们知道, 数列的前 n 项和 S_n 与通项 a_n 之间都具有关系: $a_n = \begin{cases} S_1 & (n = 1), \\ S_n - S_{n-1} & (n \geqslant 2), \end{cases}$ 这个关系式对于等差数列也适用. 等差数列前 n 项和公式有其特殊性, 常见下列两种表达形式:

(1) 用首项 a_1 和第 n 项 a_n 以及项数 n 表示: $S_n = \dfrac{n(a_1 + a_n)}{2}$. 这种表达方式蕴含着等差数列前 n 项和公式的推导方法——倒序相加, 从几何上看其具有梯形面积公式的特征: 两个底分别为 a_1 和 a_n, 高为 n (类比梯形面积公式). 公式直观告诉我们: 含 n 项等差数列中与两端等距离的两项的和等于首末两项的和.

(2) 用首项 a_1 和公差 d 以及项数 n 表示: $S_n = na_1 + \dfrac{n(n-1)}{2}d$. 该公式在

已知首项、公差和项数的条件下，不需要求出末项，直接代入即求出前 n 项和. 事实上，这个公式是把通项公式 $a_n = a_1 + (n-1)d$ 代入 $S_n = \dfrac{n(a_1 + a_n)}{2}$ 化简而得，这个公式的特点是可直观看出前 n 项和与首项 a_1 之间的关系. $S_n = na_1 + \dfrac{n(n-1)}{2}d = \dfrac{d}{2}n^2 + \left(a_1 - \dfrac{d}{2}\right)n$，令 $A = \dfrac{d}{2}$，$B = a_1 - \dfrac{d}{2}$，则 $S_n = An^2 + Bn$. 当 $A \neq 0$（即 $d \neq 0$）时，S_n 是关于 n 的二次式且缺常数项.

拓展：若数列 $\{a_n\}$ 的前 n 项和 $S_n = An^2 + Bn$（A、B 是与 n 无关的常数）对所有的正整数 n 都成立，则数列 $\{a_n\}$ 是等差数列.

问题：等差数列的前 n 项和公式和二次函数有什么关系？

三、等差数列前 n 项和公式的功能分析

公式的功能是由其过程属性和对象属性所决定的. 等差数列前 n 项和公式的基本功能是求和与求通项，拓展功能是用来证明或判别与等差数列前 n 项和有关的数列问题，这时常常需要运用等差数列的性质对公式作适当的变形. 例题、习题选取是为了加深对公式的理解，训练思维的灵活性，提升学生的思维水平和解决数学问题的能力. 因此本部分内容的例题、习题选取可围绕以下几方面展开.

第一组：（求和与求通项，突出对公式的巩固）

1. 已知 $a_1 = 0.7$，$a_2 = 1.5$，求 S_7.

2. 已知数列 $\{a_n\}$ 的前 n 项和 $S_n = n^2 + 2n$，求数列 $\{a_n\}$ 的通项公式，并且证明它是等差数列.（课本配套例题）

第二组：（求和公式的选择，突出数列中的基本量）

1. 已知一个等差数列的前 10 项的和是 310，前 20 项的和是 1220，由此可以确定其前 n 项和的公式吗？（课本配套例题）

（强调求数列的基本方法：先求 a_1、d. a_1、d 确定后，这个等差数列也就唯一确定）

2. 已知等差数列 $\{a_n\}$ 的公差 $d = \dfrac{1}{2}$，$a_1 + a_3 + a_5 + \cdots + a_{99} = 60$，求该数列前 100 项之和.（课本配套习题一组题的拓展）

分析　关键是求出首项 a_1.

解 数列 a_1，a_3，a_5，$\cdots$，a_{99} 是以 a_1 为首项，公差为 1 的等差数列，共有 50 项，从而 $50a_1 + \dfrac{1}{2} \times 50 \times (50-1) \times 1 = 60$，解得 $a_1 = -\dfrac{233}{10}$．

所以前 100 项之和 $S_{100} = 100a_1 + \dfrac{1}{2} \times 100 \times (100-1) \times \dfrac{1}{2} = 145$．

反思 本题也可以利用等差数列奇偶项之间的关系解决．由于 $a_n - a_{n-1} = d$，$S_奇 = 60$，而 $S_偶 - S_奇 = 50d = 25$，所以 $S_偶 = 85$，$S_{100} = S_偶 + S_奇 = 145$．

第三组：（求和公式的灵活应用）

1. 某社区组织志愿者到一新辟大型绿地参加植树活动，共需要完成植树任务 8670 棵．3 月 1 日即第一天，由于志愿者人数较少，再加上环境和操作不熟悉，仅种植 20 棵树；从第二天起，逐步改进植树技术并且志愿者人数逐渐增加，每一天的植树数都比前一天增加 50 棵．由于进展顺利，从某一天开始逐步减少参加植树的人数，因此每天的植树数都比前一天减少 30 棵．到 3 月 30 日，总计 30 天时间，圆满完成了植树任务．问：哪一天志愿者们植树的棵数最多？并求出这一天的植树棵数．（课本配套习题应用题的变式：分段等差数列求和问题）

分析 设 3 月 n 日这一天植树的棵数最多，则由题意可知从 3 月 1 日到 n 日，每天的植树数构成一等差数列 $\{a_n\}$，$a_1 = 20$，$d_1 = 50$，项数 n；则 $a_n = 50n - 30$；从 $n+1$ 日到 30 日，每天植树的棵数构成另一个等差数列 $\{b_n\}$，此数列的首项为 $50n - 60$，公差为 -30，项数 $30 - n$．对这两个等差数列求和即得这个月总的植树数．

解 设第 n 天植树数最多，由题意得

$$n \times 20 + \frac{n(n-1)}{2} \times 50 + (50n - 60)(30 - n) +$$

$$\frac{(30-n)(29-n)}{2} \times (-30) = 8670.$$

化简得 $n^2 - 61n + 588 = 0$，解得 $n = 12$．

即 3 月 12 日这一天植树数最多，为 570 棵．

2. 在 100 到 200（包括 100 和 200）的自然数中，求既不是 7 的倍数又不是 5 的倍数的自然数的和．（课本配套习题"求 100 以内能被 7 整除的所有正整数的和"的拓展）

分析 7 的倍数与 5 的倍数都是容易确定的,因此我们可以从反面入手来解决,但是要考虑到 35 的倍数被重复计算的情形.

解 100 到 200 的自然数和为 15 150. 在 100 到 200 的自然数中被 7 整除的数构成首项为 105、末项为 196 的等差数列,项数为 14,代入公式 $S_n = \dfrac{n(a_1 + a_n)}{2}$ 得能被 7 整除的自然数之和为 2107;同理可求得能被 5 整除的自然数之和为 3150;既能被 5 又能被 7 即能被 35 整除的自然数之和为 420. 因此所求和为 $15\,150 - 2107 - 3150 + 420 = 10\,313$.

3. 等差数列 $\{a_n\}$ 中,$a_{10} < 0$,$a_{11} > 0$,且 $a_{11} > |a_{10}|$,S_n 是前 n 项的和. 对于任意的正整数 n,试判断 S_n 的符号.

分析与解 我们需要充分挖掘已知中仅有的第 10 项和第 11 项的信息,寻求其与 S_n 的关系. $a_1 + a_{19} = 2a_{10}$,$a_1 + a_{20} = a_{10} + a_{11}$,从而 $S_{19} = \dfrac{19}{2}(a_1 + a_{19}) = 19a_{10}$,$S_{20} = \dfrac{20}{2}(a_1 + a_{20}) = 10(a_{10} + a_{11})$.

由 $a_{10} < 0$,$a_{11} > 0$,可得 $d = a_{11} - a_{10} > 0$,因此数列 $\{S_n\}$ 递增,我们只要确定 S_n 的正负分界项即可.

又 $a_{11} > |a_{10}|$,所以 $a_{10} + a_{11} > 0$,因此得到 $S_{19} < 0$ 且 $S_{20} > 0$. 所以当 $n \leqslant 19$ 时,$S_n < 0$;当 $n \geqslant 20$ 时,$S_n > 0$.

反思 对于一般的等差数列 $\{a_n\}$,当 n 为奇数时,$a_1 + a_n = 2a_{\frac{n+1}{2}}$,从而 $S_n = na_{\frac{n+1}{2}}$;当 n 为偶数时,$a_1 + a_n = a_{\frac{n}{2}} + a_{\frac{n}{2}+1}$,从而 $S_n = \dfrac{n}{2}(a_{\frac{n}{2}} + a_{\frac{n}{2}+1})$.

学生是认知的主体,设计教学过程必须遵循学生身心发展的规律,让学生对知识的形成与发展过程有所经历. 教学过程要体现知识的发生、发展过程. 等差数列的前 n 项求和公式的推导、特征以及公式的功能,是本部分内容的教学要点,一般需要 2 课时时间,根据学生实际水平需要可对内容进行适当增减. 运用公式时应根据已知条件适当选择公式的表达形式,注意与通项公式联系和对问题进行转化.

说明:本案例全文内容发表于《中国数学教育》2009 年第 6 期.

案例3.4.3

二项式定理教材内容研修

一、研修活动背景

自2009年以来,上海市静安区在全区推进课堂教学增值行动.高三年级数学新课教学时间紧、任务重、要求高,如何在十分有限的新课教学中提高质量和效益,实现增值,这始终是笔者和广大数学教师思考和关注的问题.

静安区共有8所高中,高三数学备课组规模不均衡,最少的只有2人,最多的达7人,数学教师的教学水平也不均衡,校际差异较大.对于同样的教材内容,在模块的划分、内容的定位、例题的选择、进度的安排和时间的分配上各有做法,有很大的随意性.个别教师用练习来代替新课学习.因此,希望通过区域研修活动引起讨论、达成共识,实现校际资源共享,使得区域整体数学水平达到一个比较高的境地.

讨论是思维的碰撞,在相互交流中可以互相启发、互有收获."百家争鸣"才能够达到"百花齐放".

本案例教材内容是高中学生共同的必修内容"二项式定理",采取指定不同学校事先进行备课,分别拿出完整一节课的教案,以"提高数学备课的有效性"为主题进行教学研究,开展一次数学研修活动.

二、研修活动目标

1. 通过研修,教师对从教材内容到教学内容再到具体的教学活动过程的复杂性有所认识.

2. 通过学习事先指定来自不同层次学校的四位教师所完成的"二项式定理"第一课时教案,教师们能够认识到对同一个教学主题,教学设计和处理有多样性和差异性.

3. 通过讨论四位教师的教案,教师们能够认识到在教学时要更好地根据学生的实际水平,从学生的学习需要出发,选择适合学生的教学处理方式进行教学.

三、研修活动过程简介

(一)准备阶段

确定教研主题→确定事先准备的教师→四位教师分别进行材料准备→汇

总教师的准备材料(教案)→教研员对教师个人教案进行初步分析.

(二) 实施阶段

教研员介绍教研要求和活动主题→教师个别学习教案→以学校高三备课组为单位集体讨论教案→四位备课教师说明自己的设计意图或思路→分四个小组分别对四个教案进行再次讨论→每组派出代表汇总各种观点提供教师参考→教研员归纳讨论的成果→四位教师再次谈自己的体会→研修活动结束.

(三) 过程剪辑

时间:2009 年 12 月 16 日下午.

地点:上海市静安区教育学院.

对象:全区高三数学老师.

方式:围绕主题研讨.

第一板块:教研员对活动主题进行介绍.

第二板块:教师个别学习教案及以学校备课组为单位集体讨论教案.

第三板块:四位备课教师说明自己的设计思路.

教师 1(育才中学):本节课所用的教材是上海教育出版社出版的上海市高中三年级数学课本,内容为第十六章第五节第一课时.主要教学内容有两方面:一是二项式定理的发现和理解;二是其性质的简单应用.本节课内容实际上是初中学习的多项式乘法及本章中排列组合知识的延续,它起着承上启下的重要作用.承上:它的学习可以复习、深化初中学习的多项式的变形,也可强化对组合数的认识;启下:它是研究二项式系数性质的基础,在解决某些整除性、近似计算等问题中有着广泛的应用.

本节课之前学生已经学习了多项式乘法法则以及排列组合等知识,这为过渡到本节课的学习起着铺垫作用.本节课的授课对象为高三学生,他们具备一定的观察、探索与归纳能力,能主动参与研究.

整个教学过程分为五个环节的设计:

1. 引入.

把教学内容转化为具有潜在意义的实际问题呈现在学生面前,符合学生的心理特点和认知规律,有利于提高学习的兴趣.

2. 发现定理的过程.

引导学生观察、发现、归纳二项式定理是本节课的难点. 因此这个环节预设 4 个层次, 逐层深入地引导学生自主探究, 实现知识的"再创造".

3. 二项展开式的性质.

教师提供设计的 5 个问题, 学生合作讨论、自主探究、发现规律.

4. 初步应用(略).

5. 课堂小结.

紧扣本节课的教学重点和难点, 分为两个方面的小结.

研究方法的小结:

(1) 从特殊问题归纳到一般问题, 再用一般问题解决特殊问题;

(2) 同化和顺应当前的知识, 并学会迁移到已学知识的问题情境中去.

二项展开式性质应用小结:

在应用二项式定理解决应用问题时, 应该注意的问题.

教师 2(同济大学附属七一中学): 我基于三个线索制定出本节课的教案.

第一条线索就是数学知识线索.

由于刚刚学习过排列组合, 所以本节课我利用一道从箱子里拿球的组合题目自然而然地引出二项式定理. 不但给出了本节课的教学内容, 实际上, 还通过引例说明了二项式展开的特征. 让学生接受起来更加自然.

第二条是学生的认知线索.

学生是学习的主体, 为了能更大程度地发挥学生的学习积极性和能动性, 本节课在最初阶段设问了两个问题. 为了能够轻松地解决这两个问题, 需要本节课二项式定理的学习, 以此来激发学生的学习积极性. 而在二项式定理的证明上, 让学生分组讨论如何通过数学归纳法来证明二项式定理的正确性. 在此环节上, 根据学生数学水平的差异灵活处理, 由于我任教的学生数学基础不是很好, 只准备介绍利用数学归纳法来证明二项式定理.

第三个线索就是教师的教学组织线索.

因为教学过程是通过教师的组织来实现的, 因此, 在教案的编排上按照"设问——引课——证明——练习巩固——小结"这样的顺序环环相扣地完成本节课的教学. 从而使本节课能比较流畅地展现给学生, 没有任何突兀感. 围绕着二项式定理,以及二项式的系数、二项式展开的特殊项,在习题的设计上突出本节课的教学重点.

教师 3(市西中学):二项式定理是排列组合之后的一部分内容,其形成过程是组合知识的应用,同时也是自成体系的知识块,为随后学习概率作知识的铺垫,所以它在本章的学习中起着承上启下的作用:①二项式系数都是一些特殊的组合数,利用二项式定理可以得到关于组合数的一些恒等式,从而深化对组合数的认识;②基于二项展开式与多项式乘法的联系,本小节的学习可对初中学习的多项式的变形起到复习、深化的作用;③二项式定理是解决某些整除性、近似计算等问题的一种方法.

本节课设置的教学目标为:掌握二项式定理及其推导方法;会用二项展开式的通项公式求展开式中的指定项或指定项的系数;通过揭示二项式定理是代数中乘法公式的推广和二项式定理的推导过程,理解从特殊到一般的思维方法;培养学生的观察归纳能力、抽象思维能力和逻辑思维能力.

教学重点为二项式定理、二项展开式的通项;教学难点为二项式定理及其推导过程、利用通项公式研究二项展开式中的指定项.

在教学设计中强调学生的自主探究,强调数学思想方法的渗透与运用,希望以此提高学生分析问题、解决问题的能力.本节课设置如下教学环节以体现重点、突破难点,实现教学目标:

1. 从学生熟悉的 $(a+b)^1$、$(a+b)^2$、$(a+b)^3$ 的展开式入手,提出二项式定理,接着进一步研究其展开式,这是归纳出二项式定理的关键一步,因此要分析清楚式子展开并进行同类项合并后共有哪些项,再利用多项式相乘的定义,用组合数表示出各项系数.

2. 通项公式是研究二项展开式指定项非常重要的工具,无论是求某一项或某项系数,还是第二课时将要求的常数项、有理项,都离不开几个关键的要素,即 n 是多少、要研究的是第几项、相对应的 r 是几.这种解题思路的构建在本节课中要得到很好的落实,例题 2 和例题 3 的设计都是围绕这一目标.

3. 虽然在推导定理时已经用多项式乘法和组合知识说明了二项式定理的由来,但是更为严谨的证明还是要用数学归纳法,也正因此,教材边栏中提出了"你能用数学归纳法证明二项式定理吗?"这个问题.于是我在上课最后阶段设计了介绍杨辉三角的环节,不仅能对学生进行数学史渗透及民族教育,也为课后作业——用数学归纳法证明二项式定理做了铺垫,因为杨辉三角成立的依据——组合数的性质2正是用数学归纳法证明二项式定理的精髓.

教师4(民立中学):从学生已有的知识出发,创设情境,设计问题,激发学生求知的热情.从熟悉的二项式出发,紧扣学生知识的"最近发展区",精心设计问题,引导学生自主探索,充分活动思考,在直接体验中建构自己的知识体系,发挥自主精神,充分感受"观察、发现、归纳、猜想"及"从特殊到一般"的数学思想.发挥学生的主体作用,从展开式的项数、各项 a 和 b 指数的特点、各项的系数特点等三方面探究规律,培养和发展创造意识,使他们能在再创造的氛围中学习.在变式问题的解决过程中夯实概念,巩固新知.通过探讨,使学生进一步理解本节课中研究问题的基本方法,提高学生知识迁移能力、转化与化归的能力.布置弹性作业以使各个层次的学生都有所发展,关注每一位学生的学习状态,进行分层施教;思考探究题旨在培养学生浓厚的学习兴趣,提升发散思维的能力.

第四板块:分组讨论及教师讨论的观点摘要.

肯定的部分:

1. 对各教案大家都肯定了学生能发挥主体作用,积极思考问题、探索新知,能够通过自己的努力完成例题的解答,较好地完成教学目标.

2. 在从具体的多项展开式归纳出二项式定理的过程中,各设计通过师生互动、生生互动的环节,主要由学生自己完成,能使学生的归纳分析能力进一步得到提高.

3. 对是否要用数学归纳法对二项式定理进行严格的证明,四位教师处理方式不一.其中七一中学提供的教案给出完整证明,而市西中学则作为课后作业.大家的讨论表明,将证明要求放在课后完成的设计,使课堂上有更多的时间让学生理解并应用二项式定理及通项公式,充实了课堂教学内容.

4. 大家一致认为,最后杨辉三角的介绍不仅激发了学生探求证明过程的兴趣,同时也成功地对学生实施了爱国主义教育.但是主体部分应在下一节课展开,否则会偏离本节课的目标.

需要继续讨论的几个问题:

1. 四位教师的教学目标定位相差较大.

以对二项式定理内容本身处理为例,市西中学给出的是"掌握二项式定理及其推导方法",育才中学给出的是"掌握二项式定理和二项展开式的性质,并能应用它们处理一些简单的问题",民立中学给出的是"经历探讨二项式定理的形成过程,掌握定理中二项式系数、字母的幂次、展开式项数的规律",七一中学给出的是"理解并掌握二项式定理及有关概念、公式及其二项式系数,推导出二项式定理的表达形式,并能用数学归纳法证明".

2. 所用教学方法磋商.

育才中学的教师在介绍时提到本节课将以学生作为"学习的主体",教师起着一个引导的角色,让学生通过自主探究和合作交流等方式来主动观察、发现、归纳,充分发挥学生的想象力、创造力和主观能动性.一些教师认为学生是很难做到主动发现"二项式定理"的.

教师应当根据学生的实际情况和教学要求准备教学内容.从学生的实际需要出发,设计符合班级学生特点的教学方法.

诚然,学生掌握的知识不是教师直接提供的,而是教师引导学生去发现的,因此通过适当、适时的问题引导,有利于激发学生的思维活动,调动学习的积极性,有利于培养学生的独立思考能力和语言表达能力.

3. 几个细节问题磋商.

(1) 若干名词:二项式的展开式,二项展开式,二项式的第几项,展开式的第几项,二项式系数,未知数的系数.几位老师在使用时(特别是口头表述时),可能没有注意辨别其中的差别.

(2) 二项式 $(a+b)^n$ 的展开式为什么是 $n+1$ 项? 没有一位老师提及,研究教材内容时可适当更为充分一些.

(3) 有一份教案通过例题刻意区分 $(a+b)^n$ 与 $(b+a)^n$,有没有意义?

(4) 二项展开式的通项(公式)是一项重要内容,个别教师认识不足.

(5) 第一节课究竟需要安排多少教学内容,几份设计有一定差异.我们应考虑所准备的内容,是否能在规定时间内完成,是否多了或者少了.

(6) 不完全归纳是否算是证明?

(7) 表述的规范问题.

第五板块：教研员归纳讨论的成果摘要.

1. 课程标准对本课内容的要求：

经历推导二项式定理的过程，掌握二项式定理. 对由二项展开式系数构成的杨辉（贾宪）三角形进行探究学习的活动，发现并掌握组合数的性质，培养观察、分析、归纳的能力.

教材配套的教师用书建议本部分内容用2课时时间教学.

从上可看出，推导二项式定理的过程是课程标准要求的，这一点请各位教师回去可再继续讨论. 由于是2课时的内容，所以第一节课应以"经历推导二项式定理的过程，掌握二项式定理"为主要教学目标实施教学内容.

2. 本次区集体研修教材内容活动呈现出的几个现象：

（1）备课的个性化特征明显，对同一内容不同教师的理解差异较大，内容容量及定位差异较大，例题和练习的选择相差更大. 四份教案和今天的讨论都说明了这一点. 因此建议多交流，各校的集体备课要规范化、定期化，形成常规.

（2）教学目标定得高或低与学校层次无关，而事实上应与学校的氛围、学生的水平有紧密的联系. 各人确定教学目标有一定的差异，这是允许的. 值得提醒的是：应当依据课程标准的要求来确定课时教学内容，根据具体的教学内容明确课时教学目标.

（3）虽然多数教师都提到要对学情进行分析，但从呈现上来的教案和现场的讨论来看，仍是关注内容多考虑学生少.

（4）前面大家汇总的观点已经表明，细节关注不够，有些表述的准确性欠推敲.

3. 本次研修活动的启发：

备课环节是提高课堂效率的关键环节，我们要倡导研究教材内容、精心备课，提倡集体备课，集思广益. 一节课仅有40分钟时间，不可能解决所有问题，要有主题. 一个人的精力和视野是有限的，他人的想法或者做法对自己可能会有所启发和帮助，要善于学习. 通过资源共享，能够提高整体效益.

四、本次研修体会

本次研修活动已经结束了一段时间，但是随着时间的推移，体会却越来越清晰.

1. 研修主题是教师感兴趣的.

在平时调研、听课过程中经常发现不同教师对同样教学内容的处理有很大差异,而对于这种差异教师多认为很正常.而事实是不同的方式对教学效益的影响是不同的.教师有进行相关讨论的愿望.这次研修主题正是顺应了教师的这种愿望而确立,因此在活动中教师有话可说、有话要说,激烈的争论、思维的碰撞在所难免.教师感兴趣的研修活动自然是容易开展的.

2. 研修时机是教师即时需要的.

教师感兴趣的主题,何时进行研修? 时机的选择也很重要.本次研修活动,教师之所以愿意积极参与,很重要的一个原因是部分学校刚完成这一内容的教学,对教学过程还历历在目,有感受、有想法,而另一部分学校正在准备实施本部分的教学,很希望知道同行、兄弟学校的做法,以便能够借鉴.研修活动的安排对时机的选择要重视.

3. 研修方式是教师都能参与的.

经常采取的研修方式是安排好发言顺序,或者按照一定的习惯顺序轮流发言,包括观课后的点评常常也是秩序井然,争论鲜见.这样的研修活动有板有眼,能够完成预定任务.本次研修活动采取分散和集中相结合,做到了全员参与,每位教师都是活动的主体,这样的活动最可能产生意外的收获,也能够实现不同观点的充分交流.

4. 一次研修的结束并不意味着共识的达成.

研修要有主题,但是一次研修活动是否一定能够解决什么问题,或者达成什么共识,是存在不确定因素.本次研修没有形成关于"二项式定理"第一课时教学设计的共识,但是在大家充分的交流和讨论过程中,能够相互启发,把差异作为交流的资源,形成碰撞的火花,引起了教师更为深入的思考.这本身就是研修的成果.在全区层面的同年级教师群体中,不同理念、不同思路、不同教学方式的交流是十分可贵的.本次活动用时两个小时,进行了多种方式的交流,让教师有机会表达自己的想法,把自己的做法与别人的做法进行比较,受到别人思维的启发.

部分教师后来向笔者反映,本次研修过程教师的讨论是充分的,但是所推选代表的总结没有完全体现教师讨论的话题,表达个人观点多,归纳他人观点少.通过对本次活动的反思,笔者认为如果做如下改进,活动效果会更好.

1. 研修主题要具体、明确、针对性强.

"提高数学备课的有效性"看似很具体,但是究竟是哪方面的备课,具体讨论过程中,发现涉及的面还是太广.如果进一步限定在"如何确定二项式定理第一节课的教学目标"或者"是否需要用数学归纳法来证明二项式定理"等具体内容范围内,讨论得会更集中、更深入.

2. 准备工作要恰到好处.

提供 4 个设计好的教案,本意是便于讨论.但是由于受到教案和提供者解说的限制,讨论时容易陷入某些具体的细节,不利于突出研修主题,话题有些分散.

3. 教研过程要关注到不同类型的教师.

如何全面调动教师参与教研的积极性和创造性? 本次研修场面热烈,但是回想起来还是有少部分教师游离于议题之外.强势发言人占据较多时间和空间,也不利于提高整体教研活动的效果.一方面要让更多的教师有表达自己观点的机会,另一方面要控制个别教师的发言时间和发言内容的范围,提高研修过程的整体效率.

思考题

1. 课程改革一直在不断地进行着,我国有很好的教学传统,怎样在课程改革过程中继承和渗透教学的传统?

2. 无论课程怎样进行改革,教师都有自己的常见做法,当改革与习惯发生冲突时,教师就会遇到问题、产生困惑.我们该如何对待和解决所遇到的问题和困惑?

3. 怎样审视课程改革背景下的数学课堂? 请您探讨有效的、实用的、可操作的具体措施,可以针对某一具体问题谈谈自己的看法.

第四章

中学数学常规教学研修

如何提高数学课堂的教育教学效果一直是广大中学数学教师探索、研究的问题.抓实中学数学常规教学是在长期教学实践中形成的行之有效、而又必须遵循的教学规范和要求.

第一节　课程资源开发研修

数学教与学的特点之一是要使学生尽可能多地从不同渠道,以不同的方式接触和学习数学,亲自感受和直接体验数学运用.数学课程资源是否宽广,对数学教学活动和成效有着很大的影响.新课程观下数学课程资源包括哪些？如何开发利用数学课程资源？正是课程资源开发研修要解决的问题.

一、什么是数学课程资源

数学课程资源是指应用于教与学活动中的各种资源.主要包括文本资源(如教科书、教师用书,教与学的辅助用书、教学挂图等);信息技术资源(如网络、数学软件、多媒体光盘等);社会教育资源(如教育与学科专家,图书馆、少年宫、博物馆,报纸杂志、电视广播等);环境与工具(如日常生活环境中的数学信息,用于操作的学具或教具,数学实验室等);生成性资源(如教学活动中提出的问题、学生的作品、学生学习过程中出现的问题、课堂实录等).

二、课程资源的开发

面对丰富的课程资源,课程资源开发有哪些途径呢?

1. 深层次钻研教材,创造性使用教材

数学教材体现了课程标准的精神,为教学提供了基本的教学内容、方法、规范和要求,是教师教学、学生学习的主要依据,是学生学习内容的重要载体. 因此,教师要提高课堂教学效益,首先就要尊重数学教材,深层次地钻研数学教材,发掘可供学生发展的课程资源. 同时也应重视数学教育的教育功能,教材中所包含的数学观念,数学史料,数学应用意识,数学情感、态度、价值观等都是提升学生数学素养的重要课程资源.

数学教材的编写是以对学生和社会普遍性研究和一般特征的把握为基础的,不可能适合所有地区、所有学生的实际情况,也很难适应瞬息万变的时代变迁,所以数学教师一定要研究教材,创造性地使用教材,充分发挥教材这一资源的价值. 教师可以根据实际情况对教材进行重组、删减和添加,对部分内容进行提取、搜集、整合、优化,使之成为更好的课程学习资源. 如可以将教材中一些陈旧的、应用价值不大的、离实际生活较远的例题和习题改编或替换,选择学生身边的实际例子来引导教学,这样可以让学生感受到数学就在身边,体会到学习数学的价值,激发学生学习数学的兴趣.

案例 4.1.1

课程资源开发与利用——用教材教,而不是教教材

(以江苏教育出版社《数学》选修 2—3 的第 2.5.1 节"离散型随机变量的均值"的教学为例[①])

刚开始准备这节课时,感觉内容比较简单,课标的要求也不高,给出定义和公式,配套一些练习就可以了. 进一步研读教材,发现了几个值得思考的问题:

---

① 李峰. 中学数学月刊,2008,6:10—12.

（1）离散型随机变量的均值与样本均值有什么样的区别与联系？

（2）服从二项分布、超几何分布的随机变量的均值公式如何猜想？

（3）课本上例 2（即本教案中例 2 巩固练习 2)明明是取出不放回,为什么可看成 x 服从二项分布,而且结果还是精确值？

这节课,围绕这几个问题对教材进行了整合,并做了适当引申.本节课的主线:为什么要学本节内容;什么是离散型随机变量的均值;怎么求离散型随机变量的均值.

设计如下：

1. 知识建构

1.1　提出问题

甲、乙两个工人生产同一产品,在相同的条件下,他们生产 100 件产品所出的不合格品数分别用 X_1、X_2 表示,X_1、X_2 的概率分布如下：

X_1	0	1	2	3
P_1	0.7	0.1	0.1	0.1

X_2	0	1	2	3
P_2	0.5	0.3	0.2	0

如何比较甲、乙两个工人的技术水平？

学生活动　可以比较两个随机变量的平均水平.

教师点评　用 $\dfrac{0+1+2+3}{4}$ 来刻画甲、乙的平均水平合理吗？该怎么刻画它们的平均水平呢？

虽然随机变量的分布列决定了随机变量的取值规律,但不能明确地表示出随机变量的平均水平.因此我们要进一步研究其数字特征.

设计意图　让学生感受到学习离散型随机变量的均值的必要性.

1.2　联想

我们以前遇到过类似的问题,如必修 3 第 64 页例 2：下面是某校学生日睡眠时间(单位:h)的抽样频率分布表,试估计该校学生的日平均睡眠时间.

睡眠时间	人数	频率
$[6, 6.5)$	5	0.05
$[6.5, 7)$	17	0.17
$[7, 7.5)$	33	0.33
$[7.5, 8)$	37	0.37
$[8, 8.5)$	6	0.06
$[8.5, 9]$	2	0.02
合计	100	1

学生活动

方法 1 总睡眠时间约为 $6.25 \times 5 + 6.75 \times 17 + 7.25 \times 33 + 7.75 \times 37 + 8.25 \times 6 + 8.75 \times 2 = 739$(h)，故平均睡眠时间约为 7.39 h.

方法 2 求组中值与对应频率之积的和：$6.25 \times 0.05 + 6.75 \times 0.17 + 7.25 \times 0.33 + 7.75 \times 0.37 + 8.25 \times 0.06 + 8.75 \times 0.02 = 7.39$(h).

教师点评 一般地，若取值为 x_1，x_2，$\cdots$，x_n 的频率分别为 p_1，p_2，$\cdots$，p_n，则其平均数为 $x_1 p_1 + x_2 p_2 + \cdots + x_n p_n$.

设计意图 引导学生多联系，多联想.

1.3 问题解决

学生活动

$$E(X_1) = 0 \times 0.7 + 1 \times 0.1 + 2 \times 0.1 + 3 \times 0.1 = 0.6;$$
$$E(X_2) = 0 \times 0.5 + 1 \times 0.3 + 2 \times 0.2 + 3 \times 0 = 0.7.$$

合作交流

这里 $E(X_1)$ 用来刻画甲的平均水平，请学生思考：$E(X_1)$ 的实际意义是什么？

$E(X_1)$ 表示甲每生产 100 件产品所出的不合格品数的平均数.

由于 $E(X_1) < E(X_2)$，即甲工人生产出废品数的均值小，从这个意义上讲，甲的技术比乙的技术好.

教师点评　注意这里的 0.6、0.7 并不是概率,其单位和 X_1、X_2 是一样的. $E(X)$ 表示在一次试验中随机变量 X 取值的平均水平.

1.4　课本上的定义

若离散型随机变量 X 的概率分布如下表所示:

X	x_1	x_2	$\cdots$	x_n
P	p_1	p_2	$\cdots$	p_n

则称 $E(X) = x_1 p_1 + x_2 p_2 + \cdots + x_n p_n$ 为离散型随机变量 X 的均值或数学期望,记为 $E(X)$ 或 μ,其中 $p_i \geqslant 0$, $i = 1, 2, \cdots, n$, $p_1 + p_2 + \cdots + p_n = 1$.

离散型随机变量 X 的均值也称为 X 的概率分布的均值.

合作交流　样本均值与随机变量的均值有什么关系?

对于确定的随机现象,随机变量的均值是确定的常数,不依赖于样本的抽取;而样本平均值是一个随机变量,它随样本抽取的不同而变化.

设计意图　引导学生多反思,多类比.

2　知识应用

例1　游戏规则如下:掷一颗骰子,出现 1,你赢 8 元;出现 2 或 3 或 4,你输 3 元;出现 5 或 6,不输不赢.随机变量 x 表示赢得的钱数,求 $E(X)$,并说明数学期望的意义.

(变式)每玩一次游戏要交 1 元,其他规则不变,随机变量 Y 表示最后赢得的钱数,求 $E(Y)$.

学生活动　略.

教师点评

(1)方法步骤:列出随机变量的概率分布表,算出期望值,结合期望值的实际意义解决实际问题.

(2)离散型随机变量的均值(数学期望)的概念和意义.

(3)若 $Y = aX + b$,其中 a、b 为常数(X 为随机变量),则 Y 也为随机变量,且有 $E(aX + b) = aE(X) + b$.

设计意图

(1)结合生活中一个简单的问题进一步掌握期望值的求法,理解期望值的

意义;

(2) 通过变式引申出数学期望的性质.

巩固练习

投掷一颗骰子,所得的点数为随机变量 X,则 $E(X) =$ _____ , $E(2X+3) =$ _____ .

例 2 高三(1)班的联欢会上设计了一项游戏,在一个口袋中装有 10 个红球,20 个白球,这些球除颜色外完全相同.某学生取 5 次,取出再放回去,其中红球的个数为 X_1,求 X_1 的数学期望.

分析 1 列出概率分布表,设 $p = \dfrac{1}{3}$,则 $X_1 \sim B\left(5, \dfrac{1}{3}\right)$.

X_1	0	1	2
P	$C_5^0 p^0 (1-p)^5$	$C_5^1 p^1 (1-p)^4$	$C_5^2 p^2 (1-p)^3$
X_1	3	4	5
P	$C_5^3 p^3 (1-p)^2$	$C_5^4 p^4 (1-p)$	$C_5^5 p^5$

再用公式 $E(X_1) = 0 \cdot C_5^0 p^0 (1-p)^5 + 1 \cdot C_5^1 p^1 (1-p)^4 + 2 \cdot C_5^2 p^2 (1-p)^3 +$
$3 \cdot C_5^3 p^3 (1-p)^2 + 4 \cdot C_5^4 p^4 (1-p) + 5 \cdot C_5^5 p^5.$ (1)

用 Excel 中"Hypgeomdist"函数计算结果.

(变式)若把"某学生取 5 次,取出放回去"改为"某学生一次从中摸出 5 个球"呢?

分析 2 列出概率分布表,设 $p = \dfrac{1}{3}$,则 $X_2 \sim H(5, 10, 30)$.

X_1	0	1	2	3	4	5
P	$\dfrac{C_{10}^0 C_{30}^5}{C_{30}^5}$	$\dfrac{C_{10}^1 C_{20}^4}{C_{30}^5}$	$\dfrac{C_{10}^2 C_{20}^3}{C_{30}^5}$	$\dfrac{C_{10}^3 C_{20}^2}{C_{30}^5}$	$\dfrac{C_{10}^4 C_{20}^1}{C_{30}^5}$	$\dfrac{C_{10}^5 C_{20}^0}{C_{30}^5}$

再用公式 $E(X_2) = 0 \cdot \dfrac{C_{10}^0 C_{20}^5}{C_{30}^5} + 1 \cdot \dfrac{C_{10}^1 C_{20}^4}{C_{30}^5} + 2 \cdot \dfrac{C_{10}^2 C_{20}^3}{C_{30}^5} + 3 \cdot \dfrac{C_{10}^3 C_{20}^2}{C_{30}^5} + 4 \cdot$
$\dfrac{C_{10}^4 C_{20}^1}{C_{30}^5} + 5 \cdot \dfrac{C_{10}^5 C_{20}^0}{C_{30}^5}.$ (2)

（猜一猜 $E(X_1)$ 和 $E(X_2)$ 的大小关系）用 Excel 中"Hypgeomdist"函数计算结果.

（3）为什么两者会一样呢？难道是巧合吗？

一般地，若 $X \sim B(n, p)$，则 $E(X) = np$. 对（2）中 $E(X_2)$ 怎么算，留给有兴趣的同学课后思考. 通过上面的实验，猜想：若 $X \sim H(n, M, N)$，则 $E(X) =$ _____.

点评　（1）通过例 2 的讨论，当取出放回，即 $X \sim B(n, p)$ 时，$E(X) = np$；当取出不放回，即 $X \sim H(n, M, N)$ 时，$E(X) = \dfrac{nM}{N}$.

（2）抽取方式不同（有放回或无放回），X 的分布列不同，但 X 的数学期望 $E(X)$ 是一样的.

设计意图

（1）将课本上的例 1 和例 2 两种模型通过变式整合起来；

（2）借助计算机快速运算的功能进行实验，创设问题情境，培养学生敢于思考、勇于创新的科学精神；

（3）掌握二项分布和超几何分布随机变量的均值公式，通过猜想了解它们的关系，证明方法类似，留给学生课后研究.

巩固练习

（1）若随机变量 X 的概率分布为 $P(X = k) = C_{300}^k \left(\dfrac{1}{3}\right)^k \left(\dfrac{2}{3}\right)^{300-k}$（$k = 0$, $1, 2, \cdots, 300$），则 $E(X) =$ _____.

（2）某批数量较大的商品的次品率是 5%，从中任意连续取出 10 件，X 为所含次品的个数，则 $E(X) =$ _____.

[**点评**]　波利亚在《数学的发现》中谈到教学目标时说："首先和主要的，是必须教会那些年轻人思考. 一方面，我们要发展学生的解题能力；另一方面，数学的思想并不总是纯'形式'的，它并不仅仅就只是公理、定理和严格证明，而尚有许多从属于它的其他东西，如将所观察到的情况一般化、归纳的论证、通过类比进行论述、在一个具体问题中抽象出一个数学概念等等."

所以教师不要拘泥于课程标准，可以根据学情适当挖掘教材中的教育功能，做到知识与能力并重，使学生有收获才是最重要的. 值得提醒的是，用教材教是在充分理解教材意图的基础上,发挥教师的创造力.当我们改变教材的结构和内容时,要有较为充分的理由,不用书中的例题习题而选择另外的例题习题,至少要有说服自己的理由,避免对教材更改的随意性.

2. 运用信息技术,开发网络资源

网上丰富的信息可以使教师思路更开阔,多媒体强大的模拟功能可以提供实践或实验的模拟情境和操作平台,网络便捷的交互性可以使交流更及时、更开放.因此,中学数学教师可以开发网络资源.

教师可以通过搜索工具在网络上查阅资料,下载富有参考价值的实例和课件,并加以改进,使之适用于自身课堂教学;可以根据需要开发音像资料,构建生动活泼的教学情境;可以设计与制作有关的计算机软件、教学课件,用于课堂教学活动研究.可以让学生利用自己所掌握的信息技术,在数字化学习环境中进行数学实验,亲身体验知识再发现的过程.如在学习"探索勾股定理"时,让学生利用"几何画板"作一个动态变化的直角三角形.通过度量各边长度的平方值并进行比较,让学生对直角三角形三边关系产生感性的认识.通过观察,学生发现任何一个直角三角形的两直角边的平方和等于斜边的平方,从而加深了对勾股定理的认识理解.让学生动手操作、观察、探究的教学效果往往比传统教学的效果更好,很受学生欢迎.将信息技术作为学生从事数学学习活动的辅助性工具,可以引导学生积极有效地将计算器、计算机用于数学学习活动之中.例如,在探究活动中借助计算器、计算机处理复杂的数据和图形,发现其中存在的数学规律;使用有效的数学软件绘制图形、呈现抽象对象的直观背景,加深对相关数学内容的理解;通过互联网搜寻解决问题所需要的信息资料,帮助自己形成解决问题的基本策略和方法等.

3. 走进人文自然,利用社会资源

社会人文环境和自然环境等都是重要的课外资源,充分利用这些课外资源,有助于学生扩大视野,增进对知识的理解.如邀请有关数学家开设讲座;利用图书馆、科技馆、博物馆等寻找合适的学习素材,如学生感兴趣的自然现象、工程技术、数学史与数学家的故事和其他学科的相关内容等,以开阔学生的视野,丰富教师的教学资源.向学生介绍数学在自然界、科学技术、社会生活和其

他学科发展中的应用,帮助学生体会数学的价值.

报纸杂志、电视广播和网络等媒体,常常为我们提供许多贴近时代、贴近生活的有意义的话题,教师要从中充分挖掘适合学生学习的素材,向学生介绍其中与数学有关的栏目,组织学生对某些内容进行交流,以增强学生学习数学的兴趣,提高学生运用数学解决问题的能力.

案例4.1.2

开发数学课程资源的一条途径——数学报纸杂志的开发与利用[①]

合理利用数学报纸杂志的设计思路:

1. 做好阅读笔记.

要求学生在学习报刊的过程中,认真做好笔记或卡片.这样学生不仅增长了见识、开阔了视野、拓宽了知识面,而且还养成了细心阅报的好习惯.

2. 制订阅读计划.

要求学生根据自己的爱好和薄弱环节选择相应的版面作为必须阅读的内容.每天都要阅读几篇,长期坚持,就一定会品尝到阅读的乐趣,使阅读报刊成为一种快乐的学习过程.

3. 利用好单元检测.

各种数学报刊大都有同步检测题,它是培养能力、强化记忆、提高数学水平的有效训练方式.让学生在课外安排时间进行自我检测.

4. 积极参与办手抄报.

举办数学手抄报有助于学生增长知识、开阔视野、发展智力和展现才能.应根据实际情况,要求学生每隔2周办一份"数学手抄报".可单独办、合作办,或集体办,不定期进行评比,评选出选材、版面设计、栏目设置等方面的最佳选手,然后参加全校的"办报能手"竞赛.鼓励学生建立班级小报、报刊角等,交流学习资源.

---

① 张艳.数学报纸杂志的开发与利用[J].信息教研周刊,2011,6:92.

5. 主动写稿投稿.

鼓励学生大胆向各数学报刊社写稿投稿,在教师的指导下,成立写作小组.要求人人动手,努力形成一种积极进取的环境氛围.

6. 交流用报经验.

读报用报,每位学生会有不同的视角和方法.交流用报体会则显得很有必要.每隔两三周都应该专门利用一段时间让学生谈谈读报用报的体会、感受等等.

7. 举办读报知识竞赛.

以各种各样的形式吸引学生积极参与到读报用报知识竞赛中来.可模仿一些电视台的知识竞赛场面,将学生按年级、班别分成几个小组,设"抢答题、必答题"等题型,让学生在"主动参与、乐于探究、勤于动手和动脑"中学会竞争与合作,并且培养学生搜集和处理信息的能力、获取新知识的能力、分析问题和解决问题的能力.

[点评] 作为一名数学教师除了合理有效地使用教科书以外,还应该积极利用其他课程资源,特别是广播影视节目、录音和录像资料、直观教具和实物、多媒体光盘资料、各种形式的网络资源、报纸杂志等等.数学报纸杂志是学生开阔视野不可缺少的优质课程资源之一.

4. 联系生活环境,挖掘生活资源

教师应当充分利用日常生活环境中与数学有关的信息,开发成为教学资源.学生有较丰富的生活经验,每位学生都有自己的经验背景,带着自己独特的感受来到课堂进行交流和学习.每位学生在教学中都是一个知识源,蕴藏着巨大的开发与发展的潜能,是课堂教学过程中充满活力的资源.

5. 开发教师自身,利用学生差异

教师本身是重要的教学资源,它包括两方面的内容:一是教师的人格影响着学生的人格,二是教师的视野和能力影响着学生的视野.教师的课程意识、研究能力、专业知识水平、分析与处理教材的能力直接影响学生学习数学的质量.教师不仅决定着课程资源的选择和利用,是素材性课程资源的重要载体,而且教师自身就是课程实施的基本条件资源,不仅为学生提供了学习的典范,而且

还潜移默化地影响着学生对数学学习的兴趣,对学生素质的全面提高起着不容忽视的作用.作为新时期的教师必须勤奋学习,不断接触新的教育理念,加强道德修养,增强人格魅力,成为学生的楷模.

每位学生都有自身的独特性和差异性.不同的学生由于遗传素质和所受环境影响的不同,在个性方面也表现出差异性,如有的学生形象思维能力突出,有的学生抽象思维能力突出,有的学生表达能力强,有的学生动手能力强.把学生差异作为一种教育资源具有重要的教育教学价值,有利于多样化、个性化人才培养.学生间的差异互动有利于生成合作交往、共生共长的教与学过程.教师作为学生差异资源的发现者、组织者和促进者有利于真正实现教学相长.树立学生差异资源观有利于促进每位学生的全面和谐发展.因此,课堂教学应有效地开发和利用学生差异性资源.

6. 精心课堂预设,关注动态生成

课堂动态生成是指在教师与学生以及学生与学生合作、对话、碰撞的课堂中,现时生成的超出教师预设的新问题、新情况.它随着教学环境、学习主体、学习方式的变化而变化,根据教师不同的处理方式而呈现出不同的价值,使课堂呈现出动态变化、生机勃勃的新特点.如数学问题的不同解法、不同的思考角度,都是有价值的课堂动态生成性资源.

三、数学课程资源开发与利用的步骤

数学课程资源的开发与利用是一个非常复杂的过程,数学教师进行课程资源开发与利用时可采取以下步骤:

1. 解读数学课程标准

数学课程标准提供了课程教学内容、课程教学方式方法及课程教学评价等多方面的要求,同样也决定了课程资源的选择与利用.数学教学目标的实现总需要一定课程资源的支撑,课程资源总是服务于某一特定的数学教学目标.所以,教师开发与利用课程资源首先要从对课程教学目标的解读开始.对课程教学目标的解读应该是多维度的,每一维度的目标所需要的课程资源是不同的.通过解读会分解出许多具体目标,在此基础上需要考虑以下问题:为了实现具

体的、整体的课程教学目标,需要什么样的课程资源? 需要多少课程资源? 怎样开发这些课程资源? 这些课程资源怎样进入教学过程? 通过什么方式利用这些课程资源最有效? 对这些问题的思考会为课程资源的开发与利用提供指导与定位.

2. 依据目标找资源线索

课程教学目标规定了基本的课程资源,所以课程资源的开发与利用必须针对课程教学目标进行. 围绕课程目标的实现,教师应多方面寻找课程资源的线索. 课程资源线索是开发课程资源的基本前提,教师需知道从何处可以找到课程资源. 课程资源线索具有多样性、差异性的特征. 不同类型的课程资源、不同的教学需要、教师素养的不同等多重因素,决定了课程资源线索的多样性与差异性. 因此,寻找课程资源线索的途径与方法因人因事而异. 一般而言,课程资源的线索是比较丰富的,从学生的需要出发,从教学内容出发,从教学方式方法、教学策略出发等寻找课程资源线索都是可以的.

3. 依据线索多途径开发资源

要开发出翔实、具体、丰富的课程资源还必须进行实际的开发工作. 所以,在寻找到课程资源线索之后,就要通过鉴定、筛选、挖掘及捕捉等基本方式开发课程资源. 具体到各种类型的课程资源的开发,还有许多具体的途径. 参观、访问、调查、文献检索、网络搜索以及活动实践等都是基本的课程资源开发途径. 教师要掌握不同类型的课程资源开发途径,合理、有效地进行课程资源开发.

4. 实现课程资源与课程内容的结合

开发出课程资源只是课程资源开发与利用的一个环节. 课程资源毕竟还不是课程教学内容,从课程资源到课程教学内容还有一个转化过程. 因此,面对开发出的课程资源,教师必须实现课程资源与课程教学内容的结合. 这一工作至少存在三种情况. 第一种情况是,把开发出的课程资源直接转化为课程内容. 如,教师选择教材之外的期刊或书籍上的文章进行某一课程教学目标的教学,教师用文章替代教材内容的选择过程即是课程资源的开发过程. 这一课程资源直接进入课程教学实施过程就实现了课程资源到课程内容的转变. 第二种情况是,教师对课程资源进行加工之后再作为课程内容,即把课程资源与现有的课程内容进行结合,使课程资源对现有课程内容进行补充、替换、渗透等.第三种情况是,现有课程中的资源老化或者不易准备,教师用现成的或者更容易开发的资源替换原有资源,例如沪教版初中八年级上学期末教材中安排了"生活中的函数"一节探究活动,其中活动一为探究体温计上水银柱的长度与温度的函数关系的实验操作活动,一般学校内没有这么多体温计,但是物理或者化学实验室中有足够学生使用的温度计,教师用温度计代替体温计,重新设计学生实验探究活动,也能很好地完成教学任务.

5. 创造性地采用多种方式利用资源

课程资源的利用贵在创造性.掌握多种课程资源利用的基本方式对课程资源的利用是必须的,但通过教师的创造性劳动开创更多具体的、独具特色的课程资源利用方式才是最重要的.所以,教师应在掌握基本课程资源利用方式的基础上,开动脑筋,发挥聪明才智,创造性地利用各种课程资源.只有灵活多变地采取各种策略和措施,创造性地进行课程资源开发与利用,教师课程资源开发与利用的能力才能不断发展、不断提高,课程教学才能具有持久的生命力,不断地走向成功.

第二节　教学准备研修

教师只有准确理解每一堂课的教学目标,精心设计课堂教学计划,充分做好课前各项准备工作,才能取得良好的教学效果.数学教学需要准备什么?怎样准备?怎样才是有效的数学教学准备?这些都是我们中学数学教师要研修的问题.教学准备研修应包括:研读课程标准、制定教学计划、设计教学方案、撰写教案.

一、研读数学课标,领会学科要求

备课,首先要领会课程标准的理念,把理念具体化和校本化,数学课程标准的理念是整个教学的指导理念.数学课程标准是数学教学必须遵循的基本规范,它的"课程目标"和"内容标准"是实施教学的依据,教学要达到教学目的、完成教学任务,必须在数学课程标准的指导下,完成数学课程标准规定的知识内容,制定符合课程标准的教学目标.因此,教师需要深入钻研数学课程标准,对其中相关内容了然于胸,全面把握学科知识的教学要求,这是对备课的整体要求.

由于数学学科的特殊性,数学课程标准没有明确给出不同知识点上的要求如何组合在一起,才能形成比它抽象程度高的知识点的要求和方法,也不可能对抽象程度更高的大的知识块,如"函数与方程"、"方程与不等式"这样的内容提出要求,而教学不能仅仅按照具体的知识点罗列进行,还要重视对蕴含于知识技能之中的数学思想、数学方法的教学.因此根据"课程目标"的要求,教师在备课时研究不同知识点之间的联系,以及同一知识点不同的呈现方式,对学生学习水平的影响显得尤为重要.

例如,在"反函数"内容教学之前,教师通过对数学课程标准中的相关内容进行学习、研究、细化,对反函数内容的地位有明确的认识.

数学课程标准中关于反函数的具体要求及活动建议:由逆对应引出反函数的概念,经历探索互为反函数的两个函数图象之间关系的过程,并掌握其关系.学习水平为 C,属较高要求.

"反函数"在高中数学中的地位:反函数是高中函数问题的重要组成部分,以它为知识的一个交汇点,可以把函数与方程(包括曲线与方程)的一些重要基础知识、基本技能、基本方法和基本应用联成一个"局域网",为学生深入理解函数的概念提供了又一次机会,为研究具体函数的反函数做准备,例如指数函数的反函数——对数函数,以及将来的反三角函数等.

通过对数学课程标准的学习,把数学教学的长期目标和短期目标紧密地联系起来,一旦教师对学生的整体学习目标明确之后,就可以确定与之相匹配的任务,在整个教学体系中把握每一节课的教学设计.

二、制定教学计划,分步推进目标

领会学科基本要求、明确教学目标后,就应该制定教学计划、分步推进目标.教学计划要根据课程计划、课程标准、教材,结合学生实际,参照学校(包括教研组、年级组等)的工作计划来制订.

从广义角度讲,教学计划内容要求如下:

1. 学生上学期学习的基本情况分析,做到实事求是,有理有据.

2. 本学期课程标准、教材基本内容的分析,做到科学、简明、深刻.

3. 本学期学科教学质量目标(目的、任务)和要求,做到确切而具体,符合学生实际和素质教育的要求.

4. 本学期提高教学质量和指导综合实践活动的措施,做到具体得力,针对性和实践性强.

5. 填写教学进度表(包括课题、课时、起讫时间,以及考试、课外辅导、研究性学习、综合实践活动等内容和时间安排),做到具体明确,操作性强.

6. 单元和课时教学计划在教学计划中有明确的体现.

从狭义角度讲,教学计划指课时数学教学计划,其内容一般包括:

(1) 数学教学内容或课题;

(2) 数学教学的目的要求(包括要使学生掌握哪些"双基",培养哪些数学观点、数学能力,进行哪些德育渗透等);

(3) 数学教具、学具以及现代数学教学媒体与手段的准备;

(4) 根据数学教学目的,拟订数学教学过程.

三、设计教学方案,微观落实目标

科学严谨的课堂教学设计有利于提高教学效率,从而提高教学质量. 教师在备课过程中,要综合学生的总体能力、个体差异,以及教材的内容特点、难易程度等各方面的情况,有针对性地谋划好课堂上的每一个教学环节,灵活地选用教学方法.

数学教学设计过程可采取如下步骤:前期分析、编制数学教学目标、设计教学方案.

1. 前期分析(包括数学教学内容分析和学生情况分析)

其一,教学内容分析:重在全方位理解教材.

教师在备课时要多角度钻研教材,全方位占有教材,充分把握每一堂课的知识点,特别是重点和难点所在,把"教教材"转变成"用教材".

教学内容分析包括:背景分析(数学知识的发生发展过程、数学知识与其他知识的联系、数学知识的应用).

功能分析:智力价值、应用价值、教育价值.

结构分析:单元结构、课时结构.

本质分析:内在联系、规律形成、思想方法、理性精神.

案例 4.2.1

函数教学内容分析

1. 函数的背景分析

(1) 函数知识发生过程:变量说、解析式、图象、对应说、关系说.

(2) 函数与其他知识的联系:

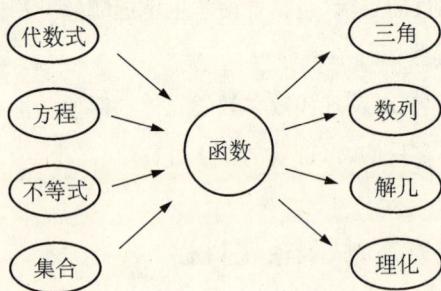

(3) 数学知识的应用:在数学中的应用、在其他学科中的应用、解决生产生活中的实际问题.

2. 函数的功能分析

(1) 智力价值:函数是学习其他数学知识的基础;函数思想是重要的数学思想,是解决很多数学问题的工具;有利于领会数形结合的思想;有利于培养分析问题解决问题的能力.

(2) 教育价值:辩证唯物主义思想教育.

(3) 应用价值:在生活、生产和科技中有广泛的应用.

3. 函数的结构分析:单元结构、课时结构

初中

函数
- 概念初步
- 表示法
- 一次函数
- 反比例函数
- 二次函数

高中

函数
- 概念深化
- 性质
  - 单调性
  - 奇偶性
  - 最值
- 基本初等函数
  - 幂函数
  - 指数函数
  - 对数函数
  - 三角函数
  - 反三角函数
- 函数与方程
- 函数模型应用

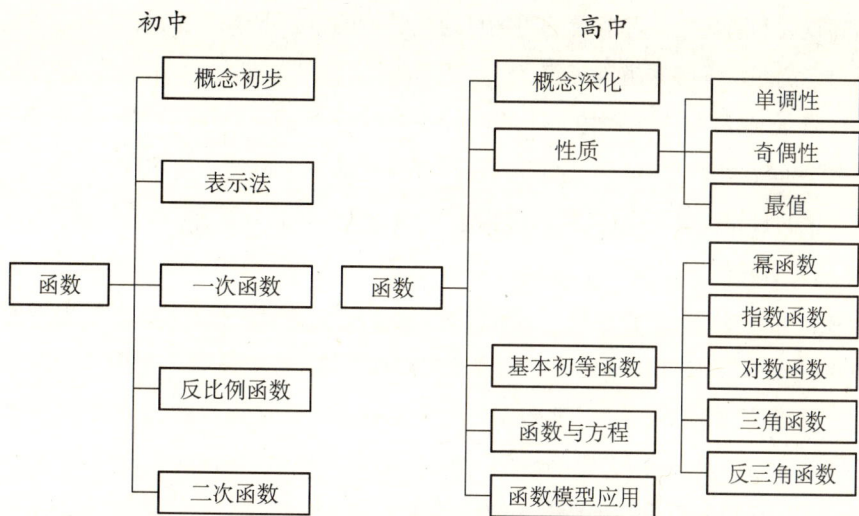

4. 函数概念的本质

运动变化(在一个变化过程中,有两个变量在运动变化);联系对应(两个变量互相联系,一个变量变化,另一个变量也随着变化,自变量 x 的值确定,函数 y 有唯一确定的值和它对应).

其二,学生情况分析:重在全面了解学生.

学生是数学教学的对象,对学生的了解、分析和研究,是数学教学取得成功必不可少的前提,也是数学备课的重要内容,尤其要注意了解学生的以下三个方面:

第一,要注意了解学生的数学功底与"最近发展区". 只有摸清了学生的数学功底与"最近发展区",才能找准数学教学的真实起点. 为此,备课中可尝试研修如下一些问题:学生头脑中存在这一知识吗? 如果存在,其水平一致吗? 如果不存在,用何种学习策略能帮助他们获得这一知识呢? 例如要求学生通过观察温度计上温度的刻度值与水银长度的对应数据,得出二者的函数关系,学生是否理解问题本身,如果学生仅仅关注当前显示的温度值,就偏离了问题. 教师可以先进行如何让学生进行观察的操作分析,明白了操作要领之后,再给学生温度计,进行测量,完成数据记录,得出函数关系.

学生的数学水平如何? 学生已经知道了什么? 学生自己已经解决了什么? 学生还想知道什么? 学生能否通过互相帮助来解决这些问题? 哪些问题需要

教师点拨和引导？这些问题的答案可通过学生的数学课堂表现、数学作业情况及单元测验情况等渠道来了解.

第二,要注意了解学生的数学学习兴趣与个性心理差异.在备课时充分了解每名学生数学学习兴趣、个性心理差异,并在此基础上激发学习需求,有利于开启学生的数学智慧,活化学生的数学思维,引导学生进行主动、能动的数学学习.

第三,要注意了解学生的家庭背景与社会关系.学生的家庭情况和社会关系对学生学习情况会产生直接或间接的影响,许多学生学习成绩突然变差或者品德出现问题,往往能从他们的家庭变故和社会关系中找到部分原因.

总之,所谓的"备学生"应充分关注学生已有的数学学习经验,认真研究学生的认知与情感需要、兴趣,全面了解学生的学习环境,并在此基础上,把学生主体数学活动的组织与创造视为数学教学活动的本质.

2. 编制数学教学目标

随着教育改革的不断推进,课堂教学目标的落实方式已越来越为广大教育界人士所关注.如何发挥学生的自主学习意识,培养他们的自主学习能力,真正促进学生的全面发展已成为广大教师的共识.科学地编制教学目标,对教师在教学中达成良好的教学效果将起到十分重要的作用.

落实课程目标的关键途径就是将课程目标转化成具体的、可操作的课堂教学目标,师生通过一系列教学目标的达成而最终实现课程目标.科学合理的确定课堂教学目标,直接关系着整个数学课程目标的实现.

教学目标是指在课堂教学中,学生在教师的指导下完成某项学习任务后应达到的学习结果和质量标准.它指出学习任务,以学生为对象,反映学生学习某项活动或技能后应达到的能力水平.指出学习质量的"教学目标"就是成果目标.可见教师在教学设计中制定教学目标是至关重要的一环.具体而明确的教学目标能够引导教师和学生围绕教学目标的实现,恰当地组织教学过程,有效地开展教学活动,并能以此为标准时刻检验课堂教学的推进.如果一名教师在上课前没有明确的教学目标,那么上课就会没有方向,讲到哪里算哪里,那么课后心中就没底,更谈不上教学效果是否良好.所以教学目标的编制是教学设计的总方向,是实际教学内容和需落实的知识点的根源.

在教学实施过程中需要把课程目标转化为具体的、可操作的课堂教学目标,而这个过程的实现,需要数学教师从教学内容和要求上入手熟悉教材,领会教材编写者的意图. 首先要弄清本课时教材中有哪些知识点,要培养哪些技能;在教学过程中,可以引发哪些数学思考,形成哪些能力等. 这些就是知识与技能、过程与方法的目标. 情感、态度目标,需要我们在师生双方的互动过程中渗透、影响和培养一种科学的态度、科学的精神以及追求和探究的意识.

教学目标的编制还需分析本节课教学的地位、前后知识联系的强度等,还要结合学生的学习实际进行编制和确定. 在这些目标和要求中,有一些贯穿在整个教学过程中起到统领作用的、与前后知识联系较多的内容,往往就是本节课的教学重点,在教学中要注意突出. 根据学生的实际比较难以理解或掌握的内容或过程,可能就是本节课的难点所在,突破难点应有必要的铺垫,然后再根据单元教学目标的深度、广度和学生的实际情况,确定各个数学概念、知识点等的掌握水平,是了解、理解、掌握还是应用.

3. 设计教学方案

教师的教学过程是学生的认知过程. 教师的教学设计水平的高低决定于教师的教学效率的高低和学生收获的多少. 要想成功地上好一节数学课,教学设计是关键. 研修好教学过程、设计好教学过程、完善好教学过程,对于课堂教学来说是最为重要的.

教学模式的选择:讲练结合模式、实践活动模式、讨论交流模式、问题解决模式等.

教学过程设计:流程设计(导入、展开、总结),细节设计(情境设计、问题设计、活动设计、媒体设计、作业设计、评价设计).

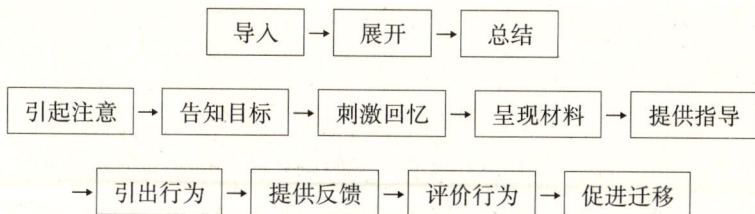

```
导入 → 展开 → 总结
```

```
引起注意 → 告知目标 → 刺激回忆 → 呈现材料 → 提供指导
```

```
→ 引出行为 → 提供反馈 → 评价行为 → 促进迁移
```

数学教学过程

　　一般把教学课程分为以下两类:新知教授课(概念新授课、定理新授课、法则新授课);旧知复习课(习题练习课、综合复习课、试卷讲评课).课型不一样,设计流程也不同.

案例4.2.2

数学概念课的设计:情境引入——概念形成——概念深化①

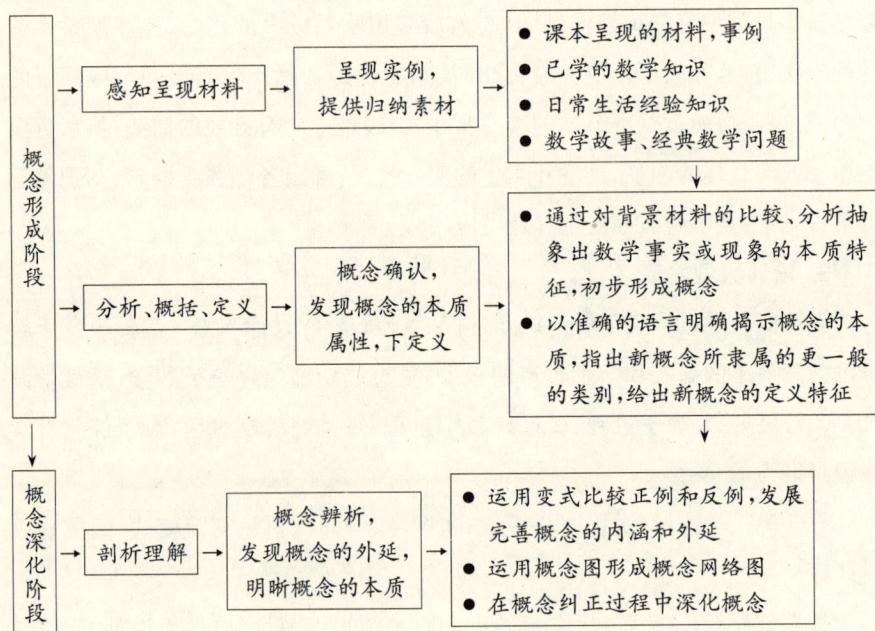

[案例1]

[课　题]　扇形的定义

[课堂实录]

从12:00到18:00,时针的针尖所经过的路程总长是_____厘米;

从12:00到21:00,时针的针尖所经过的路程总长是_____厘米;

每过1小时,时针的针尖所经过的路程长是_____厘米.(复习弧长)

---

① 许敏.中学数学概念新授课教学研究[D].上海:上海师范大学,2009.

教师:上述问题中时针所扫过的区域所形成的图形是什么图形呢?

学生 A:像扇子.

学生 B:扇形!

[分析:从学生的回答中可以看出,学生对扇形有自发性概念,主要是有扇子这个实物原形]

教师:很好,那么哪位同学能告诉我们什么是扇形,给扇形下一个定义?

(学生沉默良久)

学生 C:圆的一部分称为扇形.

教师:同学们认为 C 的说法对吗?

(有人摇头,有人点头,还有部分学生眉头紧锁)

[分析:这就是学生自发性概念的模糊性的体现,而自发性概念上升到科学概念即"从完整的表象蒸发为抽象的规定"阶段,是学生的难点]

处理一:

1. 教师给出定义:由组成圆心角的两条半径和圆心角所对的弧围成的图形,叫做扇形.

2. 辨析:下列图形中的阴影部分,哪些是扇形?

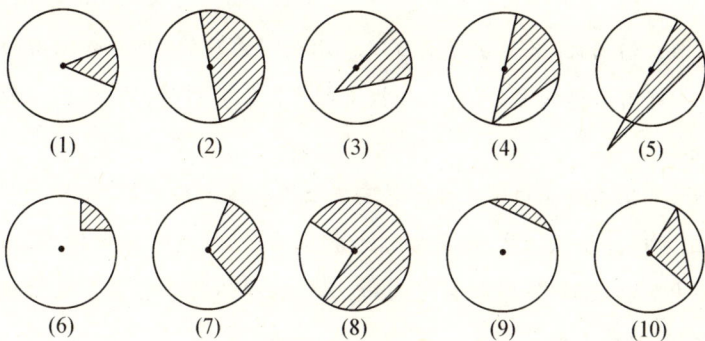
(1) (2) (3) (4) (5)

(6) (7) (8) (9) (10)

[归纳] 扇形与圆的关系:扇形是所在圆的一部分,但圆的一部分不一定是扇形.

处理二:

1. 辨析:下列图形中的阴影部分,哪些是扇形?

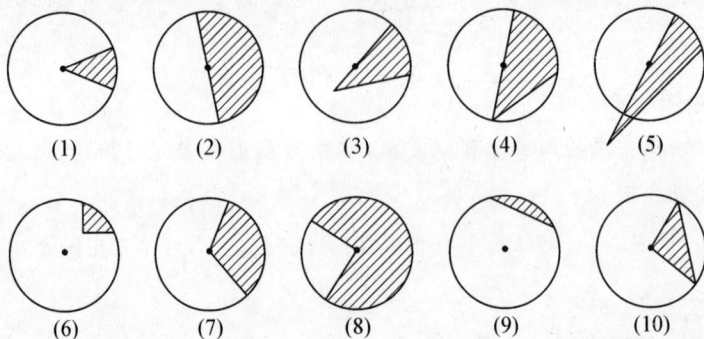

（1）　　（2）　　（3）　　（4）　　（5）

（6）　　（7）　　（8）　　（9）　　（10）

[归纳]　扇形与圆的关系：扇形是所在圆的一部分，但圆的一部分不一定是扇形.

2. 学生总结归纳定义：由组成圆心角的两条半径和圆心角所对的弧围成的图形，叫做扇形.

[点评]　从心理学本质上讲，数学概念学习中，应以自发性概念为基础，以实例为出发点，抽象概括出科学概念. 所以，概念学习应通过对学生已接触到的恰当的实例进行组织整理、分析归纳、分类抽象来教，即利用自发性概念来形成科学概念，而不是教定义. 但是教科书上有些概念的引入就是采用定义的方法，先给出定义，再去理解定义，"处理一"就是这样，这种"违反教学法的颠倒"给学生带来理解上的困扰. 概念学习不应以概念获得为目的，即为教概念而将概念具体化——先有概念的定义，再去寻找使之具体化的材料、实例，而应先建立起"智力对象".

"处理二"则通过利用学生现有的自发性概念进行辨析，从而进一步明确扇形的特征，再通过组织现象，进行概括和抽象活动，将对象数学化，从而能对概念有一个自然的理解，符合学生的认知规律. 这样的教学也使学生对扇形的概念印象深刻，理解透彻.

数学课堂教学设计可采取三轮研修模式：

第一轮自主设计. 就是设计教案之前，除了充分依靠教材提供的材料，先不看别人的相关设计，独立思考，根据本班学生实际，结合自己的教学特点，独立自主地完成教学设计和教学方案. 这样的做法是不让别人的理解影响你的认识,找到自我.

第二轮参考设计.在自主设计的基础上,再参照一些名师名家的设计.先研读和理解他人对教学目标的制定、教学环节的安排、教学过程的组织、练习作业的设计等等,这样自己难以解决的问题就迎刃而解,还能使自己的设计更加完善,增加亮点.同时拓宽教材的研读视角,也能使自己取长补短,使自己迅速成长.

第三轮演练设计.就是教师在上课前,在自己的大脑中放映教学设计方案,演练教学过程,这样你可以思考每个教学环节是否妥当,问题设计是否有效,练习设计是否合理,"预设"是否适当,可能"生成"哪些问题.在师生互换角色的过程中,体会到教学设计中存在的问题,然后再进行合理的修改,使得教学设计更加完善.

四、记录教学设计,形成教前计划

教案就是一个框架和一张路线图,优秀的教案就是一幅包含每一步行动细节的巨幅图画.教案是教师实施教学的主要依据,教师根据课程标准的要求,理论联系实际地处理教材,组织教学过程的具体计划.

数学教案的基本框架:教学目标、教学重点、教学难点、教学方法和手段、教学过程、作业布置.

教案一般指教师在授课之前的授课计划,可以说是"教前案".教案经过教学实施后还应有课后的反思,谓之"教后案"[1].所谓教学反思是指教学后对教与学活动的思考,对教学目标的达到度、教学策略是否得当、学生的主体地位是否得到足够的尊重、课程资源是否整合、对未预见言行是否处理妥当、问题设置是否有意义、情境创设是否到位等进行再思考和再认识,它属于教师的元认知能力问题.教后有何感想、心得,教学应作哪些调整等都是反思的内容.教学反思是教师对新课程学习、鉴别、开发、利用、追踪的必要措施,是教学经验的积累和不断总结改善的过程,是与学生共同开发、创造课程资源活动的小结和思考.

---

[1]　近几年出现的指导学生课前学习的"预学案"和帮助学生掌握学习内容的"学习设计案",对促进学生有效进行数学学习起到了积极作用,与"教案"一起合称"三案".

第三节　课堂教学研修

　　课堂教学过程是实现教学目标的核心.好的数学教学设计要通过教师在课堂上实现,就如同好的剧本需要好演员通过高超的演技在舞台上折服观众,所以我们必须思考怎样进行数学课堂教学.课堂教学是一种创造性的劳动.创造是教学活动的生命.如何创造? 这就是课堂教学研修要解决的问题.

一、课堂教学研修的目标

　　为什么两位不同的教师,用相同的教案对两个平行的班级进行教学,但教学效果完全不同? 说明一位教师的课堂教学高效,而另一位低效.让自己的课堂教学高效是每个中学数学教师的追求,也是中学教师研修的目标.

　　什么是高效数学教学?

　　高效数学教学是数学教师通过教学过程的有效性即符合教学规律,成功引起、维持和促进了学生的学习,相对高效地达到了预期教学效果的数学教学.

　　高效率的课堂教学必须具备以下基本特征:

　　(1)目标有明确的指向;(2)学生高度参与,有较为充足的时间和空间进行思维锻炼;(3)教师对数学有深层次的理解,问题情境的设置由浅入深,符合认知规律,能揭示数学的内在规律;(4)教学策略是优化、重组教学内容,灵活采用变式教学、类比教学、一题多解、多题一法等手段,灵活采用合作学习、分组讨论、教师讲授等相结合的方式.在教学时间的控制上,必须以学生的学、思、探为重心,少讲多做,对要求学生自己建构和探究的内容,教师要放手让学生完成.教师只在重点和关键问题处进行讲解,如在引起思维冲突、思维混乱、思维瓶颈的地方要精讲,重点难点、方法规律、数学思想等要精讲;(5)及时反馈调节.师生交流应体现民主、和谐、高效,充分利用课堂教学时间进行有效互动.

二、促进课堂高效的研修主题

　　荷兰数学教育家弗赖登塔尔说过:"学习数学的唯一正确的方法是实行再

创造,也就是由学生把本人要学习的东西自己去发现或创造出来;教师的任务是引导和帮助学生去进行这种再创造工作,而不是把现成的知识灌输给学生."

教师如何引导和帮助学生去进行这种再创造工作呢?

1. 建立和谐、平等的师生关系

建立和谐、平等的师生关系是提高课堂教学效率的前提条件.古语云:亲其师而信其道."传道"是人与人心灵的交往,哪里有成功的教育,哪里就有爱的火焰在燃烧,炽热的情感在升华.教师要与学生建立民主平等的师生关系,尊重学生的人格.教师在课堂上要坚持把微笑带进课堂,把激励带进课堂,把竞争带进课堂,把幽默带进课堂.教师要把信任的目光投向每一位学生,把亲切的话语送给每一位学生,把和蔼的微笑洒向全体学生,努力为每一位学生创造表现自我的机会,让每一位学生都获得不同程度的成功.

要提高课堂教学就必须蓄意运筹师生的情感交流.如何在课堂上增强师生的情感交流呢?

其一,数学教学活动是以知识传授为载体的师生情感交流活动,所以教师就必须具有十分丰富的情感世界,对教学工作充满激情,用自己对数学知识的热爱,创造一个有情感的学习环境,把自己充沛的感情力量移向教学对象,真情实感地爱,真才实学地教,真心实意地帮.

其二,要取得师生情感交流的良好效应,就必须畅通情感信息的流通渠道,及时了解学生对知识的掌握情况,密切关注学生的情绪变化,用灵活的思维、敏锐的观察、果断的决策等教学机智处理好随机因素.让学生感到教师看到了他们的成功,从而加倍地努力学习.对学生的意见要支持、信任、理解,使他们感受到教师与他们是民主平等的关系,从而调动起他们学习数学的主动性和积极性,使数学教学进行得生机勃勃.

2. 让学生"动"起来

数学教学过程是师生双方在数学教学目标的指引下,以数学教材为中介,教师组织和引导学生主动掌握数学知识、发展数学能力、形成良好个性心理品质的认识与发展相统一的活动过程.

要使教学过程最优化,必须采取有效的教学方式和手段,以提升思维品质、发展创新能力为着力点,将学生自主学习、自主探究、自主建构的要求在课堂教学中落到实处,切实提高课堂教学效率.

德国教育家第斯多惠说:教学艺术的本质不在于传授的本身,而在激励、唤醒和鼓舞. 心理学研究表明,求知欲和学习兴趣是一种内在的学习动机. 兴趣是从事实践活动、获得知识、发展智力的强大推动力,没有学习兴趣,就没有积极性,就谈不上有学习.

作为数学教师,可从以下几方面进行引导,使学生产生学习数学的内驱力和强烈的求知欲望.

(1) 利用数学的学科价值驱动

引导学生认真阅读教材每一章的导言,使学生大致了解本章节的研究内容、地位及应用价值等,如介绍嫦娥一号、天宫一号等运行轨道,介绍神州十号的设计运行轨道,介绍我国古代相关的数学成就,使学生感到数学的神奇与伟大,培养学生的民族自豪感和责任感,从而产生渴求新知、探求未知领域的强烈欲望和兴趣.

(2) 利用数学知识魅力驱动

在教学过程中,教师要注重培养学生的审美情趣、审美意识、审美能力,能自觉地从美的视角欣赏数学,对数学产生好奇心,从而引发学习兴趣,热爱数学. 如在"圆锥曲线"这一章的教学中,让学生知道,从几何角度,圆锥侧面被平面从不同的角度所截得曲线是不同的圆锥曲线,使学生感悟到数学之魅力——奇妙美;从代数角度,圆锥曲线是满足到定点的距离与到定直线的距离之比等于一个常数 e 的点的轨迹(当 $0 < e < 1$ 时,动点的轨迹是椭圆;当 $e > 1$ 时,动点的轨迹是双曲线;当 $e = 1$ 时,动点的轨迹是抛物线),学生从中体会和理解从量变到质变的辩证统一观点,并感悟到数学之魅力——和谐美;对比椭圆、双曲线、抛物线三种圆锥曲线的方程和图形,它们都是一样的对称简洁,学生从中感悟到数学之魅力——对称美. 学生通过对数学美的感受,产生好奇心和兴趣,从内心萌发学好数学、揭开数学奥妙的决心.

(3) 利用教学艺术驱动

心理学研究表明:兴趣的保持有赖于成功. 成功的欢乐是一种巨大的情绪力量,学生在数学学习中不断取得成功后会带来无比快乐和自豪的感觉,产生成就感,继而对数学产生亲切感,驱使他们向下一次成功迈进,形成稳定而持续的兴趣;要使学生获得成功,教师必须设计探索数学知识的台阶,通过设置不同问题情境,创设各种具有启发性的外界刺激,引导学生积极思维,激起学生求知欲望,使不同智力水平的学生都能拾级而上,"跳一跳摘果子",都能获得经过自己艰苦探索,掌握数学知识后的愉快情绪体验.当学生在探索学习的过程中遇到困难或出现问题时,要适时、有效地帮助和引导学生,使所有的学生都能在数学学习中获得成就感,树立自信心,增强克服困难的勇气和毅力.只有使教的艺术与学的兴趣有机地结合起来,才能确保课堂教学效率的提高.

三、高效课堂教学研修案例

案例 4.3.1

向量的概念及表示①

课堂简录

教师:请同学们轻声读一遍自学要求,根据自学提纲自学教材 55 页到 57 页练习前的内容.(8 分钟后)请大家完成下列题目,检测自学效果,时间 5 分钟.

---

1. 以下说法错误的是_____.

   ① 零向量只有大小没有方向;

   ② 向量的模是正数;

   ③ 若 $a = b$ 或 $a = -b$,则 $|a| = |b|$;

   ④ 共线向量必在同一直线上.

(对向量概念中的易错点进行考察,通过题目的讲解对一些重要的概念加深理解)

2. 在如图所示的向量 a、b、c、d、e、f 中(小正方形的边长为 1),请分别写出:

   (1) 共线向量_____;

   (2) 相反向量_____;

   (3) 相等向量_____;

   (4) 模相等的向量_____.

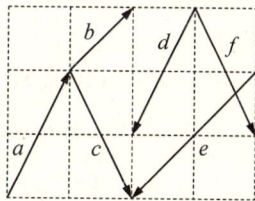

3. 在平面直角坐标系内,将所有单位向量的起点移到坐标原点时,它们的终点的轨迹是什么图形?

---

① 王昉.简约而不简单——记公开课"向量的概念及表示"[J].中学数学月刊,2010,11:15—17.

教师操作:利用实物投影将学生所做的检测题进行展示.

学生活动:学生在对同学所做检测题的正确与否的争论中,渐渐明晰了向量的概念、特殊向量(零向量,相等、相反向量)的注意点,明确了向量间的关系,学会了表示方法.

(这些在传统课堂上需要通过教师反复强调梳理的知识点,在学生的自学、自测和互相争辩中已渐渐进入了学生的知识体系,并逐渐清晰化)

教师操作:利用几何画板演示将许多单位向量平移到共起点的情形,很直观地反映出它们的终点轨迹是单位圆.

教师:现在请大家谈谈,对本节所学内容还存在哪些困惑之处?

一石激起千层浪——

生$_1$:既然向量的大小叫长度(模),那么向量能不能比较大小?

生$_2$:数学中的向量和物理中的矢量是一回事吗?

生$_3$:**0**是向量,模是0,那么方向是什么?

生$_4$:电流既有大小又有方向,是不是向量呢?

生$_5$:平行向量和共线向量有区别吗? 向量平行和直线平行一样吗?

学生活动:在教师的组织下,学生分组对刚才提出的一系列问题进行了探讨,并且逐一进行了解决.

(在这个"自问自答"的环节中,每位学生因为自行解决了自己的和他人的疑惑而倍感兴奋)

教师:由于学生对特殊向量和向量平行问题疑问较多,需要进行深入学习.

练习:

1. 如图,四边形 $ABCD$ 和 $ABDE$ 都是平行四边形,分别

   以 A、B、C、D、E 为起点和终点作向量:

   (1)与 $\overrightarrow{ED}$ 相反的向量为_____;

   (2)与 $\overrightarrow{ED}$ 相等的向量为_____;

   (3)与 $\overrightarrow{ED}$ 共线的向量为_____.

2. 以下说法正确的是_____.

   ① 若 $a \parallel b$ 且 $b \parallel c$,则 $a \parallel c$;

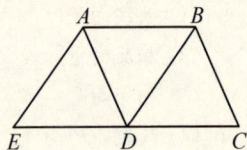

> ② 向量 a 与 b 不共线,则 a 与 b 都是非零向量;
>
> ③ 任意两个相等的非零向量的起点和终点是一个平行四边形的四个顶点;
>
> ④ 有相同起点的两个非零向量不平行.
>
> 3. 若 $a // b$,则向量 a、b 有几种情形?

学生活动:以上练习由学生在黑板上板演完成,再由学生互评,用时 10 分钟.最后由学生完成课堂检测.

> 课堂检测:
>
> 1. 下列物理量中,不是向量的是_____.(写出所有正确的序号)
>
>   ①质量;②速度;③位移;④力;⑤加速度;⑥路程;⑦密度.
>
> 2. 下列三个说法:①若 $|a| = |b|$,则 $a = b$;②若 $|a| > |b|$,则 $a > b$;③若 $a = b$,则 $a // b$.
>
>   其中正确的说法是_____.(写出所有正确说法的序号)
>
> 3. 已知向量 a、b 不共线,若存在向量 c,使 $a // c$,$b // c$,则 $c =$_____.
>
> 4. 以下说法正确的是_____.(写出所有正确说法的序号)
>
>   ① 向量 $\overrightarrow{AB}$ 与 $\overrightarrow{CD}$ 是共线向量,则 A、B、C、D 四点必在同一直线上;
>
>   ② 若 $a = b$,$c = b$,则 $a = c$;
>
>   ③ 两个向量当且仅当它们的起点相同,终点也相同时才能相等;
>
>   ④ 两个相反向量必是共线向量
>
> 5. 如图,点 O 是正六边形 $ABCDEF$ 的中心.
>
>   (1) 与 $\overrightarrow{OA}$ 的模相等的向量有几个?
>
>   (2) 与 $\overrightarrow{OA}$ 相等的向量有几个?
>
>   (3) 与 $\overrightarrow{OA}$ 共线的向量有几个?

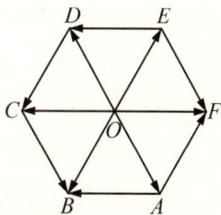

伴随着下课铃声的响起,教师将检测纸收走,本节课也完美谢幕了.

[点评]　本节课看似平淡,没有想象中的跌宕起伏,动人心弦,峰回路转,更多的是学生在埋头看书,独立思考,解决问题,很难想象这是一节有数百位老师观摩的市级的数学公开课,似乎更像一节数学自习课.然而这才是实在的数学课,没有了浮华之风,却平添几分朴实之感,正是以生为本的真正体现.本节

课具有如下特点：

1. 以学定教，当堂训练

（1）先学后教，以学定教

上课伊始，出乎所有听课教师的意料，教师在学生"没有"任何准备的情况下，立刻要求学生进行自学．但是，惊骇未定，一波又起，教师在学生自学结束后，"居然"立刻出示题目检测自学效果．然后，教师才开始了众所期待的讲解，但还不是传统的讲授，而是借助学生对同学所做的检测题的评判，逐一将一些概念进行梳理．传统的课堂教学虽极力提倡学生的主体性地位，但是究其本质——教而后学，学生获得知识的主要途径依然是教师的教——教师课前精心预设，课堂上耐心而艺术性地引导，如果还能巧妙地解决好课堂的即时生成，则便完美无憾也！

但是开课教师大胆创新，另辟蹊径，反其道而行之——先让学生学，然后再教．虽然只是简单的顺序上的颠倒，但是却与传统的课堂教学有着本质上的区别．建构主义教学认为，学生是知识信息加工的主体，是意义建构的主动者，而不是知识的被动接收者和被灌输的对象．而事实上，在学习新知识前，学生已经形成了有关的知识经验，即新知识的生长点．而课堂即时检测则很好地佐证了这一点，学生完全有自学的能力．因此教育应坚信学生的自觉和能力，绝不越俎代庖．授之以鱼，不如授之以渔，先学后教，以学定教，不但可以让教师的教有的放矢，目标明确，进而大大地提高课堂效率，更重要的是可以很好地提高学生自我效能感，让学生在自学和自测中逐渐明确所学、所惑和所获，而这一点对于数学学科尤为重要．

（2）学而再练，当堂巩固

考虑到数学学科自身的特点，在重视知识产生过程的前提下，适当的练习是必要的．理解和运用都是课堂上必须完成的教学任务．没有相当的练习，就很难说理解得有多好，更谈不上形成能力．纵观本节课，理解和运用始终是交替进行：自学检测——深入学习——当堂训练．毕竟在具体的问题解决中，知识是不可能一用就准，一用就灵的，而是需要针对具体问题的情境对原有知识进行再加工和再创造，即螺旋式上升．学生只有真正地会将知识进行灵活运用，所学的才是他们真正所获的．

2. 生生互"动",发展思维

课堂 45 分钟①——自学 8 分钟、检测 5 分钟、评判 7 分钟、学生提"惑"及解"惑"10 分钟、板演及学生讲评 10 分钟、当堂训练 5 分钟.在学生自学及检测阶段,教师一言未发,而在解决学生疑问阶段也未滔滔不绝,是为了提高学生的参与度,提高课堂的时效性.不是教师不会讲,而是教师相信学生的能力,让学生讲,让学生讨论.在讨论中,问题灰飞烟灭,学生信心倍增.教师不应是知识权威的象征,不应只是知识的呈现者,而应该重视学生自己对新知识的理解,倾听他们时下的看法,并以此为据,引导学生丰富或调整自己的理解.这样的教学虽然形式上减少了教师的讲,而核心上却凸显了学生的主体性地位,提高了主体的自我效能感,让学生"动起来",让思维"飞一会儿",何乐而不为?也只有课前做了极其充分准备的教师,才能够将课堂以如此之方式还给学生.

第四节　作业与辅导研修

这样的场景经常在校园出现:每天一大早,几个学生早早来到学校,早来的目的就是抓紧把作业抄好;到了交作业的时间,有几位同学迟迟不肯交,原因要么是没有完成,要么是"没带"(有相当一部分学生是没有做);还有一部分学生交上来的作业有大片的空白;除此之外,还有极个别学生总是不交作业.

由于作业是学生巩固知识、教师教学反馈的重要一环,作业质量直接影响到教学质量.所以,作为一名教师,对于以上的种种现象经常感到非常苦恼.那么,造成这种现象的原因是什么?

就以下问题,我们进行了抽样调查:为什么不做作业?为什么抄作业?作业为什么那么多空白?通过调查,我们发现,产生这些现象的主要原因如下:

(1) 上课没有听懂,或基础差导致作业不会做.

(2) 作业的能力要求太高,太难.有时学生上课都能听懂,但还是不会做作业.

(3) 作业的量太多.

(4) 不喜欢学习,不想做作业.

---

① 目前我国多数地区中学课堂一节课时间为 40 分钟,本案例所在地区为 45 分钟一节课.

上述调查说明,学生在作业中存在的问题,除了课堂教学因素、学生自身因素之外,还有教师作业的设计不合理、作业布置的质量不高、作业批改方式单一、课外辅导方法不当等原因.如何解决这些问题? 正是我们研修应该解决的问题.

一、数学作业的设计

合理而科学的数学作业,能充分发挥作业的职能,减轻学生的作业负担,让学生更好地掌握知识和技能,使学生在思维、能力等多方面得到长足的发展,并形成对数学学习的良好态度,达到全面实现数学教育目标,提高教育教学质量的目的.

1. 作业设计的类型

(1) 设计分层作业.学生的学习风格差异、学习程度差异呼唤着数学作业的个性化设计,在班级授课制下,对于不同学习层次的学生,设计分层作业是一个相对而言较为理想的选择.

案例 4. 4. 1

"圆与圆的位置"的分层作业设计

在湘教版九年级下册《数学》的"圆和圆的位置"一节教学中,某位教师设计了以下分层作业题[1].

1. 下列说法中,正确的是(　　).

A. 两个圆没有公共点时,叫做两个圆外离

B. 两个圆有唯一公共点时,叫做两个圆外切

C. 两圆有两个公共点时,叫做两圆相交

D. 两圆内含就是两个圆是同心圆

2. 已知$\odot O_1$和$\odot O_2$的半径分别为 6 cm 和 8 cm,当 $O_1O_2 = 2$ cm 时,$\odot O_1$和$\odot O_2$位置关系是(　　).

---

[1] 刘春明. 数理化学习(初中版),2012,6:20.

A. 外切　　　　B. 相交　　　　C. 内切　　　　D. 内含

3. 两圆半径是方程 $x^2-8x+12=0$ 的两个根,当两圆外切时,圆心距为( ).

A. 2　　　　B. 6　　　　C. 4　　　　D. 8

4. ⊙A、⊙B、⊙C 两两外切,且半径分别为 2 cm、3 cm、10 cm,则 △ABC 的形状是( ).

A. 锐角三角形　　B. 直角三角形　　C. 钝角三角形　　D. 等腰三角形

5. 已知 ⊙O_1 和 ⊙O_2,作一个 ⊙O_3,使 ⊙O_3 与 ⊙O_1 和 ⊙O_2 都相切.(考查的是学生思维的全面性,本题首先要考虑到 ⊙O_1 和 ⊙O_2 的位置关系,然后再作图)

以上一组作业题,1 至 3 题为必做题,4、5 题为选做题.

[点评]　学生对知识的掌握是存在一些差异的,为了能让每一个学生都能吃得好,吃得饱,任课教师在进行数学作业设计时,充分考虑到学生的个性差异,因材施教,把习题设计出多重难度,让学生根据自己的实际情况自己选择做哪些题目.给学生一个自由选择的机会,以便更好地发挥他们的主动性.

(2) 自主选择作业.学生在教师引导下自主参与作业内容的设计,自己布置作业.教师可以规定作业的内容范围(不是具体内容)、容量、结构.

2. 数学作业设计示例

数学课型不同,作业设计也应不同.

案例 4. 4. 2

概念学习的作业设计(以方程概念的学习为例)

形成方程概念的主要阶段	作业设计举例
(1) 辨别阶段	【作业 1】　比较两个等式:$3+2=5$ 和 $3x+2=5$,这两个等式有什么不同?
(2) 分化与概括阶段	【作业 2】　判别下列式子是不是方程,并说明理由:① $2x+1$;② $2x-1=-3x$;③ $5x>1$;④ $\frac{1}{4}y^2=y+1$;⑤ $10-7=3$;⑥ $x-2y=6$;⑦ $a+0.2b=8$(a、b 为未知数).

续 表

(3) 在特定的情境中检验假设,确认含有未知数的等式这一关键属性	【作业 3】 根据条件列方程:①某数减去 5 得 5;②某数乘以 2 后减去 3,得 5;③某数加上 2 后乘以 3,得 5;④某数的 3 倍与 2 的和等于 8;⑤某数除以 2 后减去 3,等于 -7.5.
(4) 把新概念的共同关键属性推广到同类事物中去	【作业 4】 ① 检验下列各数是不是方程 $2x-3=5$ 的解: (i) $x=6$;(ii) $x=4$; ② 检验下列各数是不是方程 $3x-1=2x+1$ 的解: (i) $x=4$;(ii) $x=2$; ③ 检验 $x=9$ 是不是方程 $\dfrac{x}{2}-3=-7.5$ 的解.

案例 4.4.3

复习课的作业设计——设计阶梯型题组(三角函数的最值复习课)

A 组题	1. 函数 $y=-5\sin x$ 的最大值是_____,最小值是_____.
	2. 函数 $y=1-\dfrac{1}{2}\cos x$ 的最大值是_____,最小值是_____.
	3. 函数 $y=\sin x\cos x$ 的最大值是_____,最小值是_____.
	4. 函数 $y=\sin x-\sqrt{3}\cos x$ 的最大值是_____,最小值是_____.
B 组题	1. 函数 $y=\sin\left(x+\dfrac{\pi}{4}\right)\cos x+\sin x\cos\left(x+\dfrac{\pi}{4}\right)$ 的最大值是_____.
	2. 函数 $y=\sin\left(x+\dfrac{\pi}{4}\right)+\sin\left(x-\dfrac{\pi}{4}\right)$ 的最小值是_____.
	3. 函数 $y=\sin^2 x-\sin x\cos x+\cos^2 x$ 的最大值是_____.
	4. 函数 $y=\sin 2x-2\cos^2 x$ 的最小值是_____.
C 组题	1. 函数 $y=\cos^2 x-3\cos x+2$ 的最大值是_____.
	2. 函数 $y=2\sin x-\cos 2x$ 的最小值是_____.
	3. 当 $-\dfrac{\pi}{2}\leqslant x\leqslant\dfrac{\pi}{2}$ 时,函数 $f(x)=\sin x+\sqrt{3}\cos x$ 的最大值是_____.
	4. 函数 $y=\sin x\cos x+\sin x+\cos x$ 的最小值是_____.

[点评] 精选不同层次的题目,由易到难,按照不同能力要求编成题组,有针对性地设置知识、方法、能力的最近发展区,使思考坡度循序渐进,恰到好处. 学生每解一题,都能亲身体会到其中蕴含的规律,领略到解题的意境和命题的构思.

二、数学作业的布置

布置作业的目的是为了促进学生的学习,激发学生的求知欲和学习兴趣,培养学生发现问题、分析问题和解决问题的能力,因此需要坚持以下原则:

1. 少而精的原则

布置作业首先要考虑学生负担是否合理.负担过重,影响学生全面发展;负担过轻,则无法发挥学生潜力,最终制约发展.

要精选那些典型的练习或习题,使学生通过训练,既能巩固所学知识,又能触类旁通,举一反三.减少知识点或题型的重复度,题目的重复,浪费学生时间,也浪费教师批改时间.对重要的知识点,可让学生训练不同的题型,以发展学生不同的技能倾向和应变能力.

2. 有针对性的原则

课堂上的作业以巩固所学知识为主,难度与例题水平相当.数学的定义、公式及定理有其适用条件,布置作业时要考虑这一点,使学生通过练习后搞清楚这些适用条件.

课外作业以加深理解为主,立足于大多数学生的程度,让学生经过独立思考后能够完成为宜.

对于阶段复习课,作业以综合和灵活运用知识为重点,可难些.

对于考试前辅导课,作业要起模拟考试作用,让学生熟悉考试的题型与题量.教师要深入了解学生,例如,哪些内容学生学得较好,哪些内容学得较差,哪些内容容易遗忘和混淆,哪些学生理解力较强、智力发展较快,哪些学生理解力较差、智力发展较慢等.掌握了这些,教师就能从学生的实际出发,有针对性地选择课外作业.

3. 提升思维原则

要求教师针对能力培养计划,认真研究题目的能力培养功能,使学生通过训练,逐渐完善思维结构,提升思维能力.思维训练要注意阶段性,循序渐进,由浅入深,才符合学生能力发展的要求.

4. 分层递进原则

布置作业必须在满足教学基本要求的前提下,根据不同层次学生的要求,使他们各取所需,各有所得. 比如在作业布置时,利用"作业超市"的形式设计三类题目:A 类为基本题,紧扣当天所学的内容,主要目的是用来巩固新知;B类是基础题,这是针对一部分基础薄弱的学生布置的,浅显易懂,有利于他们获得成功的快乐,增强学习的自信心;C 类是发展题,这种题目有一定的难度,主要是针对基础好的学生设计的,有利于培养学生思维的灵活性和深刻性. 在"作业超市"里,学生可自主选择类型,也可以各种类型自由搭配,做到因人而异,各取所需. 布置作业的方式也要因人而异,采用不同的作业布置方法,针对学生的特性和能力差异,满足不同层次学生的成功欲,达到转化和提高的效果.

三、数学作业的批改

批改作业是数学教师在教学过程中一个必不可少的环节,也是教学的一面镜子. 作业的批改既能及时反馈教师教的效果,又能及时反馈学生学的情况,可以更好地促进教学相长,更重要的是要激发学生的积极性和热情.

作业面批面改,能更好地为学生有针对性地批改作业,充分发挥作业的作用,提高学生学习的积极性. 面批的方式,能把课堂知识的理解和巩固,回家作业的批改、讲评、辅导有效结合在一起. 相对于只评价作业的结果,而不关心作业的过程,缺乏针对性和个性化的传统批改形式,作业面批更能适应课程改革后的教学. 评价的目的是为了全面了解学生的学习历程,激励学生的学习和改进教师的教学.

四、数学课外辅导

课后辅导是教学的一个重要环节,有着不可替代的重要性. 教师不仅要重视课堂教学,课后辅导也是不可忽视的,课后辅导也可使课堂教学事半功倍.

案例 4.4.4

诊断型辅导个案

初三某班学生甲,从小学开始数学成绩就一直很差,据家长讲,为了提高他的数学成绩,在校时教师经常给他单独辅导,在家请了家教,效果都不理想.针对这种情况,教师对他进行了长期跟踪,力求弄清产生学习困难的原因.例如从让他板演:"比较 $-\frac{1}{4}$ 与 $-\frac{1}{5}$ 的大小"的回答中,判断他不会的根源在于对绝对值、正负数、数轴的概念不清晰,因此从源头去堵漏洞,比反复跟他讲解题方法,效果要好得多.又如,从他的课外练习:"用代数式表示 x 的 5 倍与 3 的差是负数"的解答是 $5x-3=-1$ 中,进一步了解到在他的头脑中,对于负数就是等于 -1 已根深蒂固.问题症结在于:对于多项式系数符号、正负数的概念及其表示等没有弄清楚.对症下药,效果很好.

[点评]　从上例可看出,辅导不应是单纯补课、反复讲,而应通过提问、观察等多种途径诊断出学习困难之所在与困难的成因,辅导的有效性才会凸现出来.

第五节　试卷编制与分析研修

教学评价是数学教学的重要环节之一,评价的目的有多种多样,有达标性评价、形成性评价等.评价的方式有定性评价、定量评价,虽然评价的目的不同,但由于用试卷定量检测数学学习效果是最常用的形式,为此命制试卷就成了数学教师的基本功之一,怎样的试卷是高质量的? 如何才能编制出高质量的试卷? 如何有效地分析试卷? 正是我们中学数学教师应该认真研修的问题.

一、如何设计高质量的试卷

如何评价一份数学试卷? 通常用试卷的信度、效度、难度和区分度等指标来考查数学试卷的质量.

1. 几个常见的衡量试卷的指标

过难或过易的试题都会降低试卷的信度. 试卷题目数量越多, 信度越高, 因为题目数量增多, 尤其是同质题目增多, 在每道题目上的随机误差将会互相抵消. 虽然测评受到内容和时间的限制, 题目数量不能太多, 但可尽量把大题化小, 增加题目数量, 以提高信度. 试题用语不标准、不准确也会降低试卷的信度. 教师在命题时应尽量排除上述因素的干扰, 使试卷的信度尽可能提高.

一份试卷是为了一定的测量目的而编制的. 判断它的效度高低, 就要看它达到测验目的的程度. 如果测试的结果与学生平时学习的情况基本一致, 这样的试卷有较高的效度, 否则效度较低. 考试是达标检测还是形成性检测? 因为性质不一样, 命题方式也不一样, 对学生的"双基"和数学能力考查的题目的比例也不同. 题型的设计要有效地体现考试目标. 试卷的要求与数学课程标准的要求要一致, 试卷内容主要考查数学教科书中的重点知识, 要注意考查数学的通性通法, 要兼顾知识与能力两个方面.

试卷难度应该根据考试的目的来选定, 命题教师只有认真研修数学课程标准和精通教材, 了解学生的学习情况, 才能编制出难度适当的试卷.

试卷的区分度和难度有着密切的关系, 区分度的提高主要是通过控制试题难度来实现的. 如果试题太难, 优生和差生都答不出来, 就没有区分度可言; 如果试卷太容易, 优生和差生都能答出来, 同样没有区分度. 只有合适的难度才会有很好的区分度. 实践证明, 难度值为 0.5 的试题具有最好的区分度. 但在实际编制试卷时, 不可能要求所有题目的难度值均为 0.5. 一般说来, 较难的试题对高水平的学生区分度高, 较易的试题对低水平的学生区分度高, 中等难度的试题对中等水平的学生区分度高. 所以, 当我们要求学生的成绩呈正态分布时, 特别困难与特别容易的试题较少, 接近中等难度的试题较多, 此时全卷难度接近 0.5, 这样的试卷才具有较高的区分度.

2. 数学试卷命题的基本原则

其一, 靶向性原则.

数学试卷的结构和试题的难度应与考试的目的一致. 单元检测主要是诊断教学内容的掌握情况; 期中、期末考试则主要是考查学生阶段性的数学学习水平; 初中与高中学业水平考试的目的是评价学生的学业水平; 中考和高考也分别是为高中和高校选拔人才；数学竞赛则是选拔优秀数学天才的考试. 靶向不同，命题就会不同.

其二，科学性原则.

编写的试题应没有科学性和知识性错误；试题的语言表达要简洁、精练、规范，试题的表述不存在理解的歧义，尽可能采用数学语言、符号语言、文字语言表达. 术语应与数学课本上的表达方式一致.

其三，递进性原则.

根据学生认知规律的差异性、教材内容的难易度、数学课程标准的要求，编制的试卷必须从易到难、由浅入深递进.

递进性原则应体现在如下方面：

① 整卷试题难度的分布要有递进性，先易后难，由浅入深递进排列.

② 部分试题本身要有递进性，这主要体现在解答题的压轴题中各个小问题的难度应有一定的递进.

其四，生成性原则.

生成性主要体现在试题的原创和新意上. 试题的新意可以是取材的新意、创设情境的新意、设问的创意以及考查角度的独到性等方面.

3. 试卷设计的流程

试卷编制是一项周密而复杂的创造性劳动，应全面地考虑各种因素，即要按规范程序进行. 明确命题的目标，掌握命题流程的各项要求，才能编制出一份符合考试要求、高质量的试卷.

试卷的设计流程：

其一，了解考查目的，确定考试目标.

考试目标是试卷编制的出发点和归宿，具有导向和制约功能. 它可以根据教学目标，结合不同的考查目的、内容范围、时间限制加以确定. 考试目标包括考试内容、考查目的和各种量化指标（如试卷难度、及格率、优秀率、平均分等）.

其二，拟定考查计划，编双向细目表.

根据考试目的和数学课程标准的要求，依据教学内容和教学目标，拟定出命题的具体计划. 它包括测试内容（知识、能力）、题量、题型、时限、不同知识点所考查的学习水平以及所占的比例等各个方面的具体内容，并用命题双向细目表的形式反映出来.

命题双向细目表一般包括以下四方面内容:(1)考试的测量目标和行为目标;(2)考试涉及的内容领域;(3)题型;(4)题量,包括每一测量目标或内容领域的题量.制作命题双向细目表一般包括以下步骤:(1)列出考试测量的行为目标;(2)列出考试的内容领域以及每一个内容领域的行为特征;(3)确定每一内容领域的行为特征与考试测量的行为目标的对应关系;(4)以考试测量的行为目标为一维,以考试的内容领域为另一维,制作命题双向细目表,将每一内容领域与行为目标相应的行为特征填入两个交叉的单元格中;(5)确定每个单元格的采样数(试题数)以及题型;(6)将每个单元的行为特征去掉,保留试题数,如果有必要则加上题型要求或说明.按照上述步骤,可以很方便制作命题双向细目表.

其三,自编精选试题,初组编排成卷.

教师在教学时,要把教材中重要的地方作上记号,在批改作业和试卷时,记下学生常犯的错误;要经常搜集各种书刊及其他现成的试题;随时把搜集到的或自编的试题存入电脑,并进行必要的分类,组成自己的试题库,便于以后命题时使用.

编选试题应注意以下三个方面:

(1) 题目内容、考试水平、试题难度应符合双向细目表;

(2) 题目叙述简练、清楚,内容准确无误,符合科学性;

(3) 编选试题的数量要比最后确定的试题数量多一些,以备筛选.

试题拟好或选取好后要按选择题、填空题、解答题的顺序排列,每大题又按先易后难的顺序编排,形成梯度,组配成卷,并编拟好指导语.对已确定下来的题目,从科学性、逻辑性、独立性以及语言表达等方面做最后的审定和修改.

其四,预测试卷难度,试做再调试题.

根据前面预测的试题的难度,估算学生各题的得分,估计全卷得分,由此估评全卷难度.再结合考试目的,适当调换部分试题使全卷试题的难度与考试目的的难度系数相符.

试卷初稿确定后,命题教师应对试题进行试答,从中有可能会发现以下问题:(1)试题叙述不清,难以理解;(2)试题的求解策略超出了学生已有的知识;

(3)所涉及的计算太复杂;(4)考查某一内容的试题过多;(5)图形不准确;(6)试题存在科学性错误;(7)答题时间过长(一般情况下,用于实际考试的时间,为命题教师试答时间的 2～3 倍);等等.无论发现何种问题,都有利于对试题进行及时的修改.

其五,制定评分标准,查卷排版定稿.

评分标准包括参考答案、评分细则.参考答案应具体明确,准确无误;评分细则要标明各层次的分值,根据试题难度和答题时间进行分配分值.在试卷定稿后应将试卷打印出样卷,再次做细节检查,如试卷的排版是否合理、图形是否准确、是否有出界情况,如网上阅卷,答题纸是否符合标准等,要做到万无一失.

4. 设计试题的常用方法

教师命题时试题主要有两个来源:一是拿来主义,即采用他人的现成题;二是自力更生,即自己编写新题.自己设计新题通常有生成试题和原创试题两种方式.生成试题是对原有试题进行改造,使之从形式上、考查功能上发生改变而成为新题.通常情况下,生成试题的难度往往会相应提高.由于是对现有材料的深挖掘,所以生成所得的新题一般带有一定的新颖性和创造性.生成试题的方法有很多,例如:变设问角度、变已知条件、变考查目标、变换题型、重组题目等.原创试题重点体现一个"创"字,即创设新情境,提供新材料.试题设问要新颖,思维性要强.原创试题的问题背景通常可取材于国内外数学教材、招生考试试题、数学竞赛试题.数学教材也是获取命题材料的非常好的渠道,教材中的许多例题、习题的背景都非常新颖和贴近现实生活,是很好的命题素材.有了好的材料,如何选择利用而改编试题,难度还很大.一方面要求命题者要有较强的专业知识和对数学教材的深入理解;另一方面命题者还要有熟练的命题技巧.因此,以新材料展开命题,往往带有一定的随机性和不确定性,偶尔获得一个好的材料,灵感突现,就能命制出一道好的试题.为此原创试题应成为数学教师研修的重点项目和主攻目标.

5. 三类题型设计方式

选择题的设计.一道好的选择题,往往表现在短小精悍、考查中肯、格调明快和值得回味的特点.选择题的设计要把握住三个关键点:(1)考查能力的目标明确、具体、集中.(2)取材恰当、合理、有针对性.(3)精心编制好题干与备选项.

具体的设计过程中,要处理好以下三个关系:(1)取材与铺陈的关系.取材所涉及知识点宜少不宜多,要服务于能力的考查,且应属基础和基本知识,不宜采用派生性的知识作为考查能力的依托,每题多以 2～3 个知识点为宜,最多不要超过 5 个,否则必将降低试题的区分度.试题的铺陈、叙述所取材料的关系是形式和内容的关系,因此要和谐相称,陈述中力求简明、规范、符合习惯、层次清楚.(2)知识和技能的关系.几乎任何试题都同时考查了知识和技能.但是,由于选择题的特点,在通常情况下不宜二者并重,宜侧重一个方面.当侧重知识时,技能应淡化一些;当侧重技能时,知识的要求不宜加难加深.在高考学科能力的考查中,作为选择题题组,侧重技能考查的试题应多一些,侧重知识考查的试题应少一些.(3)题干和备选项的关系.为保证试题的完整性和紧凑性,必须精心安排好题干和备选项的分割和连接.分割要恰当,关联词要准确明白,使整题读起来通顺流畅.其次,错误选项的设置,宜围绕考生可能出现的失误情况,提取有代表性和针对性的内容进行编制,绝对不要胡编乱凑.正确项与诱误项之间,形式上应尽量协调,力求使之具备同类性的匀称性.

填空题的设计和编制.可借鉴选择题的设计方法.同样要注意考查中心突出、集中、鲜明,用此指导题材的取用和剪裁;陈述上力求简洁、精炼、确切,尤其是指导语的使用,务必防止歧义,且保证答案简明;求解的过程宜短,步骤不得太多,最好是 2～3 步,否则难以保证信度,也势必降低区分度.

解答题的设计.要设计好一道解答题,一般要经历如下几个步骤:

(1) 选材与立意.新课程标准体系基本特征之一,要求新课程内容注重密切联系学生的生活和社会经验以及社会、科技发展的现实,强调学生经验、学科知识和社会发展三个方面内容的整合.这一基本特征确定了选择试题的背景材料的基本出发点,即试题背景材料应该与学生的生活和社会经验相联系,必须与社会、科技发展的现实相联系.选材是根据一定的考查目的进行的,这便是"立意".立意与选材两者之间,往往交织在一起.有时是先立意,确定试题的编写意图,明确考查目的,然后再选用合适的材料作为题材.而有时是先注意到一些好的题材,再琢磨,用它进行编题可达到哪些考查目的,并作进一步的剪裁取舍.不管谁先谁后,实际上两者都必须一起考虑,互相照顾,经过反复多次的修剪,才能趋于目标一致,进入构题的阶段,将较为朦胧的想法具体化和明朗化.在这个过程中,立意是核心,选材服务于立意.

（2）搭架与构题. 有了恰当的题材之后,便可进入搭建试题的框架,构筑试题的模坯. 设计试题的框架结构时,应以所选的题材为依据,采用与之相适应的结构架式. 建立试题的框架结构时,应注意主干硬朗、层次分明. 有了框架,再形成题坯,把题设和提问写出,不必忙于文字处理,只须写出要点,提问可以分步设问,也可一步到位只提一个问题. 同时要把基本解答和各种可能出现的解答方法一一列出,以便比较. 作为试题模坯,应力求留有余地,使之具有一定的弹性和伸缩性,也即题设条件要便于增加或减少,提问有多种角度可以调换,试题的难度容易调节. 这样做,为的是方便下一步骤的加工和调整.

（3）加工与调整. 有了初步的试题（题坯）之后,接着的工作是深加工和细琢磨. 这是单题编制的中期调整阶段,必须十分认真,对每一个细小的环节都得顾及. 包括试题的陈述和答案的编写,评分标准的制定,都得在这一步骤中完成. 试题的加工和调整,首先要确保试题的科学性和适纲性,其次是精心调节难度. 试题的难度调节,必须以整卷的难度分布为依据. 常用调节的方法有:改变提问方式;改变题设条件;改变综合的程度.

（4）审查与复核. 经过精心加工的试题,往往已不是孤立的单个试题了,而是一组姐妹题,即围绕一个中心问题,难度层次不同、形态相近而又有所差别的若干个试题,以供整卷搭配. 对这样的一组题目必须反复审核,细加推敲,承担的功能既协调一致,又各司其职,杜绝科学性错误.

二、如何有效进行试卷分析

中学数学试卷分析是数学教学评价的重要内容,高质量的试卷分析对提高中学数学教学质量和提高数学试题的命题水平具有特别重要的意义. 为此,有效的分析试卷的研修对教学质量的提升和教师专业水平的提高有着重要作用. 有效的分析试卷的研修应从以下两个方面入手:

1. 命题质量分析研修

试卷分析可以为改进教学工作、提高教学质量提供重要的反馈信息. 试卷的分析主要用以检测试卷中的试题能否真正达到考核目的,通过对试卷的抽样分析,检查试卷命题与课标要求是否相符,同时对试卷命题质量做出科学的鉴定和总结,不断提高试卷的命题质量.

　　分析试卷有两种方法,一种是定性分析法,一种是定量分析法.这两种方法总是结合进行,互相补充的.一般来说,分析试卷和试题的质量,以定量分析为主,辅之以定性分析.具体来说,在统计分析得出关于成绩分布、考试信度和效度、试题难度和区分度的具体资料和指标后,还要通过定性研究,分析资料反映的问题及问题的原因,提出改进工作的具体意见.如浙江省课改后中考试卷质量评价表[①]如下:

	二级指标	评价值
科学性	1. 试卷内容无知识性、科学性错误	
	2. 试题表述准确、用词规范、图文匹配、设问明确	
	3. 试卷结构简约、题量适当、编排合理、梯度明显	
适标性	4. 试卷内容符合课程标准和考试说明的范围和要求	
	5. 重视知识与技能,过程与方法,情感、态度与价值观的考核及正确的价值取向	
有效性	6. 试题具有较好的代表性,学科能力和素养考查全面、恰当	
	7. 关注学科本质,适度考查学生的综合、探索、应用与创新能力	
难易性	8. 考查要求与考生水平一致,整卷难度合适	
	9. 试题难度有层次、比例恰当	
	10. 减少机械记忆,不出技巧性、竞赛类的偏题和难题,大多数学生有充足的解题时间	

2. 试卷讲评研修

试卷讲评课要把握好备课、上课、作业反馈三个环节.

备课从两个方面入手:一是教师要独立完成试卷,认真分析试卷的内容、答案和命题者的意图,统计考点、能力点的分布.二是教师必须认真批改试卷,边改边记录:哪些知识点掌握较好,哪些掌握较差或是一般,哪些能力已形成,哪

---

① 浙教办基[2010]155号《浙江省教育厅办公室关于印发有关"减负"制度建设指导意见的通知》附件1.

些能力离要求距离较远,批改完成后统计各班各小题和各大题以及总分的平均分、优秀率、错误率,各分数段人数的分布情况.

教师应综合归纳出学生在答题过程中的"常见病"和"多发病",定下几道较为典型的错例做案头分析,多问几个"为什么学生会在这道题上犯错误?",从而找出学生在思考能力上存在的缺陷和思维方法上存在的偏颇.

例1　若实数 m、n、x、y 满足 $m^2 + n^2 = a$,$x^2 + y^2 = b(b \neq b)$,则 $mx + ny$ 的最大值是(　　).

A. $\dfrac{a+b}{2}$　　　　B. $\sqrt{ab}$　　　　C. $\sqrt{\dfrac{a^2+b^2}{2}}$　　　　D. $\dfrac{ab}{a+b}$

很多学生都选 A,理由:$\because mx \leqslant \dfrac{1}{2}(m^2 + x^2)$,$ny \leqslant \dfrac{1}{2}(n^2 + y^2)$,$\therefore mx + ny \leqslant \dfrac{1}{2}(a+b)$.

把这个典型错例公布出来后,引导大家共同反思:求最值用的是什么方法? 这个方法的依据是什么? 使用均值不等式求最值的条件是什么? 如何正确解答此类问题?

反思总是与行为改进结合在一起,在本例中,通过反思,学生明白使用定理时,一定要养成检验定理的条件是否成立的习惯. 把错误作为自己反思的资源,审慎地观察所用知识和方法的依据,仔细地检验结论是否正确,从而深刻理解数学定理的本质含义,改进自己的思维方式和解题习惯. 随即配三道练习题:

1. 已知正数 x、y 满足 $x + 2y = 1$,则 $\dfrac{1}{x} + \dfrac{1}{y}$ 的最小值是_____.

2. 定义 $\max\{a,\ b\} = \begin{cases} a, a \geqslant b, \\ b, a < b, \end{cases}$ 已知 $x,\ y \in \mathbf{R}^+$,则 $M = \max\left\{x + y, \dfrac{1}{x} + \dfrac{2}{y}\right\}$ 的最小值是_____.

3. 已知实数 x、y 满足 $2x^2 + 3y^2 = 6$,则 $x + 2y$ 的取值范围是_____.

讲评课的另一个环节是变式拓展. 在讲评试卷时变换题支或题干,不仅可以融合更多的知识点,还可以让学生从不同的角度明白知识点的内在联系.

例2　O 为 $\triangle ABC$ 所在平面上一定点,动点 P 满足 $\overrightarrow{OP} = \overrightarrow{OA} +$

$\lambda\left(\dfrac{\overrightarrow{AB}}{|\overrightarrow{AB}|}+\dfrac{\overrightarrow{AC}}{|\overrightarrow{AC}|}\right)(\lambda\in\mathbf{R})$，则随着 λ 的变化，点 P 必经过 $\triangle ABC$ 的____心.

更改命题条件的表达式的结构形式，构建" $\overrightarrow{OP}=\overrightarrow{OA}+$ $\lambda\left(\dfrac{\overrightarrow{AB}}{|\overrightarrow{AB}|}+\dfrac{\overrightarrow{AC}}{|\overrightarrow{AC}|}\right)(\lambda\in\mathbf{R})$ "的变式.

变式 1： $\overrightarrow{OP}=\overrightarrow{OA}+\lambda(\overrightarrow{AB}+\overrightarrow{AC})(\lambda\in\mathbf{R})$；

变式 2： $\overrightarrow{OP}=\overrightarrow{OA}+\lambda\left(\dfrac{\overrightarrow{AB}}{|\overrightarrow{AB}|\cos B}+\dfrac{\overrightarrow{AC}}{|\overrightarrow{AC}|\cos C}\right)(\lambda\in\mathbf{R})$；

变式 3：设 G 是 $\triangle ABC$ 的重心，且 $\overrightarrow{AG}=x\overrightarrow{AB}+y\overrightarrow{AC}$，求 x、y 的值；

变式 4：设 O 是 $\triangle ABC$ 内一点，求证： $\overrightarrow{AO}=\dfrac{S_{\triangle ACO}}{S_{\triangle ABC}}\overrightarrow{AB}+\dfrac{S_{\triangle ABO}}{S_{\triangle ABC}}\overrightarrow{AC}$，其中 $S_{\triangle ABC}$ 表示 $\triangle ABC$ 的面积；

变式 5：设 I 是 $\triangle ABC$ 的内心，$|\overrightarrow{AB}|=4$，$|\overrightarrow{BC}|=5$，$|\overrightarrow{CA}|=6$，且 $\overrightarrow{AI}=x\overrightarrow{AB}+y\overrightarrow{AC}$，求 x、y 的值.

讲评要讲学生看不到的东西. 在试卷讲评时应注意提炼高中数学涉及的"函数与方程"、"数形结合"、"分类讨论"、"等价转化"四种主要思想方法. 数学思想方法是数学的精髓，只有运用数学思想方法，才能把数学知识与技能转化为分析问题、解决问题的能力，才能体现数学学科的特点，才能形成数学素质.

例 3 已知 t 为常数，函数 $y=|x^2-2x-t|$ 在区间 $[0,3]$ 上的最大值为 2，则 $t=$ _____.

在讲评时，先让学生解：已知 t 为常数，函数 $y=|x-t|$ 在区间 $[-1,3]$ 上的最大值为 2，则 $t=$ _____.

学生稍加思索，即得出 $t=2$. 这时教师也不用多言语，在 x^2-2x 下画一条横线，写上 x，学生很快就能领悟. 但此时学生还只是停留在换元法上.

试卷讲评课后，教师再设计几个针对性的练习题，作为矫正补偿练习，让易错易混淆的问题多次在练习中出现，达到矫正、巩固的目的，一步一个脚印，踏踏实实地复习，真正做到：退一步——触发灵感，进一步——认清本质，倒一倒——别有洞天，串一串——融会贯通，辨一辨——迷途知返，议一议——豁然开朗，从而提高练习的实效.

三、试卷分析讲评案例

案例 4.5.1

期中测试分析(片段)

九年级(上)期中测试后,通过整卷的分析我们发现学生有以下几个典型错误原因.

(1) 知识性错误

第15题:已知⊙O的半径为5,弦AB的长为5,则弦AB所对的圆周角的度数为_____.

点评:圆中一条弦所对的圆周角有两个,学生往往都漏掉顶点在劣弧上的情况.

第17题:解方程$x^2 = 9x$.

点评:本题最典型错误是丢根.因为学生没有注意到等式基本性质2的限制条件.而在方程两边同除以x,得$x = 9$.

(2) 审题意识问题

第14题:如图,将三角尺ABC(其中$\angle C = 90°$,$\angle A = 30°$,$BC = 2$)绕点B按顺时针转动一个角度到A_1BC_1的位置,使得点A、B、C_1在同一条直线上,那么点A旋转到点A_1所经过的路程等于_____.

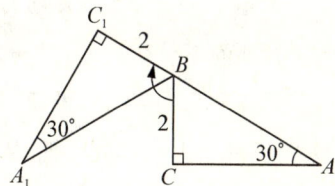

点评:审题时没有看懂"点A旋转到点A_1所经过的路程",误把弧AA_1理解为线段AA_1,导致错误.

第20题:如图方格纸中有A、B、C三个点,要求作一个四边形,使这三个点在这个四边形的边(包括顶点)上,且四边形的顶点在方格的顶点上.

(1) 在图甲中作出的四边形是中心对称图形,但不是轴对称图形;

(2) 在图乙中作出的四边形是轴对称图形,但不是中心对称图形;

(3) 在图丙中作出的四边形既是轴对称图形,又是中心对称图形.

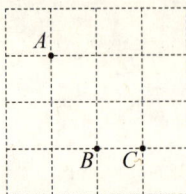 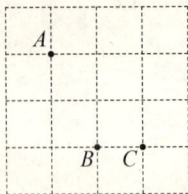 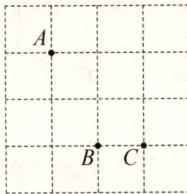

图甲   图乙   图丙

点评:学生第三小题的得分率很低.原因是审题时未看清题目要求:"作一个四边形,使这三个点在这个四边形的边(包括顶点)上".以往我们的格点作图题都是要求使已知点落在所作图形所在的格点上的,所以学生甚至未看清条件就开始答题,做不出来也就不奇怪了.

(3)书面表达问题

第12题漏写单位(米).

第8题求圆锥侧面积时答案为30π,很多学生的答案为30,漏掉了公式中的π.

第24题求三角形面积表达式时,漏乘了$\frac{1}{2}$.

(4)知识巩固问题

本卷中14、15、16题均为曾经做过的问题,错误率还是比较高,说明学生对弄懂错题不够落实.

根据错误类型进行讲评,有利于学生集中而深刻地体会到该种错误类型的根源,发现自身存在的劣势,从而有针对性地调整学习习惯、学习方法等.如学会读题,理解题意,正确把握答题方向以提高审题能力;理清答题步骤,注意答题的条理性,以提高书面表达的规范性等.

[点评] 本节课给我们的启发是,试卷讲评教师大可不必包办代替,完全可以放手让学生去讲、去补充、去纠正.学生间的思维方式可能更接近,听者也更容易接受;对发言的学生也是一个训练表达能力和概括能力的机会.真是一举多得.

另外,试卷中出现的知识、能力方面的问题往往不可能一节课就完全解决.为了达到这些目的,与之配套的跟踪训练也不可少.教师可事先根据讲评的重难点以及学生答题的易错点设计一定分量的练习,在讲评后留一点时间或布置学生课后练习,以达到反复强化所学知识、提高数学思维能力和解题能力、形成持久学习能力的目的.

案例4.5.2

试卷讲评案例[①]

课前说明:

1. 试卷评析课是我们课程改革研究的一个重要方面,也是我们数学教研组本学年校本教研的主题.

2. 试卷覆盖的内容为高一教材中第一、二两章,以及第三章中"函数的概念"及"函数关系的建立"两节内容.

3. 考试结束后,翌日完成阅卷(网上阅卷)并及时将答题纸、成绩详单、本次测验的双向细目表发给学生,布置学生完成第一次自查、订正,以及根据双向细目表进行自我诊断.

4. 次日学生将订正及自我诊断交给教师,教师根据学生的订正情况及自我诊断,结合授课班级平均分(82.6)的情况,对试卷问题进行二次开发,设计教学目标及评析重点.

5. 为使学生对数学问题本质的理解更进一步,教师鼓励学生选择一个自己失误的问题,根据它改编或自编一个新的数学问题,并尝试解答.所有课堂上展示的题解或新题全部来自学生的试卷或自我诊断或自编问题.

教学目标:

通过"选题——纠错——亮点——巩固——创新"五个层次的试卷评析,用不同的师生互动方式,让每一位学生自觉参与到反思、对比、整理、再造的过程中,获得对数学问题本质的理解,达到学生的自我发展.

教学重点:

1. 通过查找第19题学生题解中的错误,让学生自己谈思路,进行寻错、析错、纠错,在纠错中教师给予本质引导,使学生在"知错"中顿悟.

---

① 本案例由上海市育才中学数学组杨侃老师提供.

2. 通过呈现学生美妙的题解,让学生获得不同解法本质的理解,学会欣赏自己的学习成果,并能学以致用.

3. 通过展示学生创造的"新问题",既给学优生展现才华的空间,又能在教师的归类、分析以及学生原创的真实经历的感悟中,培养学生提出数学问题的创新能力.

教学过程:

一、数据分析——选题

呈现高一(8)班测试中各小题的得分情况分析表,引导学生分析问题:

高一(8)班数学阶段测试各小题班级得分情况分析

题号	1	2	3	4	5	6	7	8	9	10	11	12	1~12
预计得分	2.9	2.9	2.9	2.6	2.6	2.3	2.3	2.3	2.1	1.8	1.2	2.1	27.8
高一(8)班的实际分数	3	3	2.9	2.7	2.9	2.5	2.7	2.2	2.6	1.7	1.5	2.9	30.7
与预计得分的差值	0.2	0.2	0.1	0.1	0.3	0.3	0.4	0	0.5	−0.1	0.3	0.8	2.9
与最高分的差值	0	0	−0.1	−0.1	0	−0.2	−0.1	−0.4	−0.3	−0.6	−0.4	−0.1	−0.3

题号	13	14	15	16	客观均分	17	18	19	20	20(1)	20(2)	21	21(1)	21(2)	总分均分
预计得分	3.8	3.4	3.4	3.4	14.0	5.3	5.6	7.5	7.6	3.4	4.2	6.2	4.2	2.0	73.9
高一(8)班的实际分数	3.8	3.0	3.9	4.0	14.7	6	7.2	8.8	8.2	3.4	4.8	7	4.5	2.5	82.6
与预计得分的差值	0.0	−0.4	0.5	0.6	0.7	0.7	1.6	1.3	0.6	0.0	0.6	0.8	0.3	0.5	8.7
与最高分的差值	0.0	−0.7	−0.1	0.0	−0.6	0.0	−0.7	−0.3	−0.7	−1.2	−0.3	−0.9	−1.1

问题设计提纲:

1. 哪些题我们做得比预计的好?(鼓励大家的进步)

2. 哪些题我们的得分比预设要差?(本节课中师生共同寻找、分析原因)

3. 我们班级的平均分为82.6,是否每一题都解答得最好?与得分最高的

班级比较,还有哪些题存在较大的差距?(努力获得对问题本质的进一步认识)

请学生选择并提出本堂课要分析的问题编号.

(教师根据学生的订正及课堂上学生的选题,将问题集中为依次分析点评第 19、21、11 三道题)

二、纠错

呈现学生的错误订正及试卷解答,引导学生寻错、析错、纠错.

原题:19.(本题满分 10 分)已知 $A=\{x\mid x^2+6x=0\}$,$B=\{x\mid x^2+3(a+1)x+a^2-1=0\}$,且 $A\bigcup B=A$,求实数 a 的取值范围.

呈现学生甲的订正和学生乙的试卷解答(略).

问题设计提纲:

1. 解法中有何值得学习的地方? 错误在哪里?

2. 为什么要检验?

3. 为什么会产生增根?

4. 如何解决矛盾?

本质再现:

当 $B=\varnothing$ 时,$B\subseteq A$.

当 $B\neq\varnothing$ 时,由 $0\in B$,$-6\in B$,求解 a.

$$\downarrow$$

所求 a 是否满足 $B\subseteq A$.

注意区分:"$0\in B$"与"$B=\{0\}$".

三、亮点

呈现第 21 题学生三种精彩的题解,师生互动点评,让学生获得不同解法本质的理解.

原题:21.(本题满分 14 分)本题共有 2 个小题,第 1 小题满分 6 分,第 2 小题满分 8 分.

已知函数 $f(x)=\sqrt{(a^2-1)x^2+2(1-a)x+3}$,$g(x)=[f(x)]^2-b$.

(1) 若 $y=f(x)$ 的定义域是 $\mathbf{R}$,求实数 a 的取值范围;

(2) 若 $a=2$,记 $M=\{t\mid g(t)>0,0\leqslant t\leqslant 1\}$,则当 $M\neq\varnothing$ 时,求实数

b的取值范围.

问题设计提纲：

1. 本题考查的知识点是什么？

2. 如何将一个"抽象的新问题"转化为"熟悉的数学问题"？如何化"抽象"为"直观"？

3. 你能指出各解法的思路及解题依据吗？三种解法间有怎样的关联？

（通过师生对话，逐一阐明每一种解法的本质，将学生主动提出的用二次函数解题的各种图示在黑板上演示，紧扣数与形的关联，指出数形结合在解题中的作用，并在对比中得出数学解题的优化思想）

呈现另一种做法，引导学生指出此解法中"正难则反"的解题策略.

四、再练

呈现学生的自编题，在经过师生共同赏析第21题的解答之后，再用学生自编问题巩固.

学生编题：已知函数 $f(x) = \sqrt{(a^2-1)x^2+2(1-a)x+3}$，$g(x) = -[f(x)]^2+b$. 若$a=2$，记$M=\{t \mid g(t)>0\}$，满足当$t \in [0,4]$时，$M \neq \varnothing$，且当$t \in (-\infty,0) \bigcup (4,+\infty)$时，$M=\varnothing$，求实数$b$的取值范围.

（分小组完成）

五、创新

原题：11. 若a，b，$m \in \mathbf{R}^+$且$a \neq b$，则$\dfrac{b}{a}$与$\dfrac{b+m}{a+m}$的大小关系是

_____.

问题设计提纲：

1. 本题考查的知识点是什么？

2. 此类问题的解题方法是什么？

3. 为何要分类讨论？讨论什么？

4. 学生解题中错误的根源是什么？

5. 在自编题中，许多学生对此题产生兴趣，对此问题你有何进一步的研究？

呈现学生自编新题（略）.

对学生多种编题的解读：(1)寻找生活中的实例；(2)改变条件或结论.

进一步研究——新问题还能怎样提出？

六、布置作业

根据你对自己的诊断,结合教师提供的分层试题(分层练习卷),完成相应的矫正巩固练习.

[点评]　本节试卷讲评课,教师按照"选题—纠错—亮点—巩固—创新"五个层次的试卷评析,用不同的师生互动方式,让每一位学生自觉参与到反思、对比、整理、再造的过程中,获得对数学问题本质的理解,高效地完成本节课的教学目标,使学生实现自我发展.

思考题

1. 本章列举了一些常见的数学课程资源,不同的课程资源其功能和价值是有区别的. 如何正确处理不同的课程资源之间的关系？

2. 制订教学计划应考虑多方面的因素. 结合本章的论述,你认为在制订教学计划研修时需要搞清楚哪些问题？

3. 随着各种媒体技术的普及,新的技术手段不断涌现,课堂教学的形式不断发生变化. 请结合具体的课堂教学实例,谈谈你对这一现象的看法.

4. 评价一份优质的试卷的标准有哪些？ 分析评价一份中考或者高考数学试卷,并自己命一份中学数学试卷.

5. 好的教学效果需要与之相配合的作业以及课后辅导跟进,你是否同意这个观点？ 请你结合一个案例进行说明.

第五章

数学素养和教学文化研修

教师数学素养的不断提高是专业发展的基本内容,发展其学科知识是提高素养的重要方面.教学是实践性非常强的专业技术工作,教师自己的感悟和对教学工作的不断总结,既能促进学科专业素养的不断提高,又能促进对学科教学文化的修行.本章所论及的教学文化主要是数学课堂教学文化,也包括学科育人和教师自身职业修养.

第一节　数学学科知识研修

谈论教师的学科知识,不同于学生学习的学科知识.就中学数学而论,首先教师应能够全部掌握供学生学习的数学知识,其次对与中学数学内容相关的数学知识,以及随着时代的变化而不断有所调整的数学知识应能够通过适当方式和途径的研修而掌握.

一、与中学数学内容相关的数学知识研修

教师没有扎实的高等数学知识作后盾,是不可能深刻理解初等数学内容的,也是教不好中学数学的.初等数学向前延伸就是高等数学,很多初等数学概念在高等数学背景之下才能正确理解.例如,数列是初等数学到高等数学的一个桥梁,它是极限、微积分等近代数学的重要基础.在系统学习过高等数学的级数理论之后才有可能深刻理解数列的通项公式、递推公式、数列求和等概念的意义.高等数学的知识背景也需要与中学数学的具体内容相结合,才能很好地

服务中学数学.

随着时代的进步,很多原来属于高等数学范畴的内容已经出现在中学教材之中.概率与统计、空间解析几何的内容已经在中学占有一席之地,基本初等函数的微积分也在中学教材中生根.中学数学与高等数学越来越密不可分.

中学数学的概念和性质,通常都具有较为深刻的背景,理解数学才能够把握教学.为了提高教学实施的准确性,教师需要理解与教学内容相关的数学知识.

案例 5.1.1

复数域中的顺序问题

复数域是实数域的扩域,在中学里仅说两个实数可以比较大小,但是两个复数,如果不全是实数,就不能比较它们的大小.事实上要理解这个结论,必然涉及"普通顺序"和"数目顺序"这两个概念.

普通顺序是指有先后次序,它的意义如下[18]:

设 $A = \{a, b, c, \cdots\}$,有某一种方法规定了 A 中元素的前后关系,用符号 $a < b$(a 在 b 前,b 在 a 后)表示,并适合条件:

(1) 对 A 中任意两个元素 a、b,"$a < b$"、"$a = b$"、"$b < a$"三者有且仅有一种成立;

(2) 如果 $a < b$,$b < c$,则 $a < c$.

则称集合 A 具有普通顺序.

判断一个集合中的元素有无普通顺序,就取决于能否有一种方法确定其先后次序,并满足条件(1)、(2).

规定:两个复数,先比较实部的大小,如果实部相等,再比较虚部的大小.不难验证,这样规定的顺序是符合条件(1)、(2)的.还有许多其他的规定方法,这就说明复数集是具有普通顺序的,因此复数是一个有序集.

数目顺序是指集合 A 内的元素,除规定了其先后次序,即满足条件(1)、(2)以外,还应满足以下条件:

(3) 加法保序性:如果 $a < b$,则对任意元素 c,$a + c < b + c$;

(4) 乘正数保序性：如果 $a < b$，则对任意元素 $c > 0$，$a \cdot c < b \cdot c$.

按照上述要求，无法规定复数的数目顺序. 因此，两个不全是实数的复数不能比较大小是指没有数目顺序. 在复数集内可以定义一种顺序关系，而不能定义任何一种大小关系.

同时满足上述(3)和(4)的序结构称为全序，实数集是全序集. 当规定 $a + bi < c + di$ 是指 $a \leqslant c$ 且 $b \leqslant d$ 时，这样的规定对加法是保序的，但对乘正数不保序，例如：$0 = 0$ 且 $0 < 1$，所以 $0 < i$，即在复数集中 i 是"正数"，但如果对 $0 < i$ 两边同乘以 i，得 $0 < -1$ 并不成立，因此复数的序结构是半序.

[点评] 通过这样一个具体知识的研修，对于复数与实数的本质区别，数域扩充之后，运算性质出现的变化，教师能够有较为准确的把握，在实施教学过程中就能够避免出现把虚数不能比较大小进行绝对化的现象. 这种研修，不同于重新学习高等数学知识，而是紧密结合中学数学内容的实际，有针对性地开展.

虽然绝大多数教师已经取得了大学及以上的学历，具备一定的现代数学知识背景，但与中学的实际结合起来，发现对一些初等数学的理论问题还是难以解释，或者认识不足. 经过一定时期的教学实践之后，学习这些中学数学知识上位的高等数学背景以及数学史知识，再一次显得非常必要. 教师需要深入钻研有关初等数学中的一些概念和理论，更准确地掌握知识，恰当地表达和传授知识.

案例 5.1.2

关于不可数集

人们的常识是整体大于部分，但是直线上的点和射线上的点哪一个更多呢？这就触及到无穷和有限的关系问题. 集合论创立者康托尔在完全科学的意义上研究无穷大，他用能否建立一一对应作为判断两个集合中元素多少的依据，其方法独树一帜. 按照这一方法，可以证明：有限长的线段上的点与无限长的直线上的点一样多[18]. 人们常称区间 $[0, 1]$ 中的实数集构成连续统 (continuum)，记为 C.

由于有理数集与整数集都能与自然数集建立一一对应关系，人们常称整数集与有理数集为可数集,即可按照自然数顺序进行排列.否则,称为不可数集.上面的区间[0,1]中的实数集构成连续统 C 是不可数集(康托尔 1874 年、庞加莱 1910 年分别用不同方法证明).

我们给出康托尔对"[0,1]中的点或[0,1]中的所有数不可数,即比全体有理数多"的反证法证明:

假设[0,1]中的数可数,即可顺序排列.设已排为:$0. a_1 a_2 a_3 \cdots$,$0. b_1 b_2 b_3 \cdots$,$0. c_1 c_2 c_3 \cdots$,……取一个小数使其第一位小数不同于第一个数的第一位小数,第二位小数不同于第二个数的第二位小数……由于所取这个小数不在给出的可数集中,而又确实属于[0,1],这与假设矛盾.因此[0,1]中的数不可数,即多于全体有理数.

[点评]　中学数学大量存在像本案例这样与高等数学密切相关的知识,在学习高等数学时没有与中学数学内容结合起来进行.因此在中学数学教学的实践过程中,联系当前的教学内容,对照诸如微积分、微分方程、线性代数、计算方法、高等几何、微分几何、拓扑学、组合数学、图论、概率统计等高等数学知识,这些知识有些是在大学系统学过的,有些知识部分接触过,结合中学内容重新学习,认识会有很大的不同,这是中学教师面临的数学素养研修,也是重要的本体性知识的专业发展.

中学课本中包含有大量的数学史料内容,在教学中,这些内容处理得当就会使数学课生动、有趣、引人入胜.因此教师进行数学史研修,不仅自身素养得到提高,对教学也大有裨益.让教师系统了解数学家的生平、兴趣爱好、主要功绩、某些优良意志品质等,可以增强对学科内有关概念的理解,潜移默化地影响学生,使得学生受到良好的数学文化熏陶,有助于他们通过了解数学家的事迹而热爱数学这门学科.例如在著名数学家欧拉诞辰 300 周年之际,2008 年李大潜院士给中学数学教师作题为"仰望欧拉,学习欧拉"的演讲,极大地鼓舞了教师对数学的教学热情,同时使教师了解到中学数学中很多内容都与欧拉有关,例如无理数 e 的由来.

中学数学中的很多重要概念,在历史上都经历了漫长的形成和发展过程.学生在学习和理解这些概念的过程中,会出现数学史上曾经有过的现象.教师应加强数学史知识的学习,丰富自己的阅历,了解与课本内容相关的一些数学史知识,这样不仅有助于教师对教学内容的驾驭,也能够使教师将教学变得生动有趣.

案例 5.1.3

函数概念的发展

函数概念是中学数学中的一个核心概念,但是它的形成却很迟,至少在微积分之后,贯穿于整个近现代数学的发展过程,其定义大体可分为三种:变量说、对应说和关系说[19].

早在公元前 300 年左右,巴比伦人在制造平方根、倒数表和天文表时,就处理过离散值的变量与变量之间的依赖关系.古希腊数学家托勒密又在更大范围内处理了连续值的问题,他不仅用于制造各种数表,还用于求圆心角所对的弦长,以及通过经度来测量太阳的纬度等.

17 世纪科学家对天体运动、航海测定、物体运动的研究,给数学带来了生机,并引出了函数的变量概念,伽利略将落体距离与时间的关系表示成 $s = kt^2$.但 17 世纪引进的大部分“函数”都是当作曲线来研究的.如伽利略把抛物线看作是斜抛在空中的物体的运动轨迹.渐渐地,数学家们给这些曲线所代表的各种类型的函数引进了名词和记号.如在 17 世纪,人们已经普遍使用形如 a^x(x 是有理数)的函数.1637 年,笛卡尔在他的《几何学》中较明确地引入了坐标和变量(但没有使用变量这个词),他在指出 y 和 x 是变量时,也注意到了 y 依赖于 x 而变化.这正是函数概念的萌芽.在 17 世纪,关于函数最明显的定义是格雷戈里给出的.他在论文“论圆和双曲线的求积”(1667 年)中这样定义函数:它是从一些其他的量,经过一系列代数运算而得到的,或经过任何其他可以想象到的运算(指极限运算)而得到的.可不久就证明他的定义太狭窄了,因为函数的级数表示很快就被广泛地使用了.1637 年莱布尼兹在一篇手稿中用“函数”(function)来表示任何一个随着曲线上的点的变动而变动的量,如切线、法线等的长度及纵坐标.而曲线本身则是由方程给出的.莱布尼兹还引进了“常量”、“变量”和“参变量”.1714 年,莱布尼兹在他的著作《微积分的历史和起源》中,就用"函数"一词来表示依赖于一个变量的量.1734 年,欧拉开始用 $f(x)$ 表示 x 的函数,并先后给出了函数的三种定义.在整个 18 世纪人们主要用表达式来区别不同的函数,如 1797 年,法国数学家拉格朗日在他的《解析函数论》中把一元或多元函数定义为:自变量在其中可以按任何形式出现并对计算有用的表达式.此后,傅里叶的工作表明广泛的一类函数可用三角级数来表示,这就更广泛地展现了函数究竟是什么的问题.极限理论的创立者柯西在他 1821 年的书中是从定义变量开始来定义函数的.1837 年,德国数学家狄利克雷给出了(单值)函数的定义,这个定义是现今最常用的,即:如果对于给定区间上的每一个 x,都有一个 y 的值同它对应,那么 y 就是 x 的一个函数.

几乎同时,黎曼也给出了函数的定义:对于 x 的每一个值,如果 y 有完全确定的值与之对应,不论 x、y 所建立的对应方式如何,y 都叫做 x 的函数.

黎曼的定义已十分接近现在许多中学教科书所采用的定义.这个定义为 19 世纪数学的发展指明了道路.从此,函数分出了具有各自特征的类型:连续函数、可微函数、解析函数.

19 世纪,椭圆函数、超椭圆函数和阿贝尔函数的产生,使代数函数论得到蓬勃发展,函数的概念由特殊函数扩大为一般函数.于是,人们对函数概念的认识飞跃到一个新的阶段,函数的两个本质定义出现了.

19 世纪末,德国著名数学家康托尔创立了集合论.柯西、魏尔斯特拉斯、戴德金建立了分析的基础,所有这些都为近代函数的定义铺平了道路.在此基础上,以美国的威布伦为代表的数学家给出了函数的近代定义:在变量 y 的集合与另一个变量 x 的集合之间,如果存在着对应于 x 的每一个值,y 有确定的值与之对应这样的关系,那么变量 y 叫做变量 x 的函数.

这个定义中的 x、y 既可以作为数,也可以作为点;既可以作为有形之物,也可以作为无形之物.再经后人加工,就成了"对应说"的函数近代定义,其内容是这样的:给定两个集合 A 和 B,如果按照某一确定的对应法则 f,对于集合 A 内的每一个元素 x,有唯一的一个元素 $y \in B$ 与它相对应,那么 f 就是确定在集合 A 上的函数,A 称为定义域,$f(A) = \langle y \mid y = f(x), x \in A \rangle$ 称为函数的值域,显然 $f(A) \subseteq B$.

在高中阶段,我国的多数版本教材基本上都采用这一定义,只不过是把集

合 A 和 B 限定为非空的数集.

"关系说"是函数的现代定义,它把函数定义为满足条件"若 $(x_1, y_1) \in f$, $(x_2, y_2) \in f$,则 $y_1 = y_2$"的二元关系 f."关系说"给出了目前来说函数的最为一般性、最形式化和最严格的定义.但由于这一定义中函数的原始思想——反映事物在变化过程中量与量之间的相互依赖关系,完全被抽象的形式淹没了,没有原始定义生动直观,所以包括中国在内的许多国家中学教材中没有使用"关系说".

[点评] 数学概念的发展都经历了一个漫长的历史发展过程.人类历史上出现的各个认识阶段,会以某些形式在学生的学习过程中表现出来.教师适当了解概念的发展历程,有助于把握数学发展的整体面貌,从整体上认识数学概念,组织起良好的知识结构,准确把握课本中的概念和学生理解概念过程中所反映出的各种倾向.

又如,数学归纳法在古代便已被人们直观地使用了(例如,在证明 $a^m a^n = a^{m+n}$ 中),中国数学家杨辉早在 13 世纪就在他的著作里记载了研究二项式系数的三角数表,到了 17 世纪帕斯卡在建立"帕斯卡三角"时,发现了二项式定理,并且相当清晰地叙述了它,这是直观使用数学归纳法的例证.弗莱登塔尔认为,学习数学归纳法的正确途径是,向学生提出一些必须用数学归纳法才能解决的问题(这种问题很多,在组合数学中更多,例如把奇数逐个地相加,就得到一切自然数的平方数),迫使学生直观地去使用这个方法,从而发现这个方法.在学生发现并懂得了这个方法后,再去帮助他用抽象的形式把它叙述出来.至于从数学归纳法再上升到皮亚诺公理体系,那是一个更大的飞跃了.学生必须对某些简单的内容进行过公理化的工作,获得了一些经验以后,才有可能实现这个飞跃[2].

关于中学数学中的数学史内容,有兴趣的读者可参阅汪晓勤和韩祥临编著的《中学数学中的数学史》一书(科学出版社,2002 年).

案例 5.1.4

数学史上的边角边定理

在初中讲授角边角三角形全等定理,教师先了解到希腊几何学的鼻祖泰勒斯(Thales,前 6 世纪)发现了角边角定理.普罗克拉斯(Proclus,5 世纪)告诉我们:"欧得姆斯在其《几何史》中将该定理归于泰勒斯.因为他说,泰勒斯证明了如何求出海上轮船到海岸的距离,其方法中必须用到该定理."泰勒斯在海边的塔或高丘上利用一种简单的工具进行测量.直竿 EF 垂直于地面,在其上有一固定钉子 A,另一横杆可以绕 A 转动,但可以固定在任意位置上.将细竿调准到指向船的位置,然后转动 EF(保持与底面垂直),将细竿对准岸上的某一点 C.根据角边角定理,$DC = DB$.

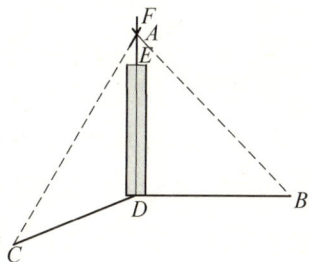

有一个故事说,拿破仑军队在行军途中为一河流所阻,一名随军工程师运用泰勒斯的方法迅速测得河流的宽度,因而受到拿破仑的嘉奖.因此,从古希腊开始,角边角定理在测量中一直扮演着重要角色.

[点评]　数学史料中蕴涵的数学思想方法,不仅能够提高学生对数学学习的兴趣,而且有助于学生理解学习内容.在教学中使用一些带有趣味性的数学史料,对于初中学生更为重要,如果适当配备一些直观的教具,给学生留下的印象会更为深刻.当然,要正确把握好数学史料知识与课堂教学内容的关系,渗透得恰到好处,不必系统,在授课过程中自然引出,不应过分渲染,以防喧宾夺主,最好能够达到润物细无声的教学效果.

数学知识所反映的数学思想方法,也是数学知识的内容,而且更为重要,它也是数学素养的重要组成部分.它不仅帮助学生学好数学本身,而且还使得学生毕业后在工作和生活中终身受益.

数学中普遍存在着数形结合、分类讨论、特殊化、整体化、化归、逆向等思想方法,教师应在教学中充分挖掘,从"内隐"到"外显",及时教给学生,这是非常重要的.数学在不同发展时期,形成了各有特色的数学方法,例如代数解决问题的思维方式是把未知量作为同已知量有相同意义的数量符号,同已知量一起组成关系式,并按等量关系的原则由等号相连列出方程,然后通过方程的恒等变换求出未知量的数值.从数学思维的意义上看,数学思维方法的改变、范围的扩大都会带来数学本身的进步.17 世纪是解析几何和微积分诞生的时期,这是常量数学向变量数学转变的重要历史时期. 解析几何的问世,把人们数量化、空间化的数学思维完美地结合起来,平面解析几何与平面几何的区别不仅在于研究方法的不同,平面几何研究多采用演绎推理方法,而平面解析几何则用坐标法,更重要的是平面解析几何把静止的图形看成是点运动形成的轨迹,用点的坐标之间的等量关系,反映变量的变化规律,这是人类近三千年认识的巨大飞跃;微积分的问世,对人们自古以来就有的无限问题给出了一个明确的数学回答. 无限的观念、无限的数学思维在微积分中的出现,使人类认识世界的能力有了极大的提高. 数学思维无论是从数量意义上还是在空间意义上都具有巨大的潜力. 数学的确定化、逻辑化以及有关无限的思维方式不仅影响了数学的发展,实际上也影响了整个人类的思维方式[20]. 因此,加强数学思想方法的研修,也是数学内容研修的重要方面.

　　总之,中学课程中选入的数学内容,多是经过长期实践检验和反复证明的. 由于教学时间的限制和教学容量的规定,加上教材编写格式等诸多因素制约,教材对课程内容的展开十分谨慎和有限. 教师在实施教学时需要还原丰富的过程,为了帮助学生更好地理解需要学习的内容,对有限的课程内容需要做适当的拓展,包括内容本身和数学史等方面的拓展. 教师用较高的观点对中学数学课程内容进行系统的分析,较为准确地把握课程内容的整体结构和相互之间的联系,正确而灵活地运用处理数学问题的方法,较深入地研究并解决中学数学所遇到的各类问题,教师的数学修养和教学水平就会不断得到提高.

二、中学课程新增内容知识研修

　　经过改革开放几十年,我国大陆的基础教育得到长足发展,在目前全国中小学专任教师中,拥有大专、本科及以上学历的教师已超过所有教师的九成①. 中学数学教师的学历达标问题已经基本解决,常规数学知识一般不需要专门进行研修培训. 进入 21 世纪以来,中学数学课程增加了一些与时代息息相关的现

---

① 全国教师教育政策研究数据库项目首个重大成果发布[N]. 解放日报,2010 - 11 - 22(7).

代数学知识,这些知识,教师或者原来没有学习过或者虽然学习过但长时间不用忘记掉了.学生在学习这些内容时会出现哪些困难? 如何克服这些困难? 我们的课本是如何处理这些内容的? 是否有一些与此相关的处理方式? 等等.加强这些数学学科知识及学生学习这些知识表现的研修是数学研修的一项重要内容.

　　世界各国或地区先后都把微积分内容部分地引入了高中数学课程.极限、导数(微分)、积分是微积分中三个重要的概念.其中极限是学习连续、导数、积分的基础,但同时它又是学生非常难以理解的概念.柯尔尼(Cornu)曾经解释极限教学的困难不仅在于极限概念本身的丰富性和复杂性,还在于仅凭极限定义本身不足以生成理解该概念所需的认知要素.记住概念的定义是一回事,而掌握极限概念是另一回事.柯尔尼指出学生在进入课堂学习极限概念以前,已经通过日常生活经验(比如说术语的日常含义)对概念有了一定的认识,这些认识与新学的知识交织在一起,对发展概念的理解有一定影响.就极限概念而言,学生在上课之前就了解"趋向"和"极限"的日常含义.在接触到极限的形式定义以后,学生往往会继续使用这些术语的日常含义.有调查揭示,就学生而言,"趋向"有很多不同含义,例如接近(最后仍旧保持远离)、接近不能达到、接近恰好达到、类似(没有变化,比如"这个蓝色接近紫色").对词语"极限",不同的学生在不同的情况下有不同的理解,例如"可以到达的不可超越的界","不可能到达的不可超越的界","可以接近的点,但是不可以到达","可以接近并到达的点","最大或最小值","限制、禁止"等.由于诸如"极限"和"趋向"这样的词语既有其日常含义又有其数学含义,这两者之间容易产生冲突.除了语言困难之外,托尔(Thor)还概括了极限概念引起的其他认知困难:

　　(1) 极限的过程并不能通过简单的算术或代数运算加以实施,这里还涉及无限的概念,这也是学生所不了解的;

　　(2) 任意小的量实际上隐含了无穷小的概念,但是无穷小又没有被明确教过;

　　(3) 同样的,N 变得越来越大,隐含了无穷大量的概念;

　　(4) 学生对于极限是否能到达理解有困难;

　　(5) 从有限到无限的变化有困惑.

魏琴调查了 401 位浙江绍兴高三学生对极限的理解,发现可以分为四类:极限是可以达到的,极限是不可以达到的,极限是近似值,极限是精确值.该研究还发现日常语言和学生对无限概念的理解是影响学生理解极限概念的两个重要原因[21].

针对极限概念的学习困难,在开始正式教授极限概念之前,可设计适当的教学活动,让学生意识到可能会影响到极限概念学习的特殊的概念表象、直觉、经验等,对无限的理解是影响学生极限概念理解的重要因素.

另外,对于新增教学内容,作为教师应该知道需要朝哪些方向拓展,即进行与中学数学知识相关的拓展研修.

在已经出版使用的几套普通高中课程标准实验教科书中,选修教材中都介绍了用两个变量的相关系数进行一元线性回归模型显著性的检验.例如人教版和苏教版教材将本部分内容放在《数学》(选修 2-3)统计案例中,其中人教版教材还用较多的篇幅叙述"残差分析".

在一元线性回归模型 $y = a + bx + \varepsilon$ 中(其中 ε 是 y 与 $\hat{y} = \hat{a} + \hat{b}x$ 之间的误差,$\hat{a}$、$\hat{b}$、$\hat{y}$ 分别是 a、b、y 的估计值),通常 ε 为随机变量,称为随机误差.$b = 0$ 说明 x 值的变化对 y 没有影响,反之,$b \neq 0$ 说明两个变量之间存在线性关系,因此线性回归的显著性检验需要对未知数 x 的系数 b(回归系数)进行显著性检验,应是检验自变量 x 的系数是否等于零.为什么能够通过对相关系数进行显著性检验,同样可以刻画模型的合理性呢?

为了说明这个问题,我们寻找检验假设 $H_0 : b = 0$ 是否成立的方法.

我们知道,样本观察值 y_1,y_2,$\cdots$,y_n 之间的差异,是由两个方面的原因引起的:(1)自变量 x 取值的不同;(2)试验误差等其他因素的影响.为了检验这两方面的影响哪一个是主要的,首先就必须把它们所引起的差异,从 y 总的偏差中分解出来,即将 x 对 y 的线性影响与随机波动引起的误差分开,即对总偏差平方和 $\sum\limits_{i=1}^{n}(y_i - \overline{y})^2$ 进行分解($\overline{y}$ 为样本平均值).

因为 $(y_i - \overline{y})^2 = [(y_i - \hat{y}_i) + (\hat{y}_i - \overline{y})]^2 = (y_i - \hat{y}_i)^2 + 2(y_i - \hat{y}_i)(\hat{y}_i - \overline{y}) + (\hat{y}_i - \overline{y})^2$,其中 $\hat{y}_i = \hat{a} + \hat{b}x_i$,且 $(\hat{y}_i - \overline{y})(y_i - \hat{y}_i) = \hat{b}(x_i - \overline{x})(y_i - \hat{b}x_i - \hat{a})$,又由 $\overline{y} = \hat{a} + \hat{b}\overline{x}$,得 $\hat{a} = \overline{y} - \hat{b}\overline{x}$,

所以 $(\hat{y}_i - \bar{y})(y_i - \hat{y}_i) = \hat{b}(x_i - \bar{x})(y_i - \bar{y}) - \hat{b}^2(x_i - \bar{x})^2.$

又因为回归系数 $\hat{b} = \dfrac{\sum\limits_{i=1}^{n}(x_i - \bar{x})(y_i - \bar{y})^{[22]}}{\sum\limits_{i=1}^{n}(x_i - \bar{x})^2},$

所以 $\sum\limits_{i=1}^{n}(\hat{y}_i - \bar{y})(y_i - \hat{y}_i) = \hat{b}\sum\limits_{i=1}^{n}(x_i - \bar{x})(y_i - \bar{y}) - \hat{b}^2\sum\limits_{i=1}^{n}(x_i - \bar{x})^2 = 0.$

因此 $\sum\limits_{i=1}^{n}(y_i - \bar{y})^2 = \sum\limits_{i=1}^{n}(y_i - \hat{y}_i)^2 + \sum\limits_{i=1}^{n}(\hat{y}_i - \bar{y})^2.$

其中 $\sum\limits_{i=1}^{n}(\hat{y}_i - \bar{y})^2$ 的大小反映了 $\hat{y}_1, \hat{y}_2, \cdots, \hat{y}_n$ 相对于 $\bar{y}$ 的分散程度. 而这一分散性是由于在回归直线上它们所对应的横坐标 $x_1, x_2, \cdots, x_n$ 的变化引起的,并且通过 x 对 y 的线性影响表现出来的,它的大小(在与误差相比的意义下)反映了自变量 x 的重要程度,称它为回归平方和,记为 U, U 在总偏差平方和中的比重越大,回归效果就越好,而 U 值越小则回归效果就越差.

实际观察值 y_i 与回归直线上相应点的纵坐标 $\hat{y}_i$ 的差 $y_i - \hat{y}_i(i=1, 2, \cdots, n)$ 称为残差, $\sum\limits_{i=1}^{n}(y_i - \hat{y}_i)^2$ 称为残差平方和,记为 Q, Q 完全是由随机项 ε 引起的,它的大小反映了试验误差及其他因素(如 x 对 y 的非线性影响)对试验结果的影响. Q 的相对值越小则预测精度越高,否则精度就低. 在假设 H_0 成立的条件下, Q 的相对值应较大, $\dfrac{U}{Q}$ 的值应比较小,统计学家选取检验统计量 $F = \dfrac{(n-2)U}{Q}$ 来体现 x 对 y 的线性影响的相对大小,如果 F 值相当大,则表明 x 对 y 的线性影响较大,就可以认为 x 与 y 之间有线性关系;反之,若 F 的值较小,则没有理由认为 x 与 y 之间有线性关系. 样本容量 n 不同,对应的 F 显著性临界值不同, F 值的大小可以通过查表获得.

我们又知道具有线性关系的两个变量 y 和 x 的观察值之间具有较高相关关系,并且 x 的值由小变大时, y 的值也在由小变大,这种相关为正相关;反之,如果一个变量的值由小变大时,另一个变量的值由大变小,这种相关为负相关. 已知两个变量 x 和 y 的一组观察值为

x	x_1	x_2	$\cdots$	x_n
y	y_1	y_2	$\cdots$	y_n

则它们之间的相关系数 $r = \dfrac{\sum\limits_{i=1}^{n}(x_i-\overline{x})(y_i-\overline{y})}{\sqrt{\sum\limits_{i=1}^{n}(x_i-\overline{x})^2\sum\limits_{i=1}^{n}(y_i-\overline{y})^2}}$.

当 $|r|$ 或 r^2 较大时,说明 y 与 x 之间具有较高线性关系,用 $|r|$ 或 r^2 检验与用 F 检验这两种检验方法有何内在联系呢?

为了弄清楚这个问题,我们一起来探究相关系数 r 与回归平方和 U、残差平方和 Q 之间的等量关系.

前面我们已经证明 $\sum\limits_{i=1}^{n}(y_i-\overline{y})^2 = \sum\limits_{i=1}^{n}(y_i-\hat{y}_i)^2 + \sum\limits_{i=1}^{n}(\hat{y}_i-\overline{y})^2$,我们再来探究相关系数 r 与回归平方和 U、残差平方和 Q 之间的等量关系.

因为相关系数 $r = \dfrac{\sum\limits_{i=1}^{n}(x_i-\overline{x})(y_i-\overline{y})}{\sqrt{\sum\limits_{i=1}^{n}(x_i-\overline{x})^2\sum\limits_{i=1}^{n}(y_i-\overline{y})^2}}$, $\hat{b} = \dfrac{\sum\limits_{i=1}^{n}(x_i-\overline{x})(y_i-\overline{y})}{\sum\limits_{i=1}^{n}(x_i-\overline{x})^2}$,

所以 $\sum\limits_{i=1}^{n}(\hat{y}_i-\overline{y})^2 = \hat{b}^2\sum\limits_{i=1}^{n}(x_i-\overline{x})^2 = \dfrac{\left[\sum\limits_{i=1}^{n}(x_i-\overline{x})(y_i-\overline{y})\right]^2}{\sum\limits_{i=1}^{n}(x_i-\overline{x})^2} = r^2\sum\limits_{i=1}^{n}(y_i-\overline{y})^2$(该式表明了相关系数与回归系数之间的等量关系).

所以 $r^2 = \dfrac{\sum\limits_{i=1}^{n}(\hat{y}_i-\overline{y})^2}{\sum\limits_{i=1}^{n}(y_i-\overline{y})^2}$.(由此式可知 $|r| \leqslant 1$)

又 $U = \sum\limits_{i=1}^{n}(\hat{y}_i-\overline{y})^2$, $Q = \sum\limits_{i=1}^{n}(y_i-\hat{y}_i)^2$,

所以 $r^2 = \dfrac{U}{U+Q} = 1 - \dfrac{Q}{U+Q} = 1 - \dfrac{\sum\limits_{i=1}^{n}(y_i-\hat{y}_i)^2}{\sum\limits_{i=1}^{n}(y_i-\overline{y})^2}$. 而 $F = \dfrac{(n-2)U}{Q}$,所以 $F = \dfrac{(n-2)r^2}{1-r^2}$ 或 $r^2 = \dfrac{F}{n-2+F}$. 可见,r^2 或 $|r|$ 是关于 F 的递增函数. 当 $|r| = 1$

时,$Q = 0$,这时可以认为 y 与 x 有着完全的线性关系;当 $|r| = 0$ 时,$U = 0$,这时可以认为 y 与 x 无线性关系;当 $0 < |r| < 1$ 时,可以认为 y 与 x 有一定程度的线性关系,但并非完全的线性关系,其显著性由 $|r|$ 的大小而定,当 $|r|$ 较大时拒绝假设 $H_0 : b = 0$. $|r|$ 的临界值可由 F 的临界值按 $r^2 = \dfrac{F}{n-2+F}$ 计算. 至此可知,相关系数检验与检验未知数 x 的系数 b 是否为零,结果是一致的.

　　教师在实施教学之前,对教学内容进行适当的拓宽,参考多套教材,在更为广阔的背景下认识教学内容,这样在教学过程中能够做到胸有成竹,游刃有余,把握到位. 从而更准确理解中学数学知识,并把这些数学知识转化为容易实施教学的数学知识,通过教师的教学实践和经过教师的教学处理实现学生对所学知识的理解.

三、数学解题教学研修

　　解题能力是反映一名中学数学教师数学素养的重要方面. 教学生解题,教师首先要会做题,善于解题,了解解决问题的关键所在,了解学生解决问题的困难所在. 教师应善于对典型数学题目进行分析,对学生的错误解答进行剖析,对问题进行演变、拓展. 教师要有意识地应用数学思想方法去分析问题解决问题,能够进行技能加工和策略选择、文字语言与数学符号语言之间的转换、数学问题之间的转换、用适当的语言方式数学化地表达自己的想法,从而形成能力,提高数学素质,使自己具有数学头脑和眼光.

1. 问题设计的典型性和层次性

　　在学习过正比例函数和一次函数之后,我们把两者放在一起进行横向比较,会发现它们之间既有联系,又有区别. 熟悉和掌握正比例函数和一次函数的概念、图象、性质及它们之间的联系和区别是学习的重点,它们还经常和方程知识、不等式知识、几何图形等相结合形成综合题.

　　我们先来看一组基础的填空题:

　　1. 如果直线 $y = -2x - b$ 不经过第三象限,那么 b 的取值范围是_____.

　　2. 一次函数 $y = -\dfrac{1}{3}(x - 12)$ 的图象与 x 轴的交点坐标是_____.

3. 一次函数 $y = 4 - ax$，当 a _____ 时，y 的值随 x 的值增大而减小.

4. 点 $P_1(x_1, y_1)$ 和点 $P_2(x_2, y_2)$ 是一次函数 $y = -2x - 1$ 图象上的两个点，且 $x_1 > x_2$，y_1 与 y_2 的大小关系为_____.

5. 若 $m < -1$，则下列函数：①$y = -mx + 1$；②$y = mx$；③$y = (m+1)x$ 中，y 随 x 的增大而增大的是_____.

分析　1. 直线不经过第三象限，要考虑经过一、二、四象限及仅经过二、四象限两种情况，不能漏掉 $b = 0$ 的情况；2. 在 x 轴上的点的纵坐标为 0，设 $y = 0$ 便可求得 x；3. 由一次函数的性质知，y 随 x 的值增大而减小，则 x 的系数 $(-a)$ 小于零；4. 由一次函数的性质知，当 $k < 0$ 时，y 随 x 的增大而减小；5. 当 $m < -1$ 时，$-m > 1 > 0$，函数 $y = -mx + 1$ 的值随自变量 x 的增大而增大.

再来看一组拓展与提高题：

1. 已知函数 $y = (m-1)x^{m^2-m-1} + m$，当 m 为何值时，这个函数是一次函数，并且图象经过第一、二、三象限？

分析　这道题需要综合运用方程、不等式(组)、一次函数的概念与性质来解决. 由一次函数的概念，可知自变量 x 的指数应为 1；由图象经过第一、二、三象限，可知 $k > 0$，$b > 0$.

解　∵ 这个函数是一次函数，∴ $m^2 - m - 1 = 1$.　①

∵ 图象经过第一、二、三象限，∴ $m - 1 > 0$，$m > 0$.　②

由①得　$m_1 = 2$，$m_2 = -1$.

由②得　$m > 1$.

∴ $m = 2$.

说明　通过审题，分析给定条件，可以得到若干个相互关联的小结论，联立这些小结论可以获得最终结论. 类似的题型，都可由此拓展思路.

2. 已知一次函数 $y = (3m-8)x + 1 - m$ 的图象与 y 轴的交点在 x 轴下方，且 y 随 x 的增大而减小，其中 m 为整数.

(1)求 m 的值；(2)当 x 取何值时，$0 < y < 4$？

分析　求得一次函数与 y 轴的交点坐标是解决本题的首要目标，根据交点位置可以确定 m 的范围，再根据给定条件 m 为整数可以确定 m 的值，从而确定一次函数的解析式. 根据一次函数的增减性和给定 y 的取值范围，从而确定 x

的取值范围.

解　(1)∵一次函数 $y=(3m-8)x+1-m$ 的图象与 y 轴的交点为$(0,1-m)$,且交点在 x 轴下方,

∴$1-m<0$.　①

∵y 随 x 的增大而减小,

∴$3m-8<0$.　②

由①、②可得　$1<m<\dfrac{8}{3}$.

∵m 为整数,

∴m 的值为 2.

(2) 由(1)知,一次函数的解析式为 $y=-2x-1$.

当 $y=0$ 时,$x=-\dfrac{1}{2}$;

当 $y=4$ 时,$x=-\dfrac{5}{2}$.

∵$k=-2<0$,y 随 x 的增大而减小,

∴$-\dfrac{5}{2}<x<-\dfrac{1}{2}$.

说明　当求得 $m=2$ 确定一次函数的解析式后,也可以画出图形,利用数形结合的方法更直观地解决题(2).

2. 问题审读的严密性和深刻性

在解有关参数方程和用参数方程解题时,经常遇到参数方程与普通方程的互化问题. 如果在互化过程中没有注意到变量(参数)间的等价性,往往会得到错误的结论.

下面举例剖析,希望对提高审题读题的严密性有所帮助.

例1　参数方程 $\begin{cases} x=3t^2+2, \\ y=t^2-1 \end{cases}$ (t 为参数) 表示的图形是(　　).

A. 线段　　　　B. 双曲线的一支　　C. 直线　　　　D. 射线

错解　由 $y=t^2-1$,得 $t^2=y+1$,代入 $x=3t^2+2$,整理,得 $x-3y-5=0$,故选 C.

剖析　因为 $x=3t^2+2\geqslant2$,所以原参数方程化为普通方程为 $x-3y-5=$

$0(x \geqslant \infty)$，故正确答案选 D.

评注 本题的关键是挖掘变量的隐含条件 $x \geqslant 2$.

例2 参数方程 $\begin{cases} x=t+\dfrac{1}{t}, \\ y=t^2+\dfrac{1}{t^2} \end{cases}$（$t$ 为参数）表示的曲线是（ ）.

A. 椭圆　　　　B. 抛物线　　　　C. 双曲线　　　　D. 以上都不对

错解 将 $x=t+\dfrac{1}{t}$ 两边平方，得 $x^2=t^2+2+\dfrac{1}{t^2}$，即 $x^2-2=t^2+\dfrac{1}{t^2}$，所以 $y=x^2-2$，故选 B.

剖析 $\because |x|=\left|t+\dfrac{1}{t}\right|=|t|+\dfrac{1}{|t|} \geqslant 2$，$\therefore x \in (-\infty,-2] \cup [2,+\infty)$.

若漏掉这一条件，所得的普通方程与原参数方程就不等价了. 所以原方程化为 $y=x^2-2$ 且 $x \in (-\infty,-2] \cup [2,+\infty)$，它表示的曲线是抛物线的一部分，故正确答案选 D.

评注 本题的关键是由基本不等式得出 $x \in (-\infty,-2] \cup [2,+\infty)$.

例3 将参数方程 $\begin{cases} x=\sin\theta+\cos\theta, \\ y=\sin\theta\cos\theta \end{cases}$（$\theta$ 为参数，$\theta \in [0,2\pi)$）化为普通方程的结果是_____.

错解 将 $x=\sin\theta+\cos\theta$ 平方，得 $x^2=1+2\sin\theta\cos\theta$.

把 $y=\sin\theta\cos\theta$ 代入上式，得 $x^2=1+2y$，所以普通方程是 $y=\dfrac{1}{2}x^2-\dfrac{1}{2}$.

剖析 $\because x=\sin\theta+\cos\theta=\sqrt{2}\sin\left(\theta+\dfrac{\pi}{4}\right)$，$\therefore x \in [-\sqrt{2},\sqrt{2}]$.

故正确答案为 $y=\dfrac{1}{2}x^2-\dfrac{1}{2}$ 且 $x \in [-\sqrt{2},\sqrt{2}]$.

评注 本题的关键是利用三角函数得出 $x \in [-\sqrt{2},\sqrt{2}]$.

例4 求函数 $y=x+\sqrt{1-x^2}$ 的值域.

错解 设 $x=\cos\theta$，则 $\sqrt{1-x^2}=\pm\sin\theta$.

$y=\cos\theta\pm\sin\theta=\sqrt{2}\sin\left(\dfrac{\pi}{4}\pm\theta\right)$，所以函数 $y=x+\sqrt{1-x^2}$ 的值域为

$[-\sqrt{2}, \sqrt{2}]$.

剖析　在引入参数 θ 时,要考虑 $\sqrt{1-x^2} \geqslant 0$ 这一条件,所以参数 θ 是有限制条件的.

正解　设 $x = \cos\theta$, $\theta \in [0, \pi]$,则 $\sqrt{1-x^2} = \sin\theta$.

$\because y = \sin\theta + \cos\theta = \sqrt{2}\sin\left(\theta + \dfrac{\pi}{4}\right)$,

$\therefore$ 函数 $y = x + \sqrt{1-x^2}$ 的值域为 $[-1, \sqrt{2}]$.

评注　本题的关键是圆的参数方程的应用:令 $x = \cos\theta$ 和 θ 的取值范围为 $\theta \in [0, \pi]$.

在解此类题目时,务必做到变量的等价性,挖掘参数的限制条件,这才是正确解题的前提.

在解有关圆锥曲线问题时,经常因考虑不周而产生错误,因此我们在解题时必须全面审题,充分发掘隐含条件,提高解题能力.

例5　已知 P 是双曲线 $\dfrac{x^2}{16} - \dfrac{y^2}{20} = 1$ 上的一点,F_1、F_2 是其左右焦点,若 $|PF_1| = 9$,则 $|PF_2| = $ _____.

错解　由双曲线的定义知 $||PF_1| - |PF_2|| = 8$,$\therefore |PF_2| = 1$ 或 17.

剖析　这是忽视最值产生错误.忽视双曲线上点 P 到焦点的最小距离为 2,故 $|PF_2| = 1$ 取不到.正确答案为 $|PF_2| = 17$.

例6　已知 P 是椭圆 $\dfrac{x^2}{25} + \dfrac{y^2}{16} = 1$ 上的点,F_1、F_2 是椭圆的左右焦点,若 $\triangle PF_1F_2$ 是直角三角形,求 $\triangle PF_1F_2$ 的面积.

错解　若 $\angle PF_2F_1 = 90°$,则 $y_P^2 = 16\left(1 - \dfrac{9}{25}\right) = \dfrac{16^2}{25}$,$y_P = \pm\dfrac{16}{5}$.

$\therefore S_\triangle = \dfrac{1}{2}|F_1F_2||y_P| = \dfrac{1}{2} \times 6 \times \dfrac{16}{5} = \dfrac{48}{5}$.

若 $\angle F_1PF_2 = 90°$,则 $S_\triangle = \dfrac{1}{2}b^2\tan\dfrac{\theta}{2} = 8$.

所以三角形的面积为 8 或 $\dfrac{48}{5}$.

剖析　忽视了 $\angle F_1PF_2$ 的范围. $\because \angle F_1PF_2$ 最大时,P 在短轴的端点处取

到,此时,$\angle F_1PF_2 = 2\arctan\dfrac{3}{4} < \dfrac{\pi}{2}$,$\therefore \angle F_1PF_2$ 不可能等于 $\dfrac{\pi}{2}$. 正确答案为 $S_{\triangle F_1PF_2} = \dfrac{48}{5}$.

例 7 已知点 A 的坐标为 $(a,0)$,P 是抛物线 $y^2 = 4x$ 上的一点,求点 P 到点 A 的距离的最小值.

错解 设点 $P(x,y)$,则 $|PA| = \sqrt{(x-a)^2+y^2} = \sqrt{(x-a)^2+4x}$
$$= \sqrt{(x-a+2)^2+4a-4}.$$

$\therefore$ 当 $x = a-2$ 时,$|PA|_{\min} = 2\sqrt{a-1}$.

剖析 忽视了隐含条件 x 的范围:$x \in [0,+\infty)$.

正解 $\because x \in [0,+\infty)$,

$\therefore$ 当 $a \geqslant 2$ 时,$|PA|_{\min} = 2\sqrt{a-1}$;当 $a < 2$ 时,$|PA|_{\min} = |a|$.

例 8 过点 $P(-1,0)$ 作斜率为 k 的直线 l,与抛物线 $y^2 = 4x$ 有两个不同的交点,求 k 的范围.

错解 由 $\begin{cases} y = k(x+1), \\ y^2 = 4x, \end{cases}$ 得 $k^2x^2 + (2k^2-4)x + k^2 = 0(*)$有两个不同的解,

$\therefore \Delta = 16 - 16k^2 > 0$,即 $k \in (-1,1)$.

剖析 忽视了方程$(*)$有两个不同解的必要条件是二次项系数不为零.

正解 方程$(*)$有两个不同解的充要条件为 $\begin{cases} k^2 \neq 0, \\ \Delta > 0, \end{cases}$ 即 $k \in (-1,0) \cup (0,1)$.

例 9 过点 $P(0,1)$ 作直线 l,与抛物线 $y^2 = 2x$ 有且只有一个交点,求直线 l 的方程.

错解 设直线 l 的方程为 $y = kx + 1$.

联立 $\begin{cases} y = kx+1 \\ y^2 = 2x \end{cases} \Rightarrow k^2x^2 + (2k-2)x + 1 = 0.$ $(**)$

当 $k = 0$ 时,方程$(**)$有且只有一个解,l 与抛物线只有一个交点;

当 $k \neq 0$ 时,$\Delta = (2k-2)^2 - 4k^2 = 0$,$k = \dfrac{1}{2}$,方程$(**)$有两个相同的根,

l 与抛物线相切,只有一个公共点.

$\therefore l$ 的方程为 $y = 1$ 或 $y = \frac{1}{2}x + 1$.

剖析　忽视了斜率不存在的情况.

正解　若 k 不存在,直线为 $x = 0$,此时 l 与抛物线只有一个交点$(0,0)$,

$\therefore l$ 的方程为 $y = 1$ 或 $y = \frac{1}{2}x + 1$ 或 $x = 0$.

解题教学的核心是教会学生解题,体会学生的思考方式,包括合理的思路、有缺陷的解答或者错误,积累解题教学的经验,增强预设性和针对性,提高教学的效果.

案例 5.1.5

分析学生答题错误,做好高三复习讲评

学生解答数学题的过程性表现,是学生对学习内容理解程度的一种反映,向上追溯则反映教师解题教学的状况.分析学生答题的错误表现,可为教师做好复习讲评和改进解题教学提供依据.

一、学生典型错误解答呈现

高三复习阶段,学生用大量的时间解答各类习题,教师如果能够做一个有心人,对学生的解答进行归类整理,从中发现个性和共性的问题,则有助于教师找到合适的复习途径,提高教学的有效性和针对性,从而更好地帮助每位学生提高水平.

学生解答的一道习题:

已知 a 为实数,函数 $f(\theta) = \sin\theta + a + 3$.

(1) 若 $f(\theta) = \cos\theta(\theta \in \mathbf{R})$,试求 a 的取值范围;

(2) 若 $a > 1$,$g(\theta) = \dfrac{3(a-1)}{\sin\theta + 1}$,求函数 $f(\theta) + g(\theta)$ 的最小值.

学生的典型错误解答:

题(1)典型错解:$f(\theta) = \cos\theta$ 即 $\cos\theta = \sin\theta + 3 + a$.因为 $\sin^2\theta + \cos^2\theta = 1$,所以 $\sin^2\theta + (\sin\theta + 3 + a)^2 = 1$,展开得 $2\sin^2\theta + (2a+6)\sin\theta + a^2 + 6a + 8 = 0$.

由 $\Delta \leqslant 0$，解得 $a \in (-\infty, -5-3\sqrt{2}, -5+3\sqrt{2}, +\infty)$.

题(2)典型错解1：

$$f(\theta)+g(\theta)=(\sin\theta+1)+\frac{(a+2)\sin\theta+4a-1}{\sin\theta+1}\geqslant 2\sqrt{(a+2)\sin\theta+4a-1}.$$

因为 $a>1$，所以当且仅当 $\sin\theta+1=\sqrt{(a+2)\sin\theta+4a-1}$ 时，等号成立，即

$\sin^2\theta-a\sin\theta-4a+2=0$，解得 $\sin\theta=\dfrac{a+\sqrt{a^2+16a-8}}{2}$，所以，函数 $f(\theta)+$

$g(\theta)$ 的最小值为 $2\sqrt{(a+2)\cdot\dfrac{a+\sqrt{a^2+16a-8}}{2}+4a-1}$.

题(2)典型错解2：

令 $\sin\theta=t\in(-1,1]$，$f(\theta)+g(\theta)=\sin\theta+\dfrac{3(a-1)}{\sin\theta+1}+a+3=t+1+$

$\dfrac{3(a-1)}{t+1}+a+2\geqslant 2\sqrt{3(a-1)}+a+2>3(a>1)$，当且仅当 $t+1=\dfrac{3(a-1)}{t+1}$

时，取得最小值 3.

题(2)典型错解3：

令 $\sin\theta=t\in(-1,1]$，则 $f(\theta)+g(\theta)=\dfrac{t^2+(4+a)t+4a}{t+1}=$

$\dfrac{\left(t+\dfrac{4+a}{2}\right)^2-\dfrac{(4+a)^2}{4}+4a}{t+1}$.

当 $t=-\dfrac{4+a}{2}$ 时，函数取到最小值 $\left(\dfrac{(4+a)^2}{4}-4a\right)\times\dfrac{2}{2+a}$.

二、对典型错解的原因分析

分析学生错解产生的原因，需了解其真实的想法，必要时可个别交流.

1. 没有把所学知识与当前需要解决的问题建立联系

题(1) 在得到 $2\sin^2\theta+(2a+6)\sin\theta+a^2+6a+8=0$ 之后，应当注意到 $-1\leqslant\sin\theta\leqslant 1$，进一步转化为 $2t^2+(2a+6)t+a^2+6a+8=0$ 在 $[-1,1]$ 上有解，但这样解答的过程复杂. 可直接从概念或者性质入手解决问题，在得出 $\cos\theta=\sin\theta+3+a$ 之后，把 a 看成是关于自变量 θ 的函数，即 $a=\cos\theta-\sin\theta-3$. 再由 $\cos\theta-\sin\theta=\sqrt{2}\cos\left(\theta+\dfrac{\pi}{4}\right)$，可得 $a\in[-3-\sqrt{2}, -3+\sqrt{2}]$.

也可以从 $\sin\theta - \cos\theta = -3 - a$，运用 $\sin\theta - \cos\theta = \sqrt{2}\sin\left(\theta - \dfrac{\pi}{4}\right)$，得到 $-\sqrt{2} \leqslant a + 3 \leqslant \sqrt{2}$，从而可得 a 的取值范围是 $[-3 - \sqrt{2}, -3 + \sqrt{2}]$．

从学生对本问题解答的上述错误可看出，学生没有认真分析具体的问题要求．学生用"$\Delta \leqslant 0$"解决本题，是选错了方法，把根的判别式用错了地方，根源是对需要解决的问题认识不清，没有能够把已经学习过的相关知识与具体问题联系起来，存在套题型和机械训练现象．

2．没有准确理解和把握数学原理的内涵

题(2)典型错解 1 和 2，从表面上看都"很正确"，但是对于基本不等式(若 a，$b \in \mathbf{R}^+$，则 $a + b \geqslant 2\sqrt{ab}$，当且仅当 $a = b$ 时等号成立)的应用都出现了严重的错误，是从形式上生搬硬套基本不等式的应用，而没有理解其实质．错解 1 中，对于给定的 θ，$(\sin\theta + 1) + \dfrac{(a+2)\sin\theta + 4a - 1}{\sin\theta + 1} \geqslant 2\sqrt{(a+2)\sin\theta + 4a - 1}$，当 θ 变化时，不等式右边的值也是变化的，当 $\sin\theta + 1 = \sqrt{(a+2)\sin\theta + 4a - 1}$ 时，解得 $\sin\theta = \dfrac{a + \sqrt{a^2 + 16a - 8}}{2}$，仅是对于满足这个等式的 θ 值，右边的 $2\sqrt{(a+2) \cdot \dfrac{a + \sqrt{a^2 + 16a - 8}}{2} + 4a - 1}$ 不超过左边的值，而我们需要求出的是函数 $f(\theta) + g(\theta)$ 的最小值，因此在运用基本不等式求最小值时，需要"$\geqslant$"号的右边是与变量 θ 无关的定值．

典型错解 2 这类错误，首先没有考虑 $t + 1$ 是否属于 $(-1, 1]$，其次在 $a > 1$ 时，$2\sqrt{3(a-1)} + a + 2 > 3$ 但是不能等于 3．

典型错解 3 有两个严重错误，其一，把二次函数的最值求法毫无依据地推广到分式型函数；其二，$t = -\dfrac{4 + a}{2}$ 能否成立也是需要讨论的．

我们顺着学生的思路，在得到 $f(\theta) + g(\theta) = (\sin\theta + 1) + \dfrac{3(a-1)}{\sin\theta + 1} + a + 2$ 之后，令 $\sin\theta + 1 = x$，则由 $-1 \leqslant \sin\theta \leqslant 1$ 得 $0 < x \leqslant 2$，因为 $a > 1$，所以 $x + \dfrac{3(a-1)}{x} \geqslant 2\sqrt{3(a-1)}$，当且仅当 $x = \sqrt{3(a-1)}$ 时，等号成立．

由 $\sqrt{3(a-1)} \leqslant 2$，解得 $a \leqslant \dfrac{7}{3}$，所以当 $1 < a \leqslant \dfrac{7}{3}$ 时，函数 $f(\theta)+g(\theta)$ 的

最小值是 $2\sqrt{3(a-1)}+a+2$. 下面求当 $a > \dfrac{7}{3}$ 时，函数 $f(\theta)+g(\theta)$ 的最小值.

当 $a > \dfrac{7}{3}$ 时，$\sqrt{3(a-1)} > 2$，函数 $h(x) = x + \dfrac{3(a-1)}{x}$ 在 $(0, 2]$ 上为减

函数. 所以函数 $f(\theta)+g(\theta)$ 的最小值为 $2 + \dfrac{3(a-1)}{2}+a+2 = \dfrac{5(a+1)}{2}$.

总之，当 $1 < a \leqslant \dfrac{7}{3}$ 时，函数 $f(\theta)+g(\theta)$ 的最小值是 $2\sqrt{3(a-1)}+a+2$；

当 $a > \dfrac{7}{3}$ 时，函数 $f(\theta)+g(\theta)$ 的最小值 $\dfrac{5(a+1)}{2}$.

学生虽然知道用什么原理来解决本题，但是对原理本身理解不准确，适用条件没有检验，导致问题解决不彻底，发生了错误.

三、讲评与跟进训练的设计

分析错误原因的目的是为了帮助学生解决问题. 学生的数学学习具有渐进性和阶段性的特点，学习的进步也是经过不断努力日累月积取得的，因此对他们存在的问题的解决不能急于求成. 通过对数学概念的理解丰富学生的经验，通过对数学问题的解决开阔学生的视野，通过对解题错误的分析帮助学生认识到不足之处，通过后续跟进训练巩固学习的成果.

1. 训练讲评的设计

训练讲评是在教师统计、分析学生学习情况，批改学生作业、试卷等工作完成后进行的一项重要工作. 做好训练讲评，对于增强学生学习的兴趣、巩固知识与技能、提高学习成绩、拓展学生思维有着不可替代的作用；对改善学生的认知结构、交流学生的学习成果、培养和发展学生的能力等方面也有很大的促进作用.

在对本问题的讲评过程中，通过对正弦函数的值域、辅助角公式（$a\sin\theta + b\cos\theta = \sqrt{a^2+b^2}\sin(\theta+\varphi)$）、不等式的重要性质等内容的复习，结合问题的解决，提炼"分离变量法"、"换元法"，让学生体会函数与方程思想、分类讨论思想，感悟解答出错的根源，提升综合解题水平.

需要注意的是，教师不能不管学生解答如何，只讲学生的问题，把讲评变成"批评"，把出现问题责任全部推给学生，而应捕捉其闪光点，让他们自己知道已

经掌握了哪些知识和方法、学会了什么,让他们体会到通过自己的努力是能够学得更好的.

2. 跟进训练的设计

为了巩固学习成果,教师可以编选一组相关的问题,巩固通过换元后运用重要不等式(若 $a, b \in \mathbf{R}^+$,则 $a+b \geqslant 2\sqrt{ab}$,当且仅当 $a=b$ 时等号成立)的技能,对学生进行跟进训练,进一步提升学生的数学能力. 例如:

(1) 已知 $f(x) = \dfrac{x^2-6x-3}{x+1}$,且定义域为 $[0, 1]$. 求函数 $f(x)$ 的最小值.

(简解:令 $u = x+1 \in [1, 2]$,则 $y = u + \dfrac{4}{u} - 8 \geqslant 4$,当且仅当 $u = 2 \in [1, 2]$ 时等号成立,∴ 当 $x = 1$ 时,函数 $f(x)$ 有最小值 -4)

(2) 已知 $0 \leqslant \theta \leqslant \dfrac{\pi}{2}$,求函数 $f(\theta) = \sin\theta + \cos\theta + \dfrac{16}{\sin\theta + \cos\theta + 1} - 1$ 的最值.

(简解:令 $t = \sin\theta + \cos\theta = \sqrt{2}\sin\left(\theta + \dfrac{\pi}{4}\right)$,因为 $0 \leqslant \theta \leqslant \dfrac{\pi}{2}$,所以 $t \in [1, \sqrt{2}]$. 设 $y = f(\theta)$,则 $y = (t+1) + \dfrac{16}{t+1} - 2$,$(t+1) + \dfrac{16}{t+1} \geqslant 8$,当且仅当 $t = 3$ 时等号成立,而 $3 \notin [1, \sqrt{2}]$,且 $3 > \sqrt{2}$,所以关于 t 的函数 $y = (t+1) + \dfrac{16}{t+1} - 2$ 在 $t \in [1, \sqrt{2}]$ 时递减,当 $t = 1$ 时取得最大值 8,当 $t = \sqrt{2}$ 时取得最小值 $17(\sqrt{2}-1)$)

跟进训练习题的选编要适量、适中,既要保证训练切中关键影响因素,又要保证学生有自己思考的时间和空间. 学生的解题实践表明,靠死记硬背题型是学不好数学的. 应鼓励学生独立进行研究和探索,打开思路,学会独立思考和自主表达,促进他们自觉进行反思与总结,不断提高数学水平.

3. 思路探求的启发性和生成性

在数学里常量与变量是一对矛盾,变量反映的是一个过程,而常量就是变量在某一时刻的值. 研究问题时,变量有时"受制",常量有时"不常",即使是"常值",也可能需要讨论其取不同值的情况下,所引起的不同变化,如我们熟悉的指数函数与对数函数的底数 a.不要把常量看死,而把它看作变量,放在一个过程中研究,往往会得到巧妙的方法.

已知函数 $y=x+\dfrac{a}{x}$ 有如下性质:如果常数 $a>0$,那么该函数在 $(0,\sqrt{a}]$ 上是减函数,在 $[\sqrt{a},+\infty)$ 上是增函数.设常数 $c\in[1,4]$,求函数 $f(x)=x+\dfrac{c}{x}(1\leqslant x\leqslant 2)$ 的最大值和最小值.

解 借助函数图象:

$\because \sqrt{c}\in[1,2]$,容易得出 $x=\sqrt{c}$ 时,

$$f(x)_{\min}=2\sqrt{c}.$$

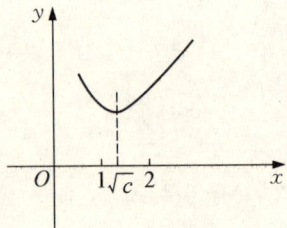

又由 $f(1)=1+c$,$f(2)=2+\dfrac{c}{2}$,

$$f(1)-f(2)=\dfrac{c-2}{2}\geqslant 0\Rightarrow c\geqslant 2,得 f(x)_{\max}=\begin{cases}1+c,&c\in[2,4],\\2+\dfrac{c}{2},&c\in[1,2].\end{cases}$$

以上是正确解答,且已结束.然而部分学生犯了以下错误:在解答结束的基础上,又得出:$\because c\in[1,4]$,$\therefore c=1$ 时,$f(x)_{\min}=2$.另外对最大值也取了 $c=4$,使得 $f(x)_{\max}=5$.

这一错误原因在于将条件中常数 $c\in[1,4]$,错误理解为变量 $c\in[1,4]$.从而对 c 进行了取值.

解数学问题时,人们常习惯于把它分成若干个简单的问题,然后再各个击破,分而治之.有时,研究问题时往往有意识地放大考察问题的"视角",将需要解决的问题看作一个整体,通过研究问题的整体形式、整体结构,并注意已知条件及待求结论在这个"整体"中的地位和作用,然后通过对整体结构的调节和转化使问题获解.例如:

对于所有实数 x,不等式

$$x^2\log_2\dfrac{4(a+1)}{a}+2x\log_2\dfrac{2a}{a+1}+\log_2\dfrac{(a+1)^2}{4a^2}>0 恒成立,求 a 的取值$$

范围.

解 先将已知条件看作 x 的不等式,整体观察发现系数有密切联系,若设

$t = \log_2 \dfrac{2a}{a+1}$，则上述问题实质是"当 t 为何值时，不等式 $(3-t)x^2 + 2tx - 2t > 0$ 恒成立". 这是我们较为熟悉的二次函数问题，它等价于求解关于 t 的不等式组：

$$\begin{cases} 3-t > 0, \\ \Delta = (2t)^2 + 8t(3-t) < 0, \end{cases}$$

解得 $t < 0$，即有 $\log_2 \dfrac{2a}{a+1} < 0$，容易得到 $0 < a < 1$.

　　代数与几何的互化就是把抽象的数学语言与直观的陪衬图形有机地结合起来思考，促使抽象思维与形象的和谐复合，通过对规范图形或示意图形的观察分析，化抽象为直观，化直观为精确，从而使问题得到简捷解决.

　　函数和方程是密切相关的，对于函数 $y = f(x)$，当 $y = 0$ 时，就转化为方程 $f(x) = 0$，也可以把函数表达式 $y = f(x)$ 看做二元方程 $y - f(x) = 0$. 函数问题（例如求反函数、求函数的值域等）可以转化为方程问题来求解，方程问题也可以转化为函数问题来求解，如解方程 $f(x) = 0$，就是求函数 $y = f(x)$ 的零点.

　　函数与不等式也可以相互转化，对于函数 $y = f(x)$，当 $y > 0$ 时，就转化为不等式 $f(x) > 0$，从而可以借助于函数图象与性质解决有关问题. 而研究函数的性质，也离不开解不等式.

　　数列的通项或前 n 项和是自变量为正整数的函数，用函数的观点处理数列问题十分重要.

　　解析几何中的许多问题，例如直线和二次曲线的位置关系问题，需要通过解二元方程组才能解决，涉及到二次方程与二次函数的有关理论.

案例 5.1.6

高中数学应用性问题解题教学研修课程方案

一、研修目标

　　积极贯彻上海市教育委员会《关于深化中小学课程改革加强教学工作的若干意见》，深入体会"聚焦课堂、关注教学、提高质量"的主题，在讨论、学习、交流和借鉴的基础上，使参加研修的教师进一步明白有效的高中数学应用性问题解题教学的做法. 引领参加研修的教师对高中学段数学应用性问题编制的依据、原则达成基本认识，并基本掌握数学应用性问题解题教学的方法和策略. 通过研修实现：

1. 对数学应用性问题有个性化的明确的认识；

2. 提出筛选符合高中要求的数学应用性问题的原则；

3. 通过研修，对如何设计数学应用性问题，教师能够提出自己的见解；

4. 形成改进高中数学应用性问题解题教学的若干策略.

研修对象：高中阶段数学任课教师.

二、研修原则

以提高学生创新精神和实践能力为总原则，以部分参加研修教师的教学设计为样本.

● 针对性原则：研修既要面向全体教师，又要注意来自不同区域学校教师的差异性，让不同层面学校的教师都能从研修中有所收获.

● 典型性原则：研修应精心选择典型个案，使教师能举一反三，触类旁通.

● 开放性原则：研修应具有一定的开放度，并给教师一定的选择性，使教师能发掘出问题的各个方面.

三、研修方式

● 集中讲授.

● 互动研讨.

● 操作实践(作业).

四、课程设置

模块一：高中数学建模概论

第一次，数学建模教育的模型构想与能力培养举措.

第二次，数学应用性问题解题教学思考.

第三次，数学应用性问题解题教学实施举例.

模块二：高中数学应用性问题选编及教学设计.

第四次，编选用于教学使用的数学应用性问题的原则构想.

第五次，数学应用性问题的解题教学策略分析与讨论：研修成果分享与交流.

(问题设计与讲评)

研修时间：单周周三下午，计划 5 次，每次 3 小时(4 学时)，共计 20 学时.

五、研修质量反馈及评估

● 研修教师在实践研讨的基础上,提供一次解题教学设计案例.

● 研修教师对其他学员提供的设计提出改进意见.

● 严格考勤.

六、学分规定

按规定完成研修的各项任务,出全勤的学员可获 3 学分.

[**点评**]　解题教学研修,在中学数学教学研修中占有重要地位.由于解题涉及类型多,结合教师普遍感兴趣的问题,以某种主题研修的方式,例如:应用性问题、探究性问题、综合性问题、利用计算器解决问题、竞赛性问题等都可以作为解题教学研修的主题,较为集中解决当前教学中的热点或者关注点,可以适当调动教师参加研修的积极性.

第二节　教学感悟与总结研修

当一名教师具有丰富的数学知识时,如何组织实施教学就显得重要了.数学教学知识既有理论性的,如教学法知识,又有实践性的与个人经验相关的,如教学实践知识.数学教学实践知识铺垫了"懂数学"到"教数学"的实施路径.对于教师来说实践知识更为重要.积累数学教学实践知识的多少决定具有同样教育背景的教师是成长为一般教师还是优秀教师的途径.

学习教学理论、观摩著名教师的教学、研究经过专家遴选的优秀课堂教学、进行教学案例研究、通过网络实现异地全天候讨论等方式,都是对具体数学内容如何实施教学开展研修的有效手段.在每一个教学阶段如何安排教学也是重要的研修内容.教师的教学知识应与教师的教学实践相融合,不断有所感悟,丰富实践知识和教学经验.

数学教学知识对教师专业发展意义重大,原因在于:

(1)数学教学知识影响着教师的数学教学行为,进而影响着数学教师的发展.可以说,教师具有的数学教学知识的多少决定着教师数学教学能力的大小.

(2)数学教学知识具有定型作用,直接影响着数学课堂教学质量.教师一旦建构起自己的数学教学知识,就会内化为教师解释、认识、评价教学事件的框架和模型,并以这种框架或模型去分析、说明、论证、评价教学中的问题,以至于成为处理各种教学问题的原则和方法,对数学教学质量的影响非常大.

(3)对数学学科的认识、教师已经掌握的数学知识和当前的教学经验以及对数学的态度信心的相互作用,促进教师的教学感悟和总结,这是实现教学知识增长的主要渠道.

一、从学习者的角度认识自己

作为一名在职教师,必须面对日趋复杂、充满压力的工作和学习环境,特别是家长的文化水平随着时代的发展在不断提高,因此对孩子的要求和期望值也高,这种要求必然转嫁到教师身上.社会发展步子加快,在经济全球化背景下,竞争更加激烈,社会对人的要求也更加多样化和个性化.在不同发展时期国家对人的培养的要求也不断变化,并且总体上要求更高.作为基础教育的中学数学承担着更加重要的责任.教师需要通过不断地学习来适应形势的变化,教师也是学习者,从学习者的角度认识自己并成为一名熟练的学习者,通过这种认识反思自己的教学.对于教学专业化,人们越来越期望实践者对其实践进行反思,而培训教师的教学与课程必须与课程实践相互交叉.一旦你成为一名合格教师,你就应该继续学习和不断发展,成为一名反思型实践者,反思型实践者是通过反思自己的或者自己群体的实践经验提高专业认识和见识,推进行使专业性判断的实践,是存在于实践过程的专业性认识和思考方式(唐纳德·肖(Donald Shon)).日本学者佐藤学着眼于这样一个事实:在教师的专业领域中存在着有别于一般大众的知识和各领域研究者之知识的教师固有的知识领域,谓之"实践性知识",并且提议作为教师在职教育的中心概念之一[①].

作为学习者,首先要反思当前的或最近的学习经历,写学习史或者学习日记,这是你个人的事情.记下那些对你成为学习者具有意义的因素,无论是积极的还是消极的.这会帮助你发现当前哪些因素影响着你的学习,而你却没有意识到.此外,它还有助于你更好地理解学习的过程,帮助你成长为一名优秀

---

① 钟启泉.教师研修的模式与体制[J].全球教育展望,2001,7:4—11.

教师[23].

　　大部分教师发现学习伙伴有助于我们分享经验,这在学习的一定时期特别重要,比如你的第一次课堂教学.通过学习伙伴可以更清楚地看到自己的优势和弱势,并一起思考在何种情况下你的学习优势能够得到充分发挥,以及你能够用何种方式利用自己的优势去构建知识.对优秀教师和经验教师的观察和模仿,教师之间的相互讨论、听课、观课等教学研讨活动,是教师作为学习者来认识自己的常见方式.与我们的教学对象——学生进行适当的交流,是了解教学是否得法、寻找更恰当的教学方法、丰富教学知识的有效方法.

二、反思教学

　　善于从学生的角度反思教学才会提高.会反思会研究是中学数学教师成熟的重要标志,也是教师专业发展的必由之路.

　　学生学习因式分解之后,能够顺利把 x^2+2x 通过提取公因式分解为 $x(x+2)$,也能够把 $(x-1)(x-2)$ 展开为 x^2-3x+2.后来学习了解一元二次方程的求根公式,由于老师过度强调记忆公式并进行过度训练,导致学生在解一元二次方程时,通常首选用公式解决,把 $x^2+2x=0$ 先代入公式,再求出根.解方程 $(x-1)(x-2)=0$ 时,不是直接写出方程的两个根,而是展开成 $x^2-3x+2=0$,再使用求根公式.从学生学习的角度来讲,没有问题,因为教师就是这么教的,结果也是正确的.但是作为教师发现这种现象,能否反思到自己教学环节是否有什么问题呢?

　　学生的学习有其自身的特点,学生是否弄清旧知识与新知识之间有什么关联,能否在学习了新知识(求根公式)之后,在解题过程中遇到用旧知识(因式分解)解决更为直接和方便的问题,还能够想到原来的知识还是很有用的,新旧知识之间并没有矛盾或者抵触.另外,教师是否因为求根公式地位的重要,而过度强调,甚至绝对化地规定学生,解方程特别是解一元二次方程,应首先考虑是否可用求根公式? 事实上求根公式是通过开平方推导得到的,其本质恰恰是通过因式分解,因式等于零,而得到的两个根.

　　我们在教学调研以及大量观课中,发现这种在教学中对数学学习内容进行极端的绝对化的处理是司空见惯的,虽然这种做法在短期内可以迅速让学生会做题、做对题,但是缺乏理解和方法选择的熟练是不能持久的. 大量的初中数学学习很好的学生到了高中以后变得理解和解题缓慢,也有大量的高中学习很好的学生,到了大学不能适应要求,不善于理解概念和原理. 我们要从中学的数学教学中对这些现象进行反思.

学生是教学的对象,教师除了自己在研修数学时能够进行分析、整理、判断、推理、解答外,更重要的是让学生也能在学习数学时能够进行分析、整理、判断、推理、解答. 如果教师只能用自己的数学思维方式去教学生,那么就肯定会使一部分学生陷入机械记忆的困境. 因此,在分析学生现有知识基础的同时,还要分析学生现有能力方面的基础,分析学生经验方面的基础,分析学生思维品质方面的问题所在.

三、典型教学分析

典型教学可以是自己的,但更多的是别人的,通常有两种类型:一种是公认的好的数学课,特别是名师的经典课;另一种是同一个教学内容有多位教师执教或者进行教学设计(例如本书第三章的教学内容研修案例"二项式定理"). 分析典型教学样例,可以给自己以启发. 真正有效的教学措施,是特定的教师以特定的内容与方法影响特定对象的措施. 对这种有效措施的研究,旨在更自觉地改进教学,追求更完美的效果. 从教师专业发展的视角考察,典型教学的运用,针对不同的主体,在不同的发展阶段,其作用应是有区别的. 如果是职初教师,可以通过老教师的指导、对课堂教学观摩以及分析多种典型教学的模式,从中悟出数学教学的基本规范. 如果是成熟教师,能根据具体的教学场景,发挥各种教学模式的优势,灵活运用各种模式,对多种模式进行整合. 每一位数学教师如果经常反思自己的教学实践,在教学过程中就能够自觉运用教学模式来指导教学,减少盲目性,能为顺利高效地实现特定的教学思路和教学目标提供保证,使教师的教学活动始终伴随着不懈的探索和追求,成为教师提高教学理论水平和实践能力的重要途径. 对于有一定教学经验的教师而言,通常会出现两种不同的倾向:一种是不断学习、研究新的教学模式,并创造性地运用新的数学教学模式,根据自身的特点,扬长避短,充分发挥教学模式优越性的一面,避免其局限性的一面,从而脱颖而出,形成自己独有的教学艺术风格和特色;另一种则囿于原有的教学模式,固步自封起来,这样就会影响教师教学水平的进一步发挥和提高[24].数学教学中特别容易造成后一种倾向.这是因为数学教学内容多年来一直相对稳定,有的教师甚至长期任教于某一年级,因而对一名有一定教学经验的数学教师而言,很容易对形成习惯的甚至自以为得心应手的套路,形成一种定势,从而也就放弃了对教学模式进行反思和改进.教学的环节多种多样,每一教学环节都有多种不同的实施路径,教学上的每一种创造应是为了教学、为了学生、为了实现自己作为"人师"的追求.研究典型教学,做典型教学分析,应结合自身所处的环境和条件,从分析中引出更适合于自身和学生的教学模式,高素质的教师是不应受固定"模式"制约的.从发展的眼光来看,突破教学模式,进行教学时力图走向自由模式,达到"无模式化"的教学境界,是优秀教师所追求的崇高境界.

案例 5.2.1

幂函数教学分析[①]

教学过程简述

引入:用屏幕投影显示 7 个具有简单具体情境的问题,请学生将问题中的变量 y 表示成 x 的函数.教师把大家得到的结论依次写出来:

$y = x$, $y = x^2$, $y = x^3$, $y = x^{\frac{1}{2}}$, $y = x^{\frac{1}{3}}$, $y = x^{\frac{2}{3}}$, $y = x^{-1}$. 师生归纳这些函数的特点,得出幂函数的定义.

幂函数的图象和性质:重点研究函数 $y = f(x) = x^{\frac{2}{3}}$ 的定义域、奇偶性、单调性、值域,并作出它的图象.(例1,师生共同完成)

再在同一坐标系中作出下列函数的图象:(1)$y = x^2$;(2)$y = x^3$;(3)$y = x^{\frac{1}{2}}$;(4)$y = x^{\frac{1}{3}}$.(例2,留时间给学生作图,投影仪上有列表,然后在实物投影仪上展示学生所画图象,老师指出不平滑的地方,再用多媒体演示)

---

① 文卫星.文卫星数学课赏析[M].上海:华东师大出版社,2012:51—85.

例 3 在同一坐标系中作出函数图象,并根据图象总结出相应的性质:$y = x^{-1}$;$y = x^{-2}$;$y = x^{-\frac{1}{2}}$.

从例 1～例 3,既有学生动手实践,也有推理证明等较为严密的推理成分,在归纳出幂函数 $y = x^k$(k 为有理数)的性质的过程中,除了给出课本上的基本性质之外,还对"当 $0 < k < 1$ 时图象'上凸',$k > 1$ 时图象'下凸',$k < 0$ 时图象也'下凸'"这一延伸性质进行了描述.

深化与升华:$y = x^k$,$k = \dfrac{q}{p}$,讨论 p、q 的奇偶性并判定幂函数的性质.作直线 $x = a(a > 1)$ 与同一坐标系中的若干幂函数相交,发现交点在直线上方时,其指数亦大,沟通幂函数与指数函数的内在联系,为后面学习指数函数的单调性埋下伏笔.

小结与作业(略).

[点评] 该教学实录刊登于《中学数学教学参考》2011 年第 5 期,并引发了全国各地的教师的点评(截至 2011 年 6 月 30 日,该栏目共收到一线教师及教研人员点评来稿 46 篇),该刊同年第 8 期刊登了来自全国不同地区的共 7 篇教师点评文章,可见影响广泛.因此,本书选作典型教学案例进行分析.幂函数是高一数学的一节常规内容,由于其与初中函数内容衔接关联较多,多被用来做高一公开示范教学或者新教师汇报课.教学设计和课堂教学方案既色彩缤纷又似曾相识.通过这样的一篇典型教学案例分析,对教师可以有多方面的启发.

其一,教学的内容深度如何定位.文老师的教学对象是绝大多数都能考取重点大学(约 85%),几乎全部都能上本科大学的学生,因此把一堂概念教学课以活动探究的方式处理并超越了课程标准和教材的要求,是学生能力可以接受也可以实施的.但是,如此高水平的教学班级毕竟所占比例较少,如果我们面临的教学对象没有这么高的水平,或者整体水平要低得多,那么我们在实施教学时,内容深度要求是不是就要紧扣课程标准和教材的要求,甚至在起点设置上要低于课本的要求,以便更有利于学生理解和掌握必须的内容呢?是否超越课程标准和教材的要求,是否按照教材安排实施教学,应视实际教学的需要而定.

其二,图象教学如何实施.21 世纪的数学教学,受到媒体技术的影响越来越大,借助电脑软件或者图片投影、教学挂图等手段辅助图象教学的现象越来普遍. 幂函数图象是幂函数教学的重点中的重点, 学生会画图是教学的一个重要目标, 只有常见的几个幂函数($y=x$, $y=x^2$, $y=x^3$, $y=\dfrac{1}{x}$, $y=x^{\frac{1}{2}}$)的图象能够作得出, 对幂函数的性质等内容的处理才会水到渠成, 清晰明了. 虽然高一学生基本的作图技能在初中阶段已经形成, 但是高中阶段已经不单纯是取值、列表、描点、连线几个步骤, 因为学生又学习了关于一般函数的概念、性质(如奇偶性和单调性)和运算(如和、差与积运算)等内容, 这为学生借助函数性质高效作图提供了知识基础, 也为学生在定义域内如何合理取值提供了理论支持.

因此, 幂函数图象的教学可以按照下列步骤推进: 对于具体的某个幂函数, 先研究它的定义域、奇偶性、单调性和最值等基本性质, 再列表、描点、顺次用光滑曲线连线作图, 这些环节可以以学生自主探究为主, 教师讲解指导为辅. 这里需要指出的是单调性得出的依据是不等式性质. 完成作图后, 通过投影、电子作图等手段示范作图过程, 纠正学生作图的偏差, 落实作图技能. 让学生在整个画图过程中充分领悟幂函数的特性, 为归纳幂函数的主要性质奠定坚实的基础.

其三, 幂函数性质如何处理. 如前所述, 应在研究具体的幂函数所具有的性质基础上得到常见幂函数的图象, 通过对同一坐标系中不同幂函数图象的观察归纳出一般幂函数的性质, 这一过程应体现数学归纳推理与演绎推理相结合. 但是在具体的教学实施中, 我们经常看到, 教师对抽象的常数$k(k \in \mathbf{Q})$, 先讨论$y=x^k$的定义域的各种可能, 再研究对不同的k幂函数的性质(2011年11月上海市静安区高中数学课堂教学评选活动中, 该内容为指定内容, 有四分之一的教师采用此种处理方式). 这种处理一定程度上受到人民教育出版社旧版数学教材的影响(上世纪90年代以前的版本是这样处理的). 当时没有现在这么发达的多媒体工具, 教学理念也不是"以学生为本", 一定程度上还是"精英教育", 大学的入学率还较低. 因此在当时的现实环境下是有合理性的. 已经二十几年过去了, 教学理念和实施环境都发生了根本变化, 高中教育已经逐步普及, 因此教学应面向全体学生.

其四, 一节课应教授多少内容. 目前我国绝大多数地区中学课堂一节课时间为40分钟, 在这短短的40分钟时间内, 需要理解幂函数的概念、会画常见幂函数的图象、理解幂函数的性质,还要会简单应用,对于绝大多数正常学习水平的学生来讲都是有一定困难的,因此,这些教学内容的安排必须有所侧重或者取舍,教学过程必须详略得当,不能平均推进.怎么办呢? 这又回到了这节课的教学重点究竟应该放在哪里这一基本问题.笔者认为,幂函数是概念课,但是更重要的是在分析具体幂函数性质的基础上,学生能够绘制常见几个幂函数的图象,通过图象观察和归纳一般的性质,因此,在教学中图象教学应当侧重,详尽展示过程,体现研究性学习.只有抓住了这一关键,整节课的教学才会高效,学生的技能落实才会到位,也才能使学生体会到研究函数的一般方法,从而促进学生对概念和性质的理解.

通过典型课例的研修,会给不同的教师带来不同的启发,使教师对教学设计和实施的多样性以及教学效果的多变性会有新的认识,最终会使教师对教学的理解更为深刻.

四、教学总结

教师每天完成自己的本职工作,教育经历不断丰富,不断产生零星的想法,在实践中发现问题又解决问题,"(一系列的)教育事件——对做事的感受(我、学生、他、校长)——不同认知水平、不同认知结构——解释——新的事件"这一过程不断循环.实践积累到一定程度就有总结的愿望,需要学会教育经验总结,对经验进行反思、沉淀、整理,重新构建.教育经验总结是广大数学教师经常和普遍开展的活动.

科学地总结经验,是帮助我们认识教育规律、推动教育改革、提高教育效率的重要手段.因此学会总结是数学教师专业发展的重要组成部分.

在经验总结的整个过程中,整理事实是基础,它是解释和抽象事实的逻辑起点.对总结的解释使人们正确理解这些事实的价值,再通过对事实的抽象和提炼,提出带有规律性的问题来,从而对今后的实践产生指导作用.

作为一个好的总结,一是事实的确证性,二是解释事实、说明事实要符合逻辑,三是总结出的结果具有学习和指导实践的可能性.

教师经验的延续,是实现经验累积,从量变到质变的有效方法.通过教学观的不断完善和工作方法的不断改进,沿着主动发展的轨道并不断赋以科学的理论方法,不断完善自己的角色.

通过撰写论文来整理和提升自己的知识、激活自己的思维、表达自己的观点,不断提炼经验.把看似偶发的或意外的事件,视为教育过程的一部分.同一门学科、同一所学校的教师,大家相互理解,互相帮助,通过适度的压力、适切的反馈,优秀的教师置身于优秀的团队,彼此之间通过相互学习获得更大的提高.

案例 5.2.2

总结形成成果,交流实现共享

1985 年上海市中青年教师评优活动,从参与者来说,是为个人提供教师专业发展的一大机遇.群雄逐鹿,脱颖而出并不容易,刘定一老师认真提炼总结把系统思想用于数学教学的经验,这样系统思想方法论的脉络开始清晰起来.随着顺利过关,接下来就有一批相应的数学论文跟进,"数学教学研究的系统意识"被中国人民大学图书情报中心影印,"让系统思想进入数学教学——一个案例"获上海市数学会中教委员会首届普教科研一等奖[24].

从 1998 年开始笔者开始参与上海市二期课改工程,经历了从数学课程标准征求意见到新教材习题训练系统的编制和修订的多个过程,从接受新课改理念的培训到作为培训者参与新课改理念培训,十多年来对新的一套教材有深刻的感受和个人的理解.

关于重新审视基础,教材的选择性、层次性,学习训练的组织,习题使用的建议,等等,都形成了自己的看法.这些看法既是学习的成果又是实践的心得,如果不及时总结出来,时间一长会渐渐淡忘,也不利于共享研究的成果.通过总结形成了系列成果,是交流和共享,也是阶段总结.

特级教师文卫星利用业余时间把教学中的心得和感受及时记录整理、总结、反思,为以后的教研提供取之不尽、用之不竭的第一手资料,同时理论学习不间断,教学实践不放松,听课机会不放过,研究总结不懈怠.他从教 30 年(1982 年走上教学岗位),发表论文近 300 篇,出版著作多部.这些成就的取得也是与他善于总结、勤于总结分不开的.

[点评] 会总结才能会研究,研究的目的是为了提高教学质量.总结不仅仅是回头看,记下经历过的教学活动,更是为了下一步迈得更坚实.通过总结把自己的教学上升到文化层面,形成文化自觉.从上述案例,我们看到,总结,既可以是因为有某个机缘在外力的推动下把自己已经在做的工作进行总结,又可以是不断地参与某一重大事件,在完成了任务之后的总结,也可以是日积月累,厚积薄发.我们在教学中只有做到用心教书、耐心辅导、虚心学习、细心思考、精心钻研,才能不断推陈出新.无论什么方式的总结都是与教师本人的潜心钻研分不开的.

第三节 数学教学文化研修

教师从事的职业不同于其他行业的一个显著特点是,教师的教学行为仅仅依靠规章制度约束是远远不够的,因为教育是个性特征十分明显的活动,应上升到文化层面来认识教师教学行为和学生的学习行为,在数学文化背景下促进教师专业发展,让教师的教学成为一种文化自觉,让数学课堂充满人文精神.

一、数学教学文化分析

初高中数学课程标准,都强调"数学是人类文化的重要组成部分,数学素养是现代社会每一个公民应该具备的基本素养.作为促进学生全面发展教育的重要组成部分,数学教育既要使学生掌握现代生活和学习中所需要的数学知识与技能,更要发挥数学在培养人的理性思维和创新能力方面的不可替代的作用."[1]数学教学基本原则除了一般的教学原则,如直观性原则、启发性原则、科学性原则、思想性原则、过程性原则等外,还包含着与数学教育价值追求紧密相关的教学原则.在课程改革理念下数学教育价值观得到了发展,数学课程标准也把体现数学的文化价值作为基本理念.

数学文化是师生在教学活动中所习得的关于"做数学"的价值观念和行为方式.在数学教学文化观念的解构上,我们更关心的是教师的数学教学观念在"自在"与"自觉"两个方面的境况,进而寻找彼此之间的差距以及改进的举措,从而实现在教学观念上由自在性向自觉性的转变[25].

数学教学观念的微观对比

具有自在特征的数学教学观念	具有自觉特征的数学教学观念
记忆背诵为主的机械学习	强调理解的有意义学习
反复操练,解决大量的、往往是低认知水平的常规问题	注重演练,关注各种问题(常规的、非常规的)
过分关注知识的结果	关注结果,也关注过程
事实性的简单问答	思维性的交流对话
教师评价学生解题答案的正确性,并以此作为判断对数学知识的掌握尺度	引导学生反思解题过程,加深对数学知识的理解
重视形式化的抽象表达,追求符号系统化	形式化本身不是目的,而是工具
不能容忍学生的错误,马上纠正学生的错误	接受错误,对错误原因进行思考
数学问题的解答只有对错之分	认识到在不同的假设前提下,问题或子问题可以有不同的解答
教师讲、学生听,教师说、学生记笔记	教师与学生之间的多元互动
错误就是学习失败的指标	错误被看作数学学习过程的重要教学资源
仅仅从教师角度引出学生的思维,不再展开	允许学生在不同的教学过程中走弯路,提出不同寻常的想法等
只接受一种解题方式	不仅接受个人不同的解题方式,而且作为一种特殊的方式会受到欢迎
数学学习就是还原教师所教的方法	数学学习经常被描述为一个探索的过程,它可以在与他人的数学学习交流中得以实现
原则上只是教师向学生表达或公开思维的结果	教师和学生敢于表达尚未成熟的一些想法
教学所用的问题是意义明确的,只有一种解答途径	某些问题具有一定的开放度,学生可以通过不同的途径解决问题
教学就是重视教案的执行	教案根据实际教学情况进行一些调整
教学过程通常是枯燥的、严肃的	有时候教学在游戏活动或问题情境中展开
一般不会对数学教学进行反思	教师与学生共同对数学教学事件进行反思

讨论数学的意义和内涵不属于数学教学的对象	教学主题明显地与数学的意义和内涵关联
每一个数学领域基本都是孤立的	强调数学子领域之间的联系
很少关注数学应用问题	讨论数学应用问题是数学教学的实质部分之一
教师为学生的学习结果负责	学生为自己的学习过程承担责任
学生作为一个外人来体验数学活动,主要是为了满足教师的需要	学生经常有机会积极主动去发现问题,提出问题
学生之间是绝对的竞争对手	在问题解决中乐意帮助他人并接受他人的帮助
学生是孤独的奋斗者,合作仅仅流于形式	合作解决问题或开展数学的小研究,优势互补
……	……

教师的教学观是建立于教学理念之上的,探讨教师的教学观,是为了促进教师对自己所具有的观念进行自觉反思,促进教师从观念的层面来反思自己的教学实践,避免自在特征的数学教学观,追求自觉特征的数学教学观,与时俱进地树立符合现代教育思想的与社会发展以及数学现代化进展相适应的教学观.

二、数学课堂中的文化现象

教师的课堂行为与学生的课堂行为交互作用,构成了数学课堂的基本文化现象.美国学者加里·D·鲍里奇通过多年来的课堂评估和标准化测试的调查研究,发现了十种与学生理想行为密切相关的教师行为[25]:

第一种,清晰教学(逻辑的、逐步进行的次序,清晰易懂的讲解,没有分散学生注意力的不良习惯);

第二种,多样化教学(多样的教学材料、提问、反馈和教学策略等);

第三种,任务导向的教学(以任务为导向,使得教学内容覆盖面尽可能大,教学时间尽可能多);

第四种,引导学生投入学习过程(限制分散注意力的机会,使学生就教学内

容进行操作、思考和探究等);

　　第五种,确保学生的成功率(把 $60\%\sim70\%$ 的时间用在能够给学生带来中高水平成功率的任务上);

　　第六种,利用学生的思想和力量(运用学生的回答促成课时目标,让学生使用自己的想法、经验和思维模式详细阐述或扩展所学的内容);

　　第七种,组合结构(提供先行组织者和心理策略,用多种要求创设活动结构);

　　第八种,提问的艺术(运用内容问题和过程问题传达事实,并鼓励学生探究和解决问题);

　　第九种,探询(指教师用来鼓励学生详细阐述自己或别人答案的陈述);

　　第十种,教师情感(在课堂讲授中通过肢体语言以及活力等展开,生气、投入、兴奋和兴趣).

　　其中前面的五种行为对有效的教学至关重要,并且在大量的实证研究中找到了证据,被称为关键行为;已经有了一些证据表明后面的五种行为与有效教学有着合乎逻辑的关系,它们与关键行为结合使用,能够使它们更好地发挥作用,被称为辅助行为.数学教师在五种关键行为上的课堂表现常见如下情形.

　　开始上课之初,教师把课时教学目标写在黑板上或者投影在屏幕上,告诉学生本节课的学习或者复习任务.例如,在相似三角形复习课上,老师首先投影显示教学目标:复习相似三角形的判定方法,熟练地探索两个三角形间的相似关系;复习相似三角形的性质,掌握相似三角形的对应边、对应线段、周长和面积的比与相似比之间的数量关系.这样学生对教师本节课具体复习哪些内容一目了然,每名学生都可以根据看到的教学目标回忆相关数学知识和具体的数学问题,为一节课的教学作了良好的准备.又如,教师在进行平方差公式教学之前,先检查学生对多项式乘法公式 $(a+b)(m+n)=am+an+bm+bn$ 的掌握情况,再明确发出指令:设 $m=a$, $n=-b$,对上式右边合并同类项,这样学生容易建立新旧知识之间的联系,教师也容易弄清楚学生是否已经掌握了与平方差公式相关的多项式乘法公式.上课结束之前教师对本节课的教学进行一个总结,通过教师或者学生重述学习要点,或者请学生回忆这节课学习了什么内容,帮助学生有效理解所学的内容,理清不同环节内容之间的关系,巩固学习成果.

例如,在完成对数的性质教学之后,让学生回忆当前这节课的学习内容,请一名学生复述对数的运算性质,不仅该学生对性质的记忆得到了强化,班级内其他同学也在这一过程中对对数的性质有了更为清晰的了解.课堂总结不仅仅限于内容的复述,有时也可以是通过对问题的辨析,帮助学生理解对应的学习内容.例如,为了检查学生对对数性质 $\log_a(mn) = \log_a m + \log_a n$ 是否掌握,给出一组等式请学生辨析:若 $mn > 0$,则 $\log_a(mn) = \log_a m + \log_a n$;若 $m > 0$,$n > 0$,则 $\log_a(m+n) = \log_a m \cdot \log_a n$;若 $m > 0$,$n > 0$,则 $\log_a(mn) = \log_a m + \log_a n$;若 $m > 0$,$n > 0$,则 $\log_a m + \log_a n = \log_a(m+n)$.其中 $a > 0$ 且 $a \neq 1$.学生在辨析的过程中,对性质的特征认识更为清晰,理解该性质是将"乘法"这一较高级的运算转化为较低级的"加法"运算.

以上这些都是第一种行为——清晰教学的具体表现.

本来是教师讲授,现在改为学生阅读或者由学生讲解,把例题的处理权交给了学生.教师提高了声音以强调当前内容,学生对某一概念有所不解,这时教师以学生的想法来展开教学,根据学生的即时学习表现调整预设的教学目标,等等.这些都是多样化教学在数学课堂中的表现.

任务导向的教学表现在数学课堂中也是比比皆是.例如,在课堂 40 分钟中处理非教学事务不能超过 5 分钟,把准备材料、教育学生、班级事务管理等非教学任务安排在课前或者课后,对课堂违规学生的处理只确认事实,而把处理工作推迟到课后.总之,教学内容的安排和覆盖面尽量大,用于教学的时间尽量长,而尽可能减少行政性事务、班级管理事务的时间.

在教授一个新的概念、法则、公式或者原理之后,安排适当的练习,教师给学生以个别的指导,必要时给学生提供个性化的学习材料,监督学生的课堂作业,巡回检查进展情况,一段时间后绝大多数学生能够完成所提供的练习,教师再要求学生集体回答问题.教师通过有意义的口头表扬和鼓励,维持热烈的、促进学生进步的课堂气氛.这些都是引导学生有效投入学习过程的表现.

为确保学生的成功率,可在教授的数学课时内容中反映先前的学习内容.在学生独立练习之前,先通过例题,给学生提供有效的指导,在学生练习的间隙提供思路分析或者自查方法.当第一名学生给出较为笼统的回答后,教师示范正确的回答,讲评学生的练习成果,并告诉学生如何做到正确回答.

数学课堂中学生的行为主要有：

第一种，听教师讲课. 目前在国内，多数中学数学课堂，教师讲解的时间都超过一半，而且年级越高，教师所用时间越长. 因此听教师讲课是数学课堂中学生的一个主要行为表现.

第二种，回答教师的问题. 数学课堂中，教师的提问或多或少，通常初中阶段教师提问的频次高于高中阶段，非毕业班的课堂提问高于毕业班的课堂提问. 教师的提问有面向全体同学的，但是多数都是要某一名或者几名学生进行回答.

第三种，记笔记. 2009 年教师节前夕，时任国务院总理的温家宝同志到北京一所初中听数学课的照片曾经广为流传. 画面中几乎所有的学生都在伏案书写，此时教师正在讲台上十分投入地讲解，学生都在干什么？ 他们在记录教师讲解的和黑板上的内容，也有个别学生在做练习.

第四种，观看黑板或者屏幕内容. 由于中学数学教学中很多内容，特别是数学式子、符号还有一些推理或运算过程，仅凭教师的口头表达通常是不够的，需要借助板书或者多媒体投影. 因此"看黑板"就成了数学课堂上学生的一个经典行为. 随着技术的进步，很多学校已经用白板、玻璃书写板、电子书写板等更环保更便捷的书写工具代替传统的黑板，但是其基本功能没有发生多少变化.

第五种，阅读教材教辅等文本内容. 我们在数学课堂上常会看到学生翻阅书籍、查阅资料、上网搜索学习内容，这是学生投入学习的一种表现.

第六种，独立思考问题. 在数学课堂上，学生需要通过积极思考才能理解所学内容.

第七种，相互讨论交流. 随着以学生发展为本的教育理念越来越深入人心，在数学课堂上，也能够看到越来越多的学生之间相互讨论交流的场景.

第八种，做练习或者作业. 准备课堂练习或者留出适当的时间给学生做作业，在初中数学课堂上十分普遍. 在高中多数课堂，学生也有课堂练习，包括上黑板做或者口述怎么做.

第九种，提出问题. 这种行为在初中低年级阶段发生的机会较多，但是随着年级的升高，学生在课堂上提出问题的可能性越来越小.

数学课堂中也会发生学生发呆、睡觉、玩其他非学习用品的行为，但是这些不是主要的,有时候是对学习疲劳的一种调节,教师可以根据具体情况进行适当的处置.

师生在课堂中的行为是相互影响的.例如,有一名不遵守纪律的学生顶撞了教师,可能会导致教师中止既定的教学进程,而转向处理这一突发事件;如果学生与教师的行为配合默契,大家心情愉悦,教学进展顺畅,教学效果也好.教师面带微笑的、风趣生动的讲解,会感染学生的情绪,从而使学生以较高的热情投入到数学学习中.教师和学生以及课堂教学环境是课堂教学文化的营造者,良好的课堂教学文化需要和谐的教学环境来承载,教师需要有效组织并管理自己的课堂.

三、数学课堂中的管理文化

对课堂中的各个进程进行管理是数学课堂文化的重要组成部分.能够有效管理自己的课堂,是教师专业发展的标志之一,也是数学教学文化的重要组成部分.一名好的数学教师,其课堂管理一定有章法、有尺度.

数学课堂中的班级管理,是指与数学教学密切相关的教学管理,而非教学行为的管理则应尽量减少时间,把非教学干扰降到最低,例如,可以通过提问把开小差的学生的思路拉回.班级管理的核心是尊重.教师应尊重学生的人格,关注个体差异,满足不同学生的学习需要.在这个过程中,强调通过交流实现师生互动、师生间相互沟通和相互补充.为此教师首先要创设富有情感的教学氛围,充分发扬教学民主,与学生共求真理,同解疑难,建立一种教师组织学生进行学习、促进学生发展能力、为学生提供服务,学生主动学习、积极进取、尊重教师权威的新型的师生课堂关系.只有这样,师生间教学交往的情感渠道才会自动打开.其次,教师要面向全体学生,不歧视后进生,不被个别学生牵着鼻子走,努力挖掘每位学生的学习潜能,调动学生的思维积极性,充分发挥他们的聪明才智,充分挖掘他们的内在潜力,优化他们的成长环境,鼓励他们克服困难,营造生动活泼的学习氛围.

课堂上教师要注意观察学生,及时捕捉他们的喜怒哀乐,正确调控他们的情绪,不吝啬自己对学生的赞美,不讽刺挖苦学生.现在的教育越来越强调教师工作的创造性和专业性,教师教授数学课程是在师生共同构建的数学课堂中,通过有序的教学过程来完成的.

课堂教学气氛是影响课堂教学效果的一种重要因素,也是构成课堂教学情境的重要组成部分.教师以生动有趣、诙谐幽默、生活化的语言讲授知识,灵活运用各种教法,将问题适当地引入数学教学过程中,让学生对数学有浓厚的学习兴趣,变苦学为乐学,享受到轻松愉快的情绪体验,发挥前所未有的想象力.营造良好的数学课堂气氛,学生能在良好的课堂气氛中积极主动、轻松愉快地学习.实践表明,只有在活跃的课堂教学气氛中,学生才能积极地参与教学中的思维创造活动,才能与教师一起把课堂教学搞得有声有色.教师在数学教学中要积极创设师生愉快的情境,激发学生的操作欲望,以收到训练思维、发展智慧之功效.让学生每天带着浓郁的兴趣走进课堂,让学生时时保持一种对数学学习的积极心态和愉悦体验,喜欢上数学课,从而提高数学课堂教学的效益.

此外,对于上课不认真的学生,教师要善于设法增强这些学生的参与意识,对学生在课堂上的表现,采用激励性的评价,补以适当的表扬.首先,对学生要予以成功的期待,因为教师对学生期待具有很大的感召力和推动力,能激起学生潜在力量,激发向上的学习主动性.其次,创设使他们都能获得成功的机会.在设计教学活动内容时,要尽量让学生的成功多于失败,成功时及时给予表扬和肯定,培养他们对成功经验的重视,失败时不轻易责怪学生,帮助他们分析、查找原因,积累经验.再次,注意因材施教,提供相关的知识背景帮助学生更好地理解所学的内容.

数学教学更重要的是使学生在主动获取知识、解决问题的过程中积极思考.让他们在动手、动脑、动口的过程中懂得如何学习数学.在概念、法则、公式的推导过程中,体会数学知识的来龙去脉,从而培养其主动获取数学知识的能力.多数学生本来对中学数学学习是感兴趣的.教师可以通过运用优美的图形、精致的录像、日常生活中的实例、社会热点、自然现象来提高学生的积极性,有意识地激发学生对数学的兴趣,逐步培养成乐趣.使学生主动参与学习过程,提高课堂教学效率.

除了充分备好课外,课堂纪律的保证也是提高课堂效率的前提.教师必须在学生面前树立威信.教师在课堂上应该扮演硬朗的角色,例如声音要响亮、表情要严肃但又不时面带微笑等. 对于一些公然扰乱纪律的学生,教师一开始就要敢于正视、教育,体现自己的原则. 临近下课的管理,也是课堂管理的重要环节. 对于中学数学课而言,可以通过课堂总结来加强这段时间的管理. 课堂总结的意义,一是对一节课的讲授内容进行回顾和概括;二是通过师生互动了解学生对学习内容的掌握情况;三是通过个别提问,弥补个别同学在个别内容上的不足;四是通过学生的反馈,教师了解自己教学的得失;五是通过对学习内容的拓展和升华,使学生更深入地理解所学内容. 课堂管理文化是数学教学文化的重要一环,做好课堂管理是数学教学取得实效的基本保障.

第四节　学科育人研修

学科育人是伴随学科教育和知识学习的,素质教育是以育人为核心的教育. 教师应了解数学学科的育人因素,自觉地在自己的教学过程中履行育人职责. 在育人研修的过程中,加强自身的道德修养,从而使专业发展上升到更高的境界.

一、学生数学学习过程中的育人因素

数学是研究数量关系和空间形式的科学. 数学与人类发展和社会进步息息相关,随着现代信息技术的飞速发展,数学更加广泛地应用于社会生产和日常生活的各个方面. 数学的本质特性在于它符合科学的抽象原则,具体在内容和方法上体现为:概念的纯粹性、结构的协调性、分类的完全性、计算的规范性、推理的严谨性等. 数学学科的育人价值集中体现在数学的真理性. 数学课程在育人方面有着其他学科不可替代的独特功能,尤其可以作为培养人的科学和民主精神、辩证唯物主义世界观和方法论,促进人的品德充分自由地、全面发展的主阵地.

数学思维有其独特性,即首先对具体问题或具体素材进行考察,进一步经过分析,找出事物的最简单的本质的出发点(基本概念、关系或公设),然后寻求问题的一般解决方法,最后通过演绎(逻辑)推理形成严格的体系. 数学的这些

思考问题的方式和思维特点,在形成学生理性思维和理性精神中发挥着独特的作用.由此可以培养学生独立思考,不迷信权威的理性品格;数学真理具有客观性,不掺杂个人感情,因而能够培养学生尊重事实、不感情用事的理性精神;数学具有高度的精确性,能够帮助学生进行思辨分析,使之养成不混淆是非的理性态度.认清数学的德育功能,深入发掘其思想政治教育资源,增强数学德育的实效性,对加强和改进德育工作,全面实施素质教育具有重要意义.挖掘学生数学学习过程中的育人因素是数学教学文化研修的重要方面.

数学教育在人们的文化教育中所占比重很大,在中学教育中,数学始终是一门主课,也是一门重要的基础课.数学教学不仅使学生掌握一定的数学知识,还使学生获得数学的思想方法、思维策略,并得以完善身心.数学中处处蕴涵着理性精神,数学学习和研究过程中体现着对真理执著追求的态度.许多人在步入社会以后,在学校所学的数学知识很少有直接应用的机会,因而作为知识的数学,通常在出校门后不到一两年就忘记了,然而不管他们从事什么工作,那种铭刻于心头的数学理性精神和数学思想方法却长期在他们的生活和工作中发挥着重要作用.一个人,在他工作之后可能再没有遇到过一个几何题目或一个二次方程,但是他从数学课中所获得的思考能力以及推理能力,却伴随他的终身.

数学教学要重视挖掘数学教学的教育功能:理性、自信、诚信、认真、正确面对挫折、审美情趣等.树立全面育人思想,把握数学教学的文化教育与数学技术二重性功能.

数学教人诚实和正直.数学教育是培养学生诚信观念的主要渠道之一.英国律师至今在大学里还学习许多数学知识,美国的语言学硕士导师更愿意招录理工科的学生,这样做不是因为律师工作或语言研究与数学有多少直接联系,而是出于这样一种考虑,那就是经过严格的数学训练,能够使之养成一种独立思考而又客观公正的办事风格和严谨的学术品格.

在数学课程中形成的诚信观是持久的,也是根深蒂固的.受过良好数学教育的人,在数学的学习和训练中所形成的品质,会对其今后的工作产生积极影响.数学的精确、严格,使学生将来在工作中减少随意性;数学的抽象分析,使他们善于透过现象洞察事物的本质.数学中精辟的论证、精练的表述,使他们的表达简明扼要.

总之,我们不应把数学教育片面地理解成知识的传授和技能的训练,而应该深入理解知识内容的教育价值,明白这些内容的学习能够对学生的成长起到什么作用.数学的终极价值在于,当学生步入社会后,也许很少有机会直接用到数学中的某个定理和公式,但数学的思想、数学的方法、数学的精神一定会伴随他们一生.作为数学教育者应该着眼于提高人的素质.

用数学学习中遇到的挫折对学生进行战胜困难的教育.学生成功完成任务后,会为自己感到骄傲,越是坚信有能力做好,越能取得好成绩,感到轻松自信.数学学习有利于培养学生顽强拼搏、不怕失败的精神,促进学生辩证唯物主义世界观的形成.

二、运用数学学科促进育人工作的开展

《义务教育数学课程标准(2011年版)》在教学建议部分提出:"在教育教学活动中,教师要尊重学生,以强烈的责任心、严谨的治学态度、健全的人格感染和影响学生;要不断提高自身的数学素养,善于挖掘教学内容的教育价值;要在教学实践中善于用本标准的理念分析各种现象,恰当地进行养成教育."

数学的德育研修应从小处着眼,从学生的学习态度和自信心开始,通过数学教学逐步进行德育渗透,不是为德育而德育,而是一项隐形的、长期的、复杂的系统工程,润物细无声.例如:正确看待数学成绩,从而正确看待文化课学习.又如:学习的进步要从多方面来看,知道该做什么,原来不理解教师表达的意思,现在可以理解;原来感觉差,现在对数学有信心了;更有针对性地听课,能够集中注意力;在家里和在学校一样自觉学习;运用不同的策略解决问题;在良好的学习氛围鼓励下,下决心以自己的方式来提高学习水平.

在数学学科教学中,通过知识的发现与发展、数学故事、数学家的高尚人格等富含育人因素的学科资源,结合数学史,挖掘数学文化内涵,进而培养科学精神,有组织、有目的地对学生进行数学文化的熏陶,增强育人的实效性.

树立学生学好数学的自信心是实现德育渗透促进育人工作的必要条件,也是为学生成才成人打好必要的基础.如何树立学生的自信心?在众多心理素质

中,自信心的培养显得尤其重要. 国外一些心理学家跟踪调查了数百名智力发展水平较高、生活环境和教育条件大致相同的少年. 当这些被调查的对象步入显示成果的年龄时,出现了明显的差异,有的成了事业上的佼佼者,有的却无所作为. 研究结果表明:个体的心理定势在成才过程中起着重要的作用. 那些自我肯定的内心倾向较稳定者,其成功率大都超过自我否定倾向较明显的人. 自信心作为一种积极进取的内部动力,其发展水平是与活动的成败相对应的. 充满自信的人,事业往往是一帆风顺的,而没有信心的人,可能永远不会踏进事业成功的门槛.

德育研修虽然强调渗透,但是更需要务实,因为育人工作要有计划、有主题、成系列、有措施. 每学期的主题应当明确,这个主题可以围绕时代和形势的需要确定,例如某示范中学数学教研组所制订的计划中,德育教育安排是:2007学年第一学期的主题是"弘扬民族精神",第二学期的主题是"生命教育";2008学年第一学期的主题是"奥运与数学",第二学期的主题是"世博与空间图形". 主题安排不是孤立的内容,应成为一个系列,形成明确的导向和旋律. 把德育与教学结合,内容具体,形式多样,了解学生的需要,根据学生的需要真正地做一些切实可行的、能够满足学生需要的事情. 既有学习、研讨、布置,又有交流、反馈、倾听,相互取长补短,在交流展示中,每一位教师都明确当前的德育工作,从学科的角度做好学生的教育实施. 德育与活动结合,通过丰富多彩的活动,包括参观学习,丰富教师的德育知识和提升教师的育人能力.

三、加强数学教师自身职业素质修养

教师个人的言行和形象对学生产生的影响是十分巨大的. 素质教育的推行要求数学教师具备更高的素质,在新的历史时期要全面提高数学教师的素质. 教师这个职业神圣而伟大,它是一份很充实又很需要内涵的职业. 数学教师的素质是数学教师在教学中所表现出来的,决定其教学效果的,对学生身心发展有直接影响的心理品质的总和. 数学教师的素质结构应该包括:热爱数学教育事业的理想、先进的教育理念、丰富的专业知识、熟练的业务能力、良好的心理品质、较强的教学管理能力以及先进的教学行为和策略等.

1. 数学教师素质结构分析

了解数学教师的素质结构是提出研修建议的前提. 实施素质教育是一项系统工程,需多方面的通力合作. 在诸多因素中,教师的素质是核心. 数学教师是数学教学的直接组织者和指导者,他们通过数学教学对学生的综合素质培养起着重要作用. 中学数学教师的职业素质结构大致可以归结为三类. 一是本学科的知识结构,具体包括:学科内容的基本知识、基本原理与技能专业知识,数学活动知识,数学历史知识,所教学科的知识体系、基本思想与方法等. 二是复合型知识结构,具体包括:跨学科的科学人文知识、信息技术知识、教学技能知识、传授技能知识、所教学科与其他学科联系的知识、所教学科与社会实践联系的知识、了解学生的知识以及开发学生潜能的知识等教育专业素养. 例如,能够注重教学的反思和评价,多角度地对学生的数学学习行为、学习习惯进行培养等. 三是文化道德修养,包括人文素养、审美情趣、爱国意识和民族精神等. 具体表现为:乐观向上、热情开朗、有亲和力、善于自我调节情绪;保持平和心态,富有爱心、责任心、耐心;勤于学习,不断进取;衣着整洁得体;语言规范健康;举止文明礼貌等.

同样的学历,同样的执教年限,为什么有的中学数学教师能成为教学名师,有的能著书立说,成绩斐然,而有的却毫无建树,平庸至老呢? 当然,其中影响因素众多,但数学教师的职业素质结构无疑发挥着重要作用.

数学教师一般是通过正规教育手段(如本科教育、硕士生教育、博士生教育等)获得本学科的知识. 对于复合型的知识,则需要在教书育人的过程中,出于教学和科研的需要,通过研修获得,包括本书介绍的许多方法都值得重视. 道德修养则是长期的内外因素综合形成的,也需要刻意地去加以研修才会有较大的改变和提高.

2. 提升数学教师职业素质的途径

要做好一名称职的人民教师,必须加强自身修养. 一是加强自身的思想修养. 即,加强政治理论修养;加强职业理想和职业道德修养;加强行为习惯的培养;树立正确的教育思想,不断更新教育观念. 二是加强自身的业务修养. 即,教师应具有扎实的专业基础;应成为一名杂家;应具有扎实的教育理论知识;应注重教学能力的培养,主要是教学组织能力、教学表达能力、诱导能力、应变能力、

考核能力等五个方面. 三是加强教学艺术修养. 即,练成精湛的教学艺术;掌握
教学规律的驾驭艺术;掌握课堂教学艺术,刻苦钻研,热爱学生,锤炼教学语言
等.总之,教育是关系到一个国家和民族前途命运的大事,作为教师,只有不断
地从思想、业务及教学艺术等方面来加强自身修养,才能提高教育教学质量,适
应日益发展的教育事业的需要,才能无愧于教书育人的神圣使命.

中学数学教学质量的高低,在很大程度上取决于数学教师的素质和工作态
度.数学教师不仅是数学知识的传播者,同时也是教育者、引导者、智力开发者
和教育改革者.每一位数学教师都要特别重视提高自己的职业素养,以适应 21
世纪数学教师的专业发展需要.

抓思想教育,促进教师师德的不断提升;抓学习楷模,促进教师灵魂的净
化,例如参与全国教书育人楷模活动的评选,学习全国教书育人楷模的先进事
迹;抓正面导向,促进健康向上、关心学生、热爱教育事业的风气蔚然成风. 这是
提高数学教师专业素质的有效途径.

案例 5.4.1

向教师楷模学习

教育部今日发通知,决定在全国教育系统开展向全国教书育人楷模学习的
活动①.通知指出,全国教书育人楷模集中体现了新时期人民教师忠诚党的教育
事业,热爱祖国、服务人民,教书育人、为人师表的高尚师德和无私奉献精神,是
广大教师和教育工作者的杰出代表.通知要求,广大教师和教育工作者要以全
国教书育人楷模为榜样,学习他们教书育人、淡泊名利、恪尽职守的奉献精神,
严谨笃学、刻苦钻研、求真务实的敬业精神,志存高远、自强不息、奋发有为的进
取精神,努力成为学生爱戴、家长信任、人民满意的优秀教师.通知强调,全国教
育系统要把学习楷模活动与贯彻落实全国教育工作会议精神和《教育规划纲
要》紧密结合,与当地教师队伍建设实际紧密结合,与"创先争优"活动紧密结
合,扎实有效地开展师德教育活动,切实加强师德师风建设. 各地教育部门和各

---

① 教育部网站 http://www.moe.edu.cn/2010.9.8.

级各类学校要通过报纸、电视、网络、广播、校报等媒体平台,持续深入地宣传报道全国教书育人楷模的先进事迹,采取报告会、学习会、座谈会、研讨会等多种形式,紧密联系实际,把学习楷模活动开展得有声有色,务求实效.

[点评] 教师的职业素质与其信奉的价值观密切相关,社会主义核心价值体系是人民教师的价值取向,用具体形象生动的榜样,让教师看得清、感受得深,对促进高尚职业素质的形成,起到积极的作用.

思考题

1. 有一种观点认为,数学教学首先要把内容讲对,然后再谈教育智慧的问题.从教师专业发展的角度,你怎么看这个问题?

2. "我的课堂我做主",每位教师有着不同于别人的学习经历和教学经历,请你谈谈怎样在教学实践中不断提高自己的专业水平.

3. 促进教师专业不断取得发展的源头活水是什么?

第六章

中学数学教学研修途径

高水平的师资队伍是优质教育资源最重要的要素之一. 如何造就一批高水平的教师？数学教师可以通过哪些途径得到研修指导？这些问题正是本章要讨论的.

第一节　个别化研修

个别化研修是中学数学教师个人研修和发展的有效途径之一，包括自省研修、同伴互助、个别带教、教研员指导等形式.

一、自省研修

自省研修是教师通过自己的探索和思考，借助文献资料或者实践经历，寻求数学教育教学规律，发现在教学中的偏差或不妥之处，总结教育教学经验，感悟教学真谛的一种研修方式.

经常说教师一直在重复着以前的工作，上着同样内容的课，讲着曾经说过的话. 如青年数学教师有时会连续两年甚至更长时间在同一年级任教；教龄长一些的成熟教师，更是有更多机会教授同样内容的课. 但是对于善于自省的教师，每天都有新的感受，每次上课也有新的体会. 他们自学教育理论，有意识地对在不同班级、不同时间实施的相同教学内容的教学过程进行反思，不断改进教法，因此教学水平不断提升. 事实证明，根据实践经历进行修改和调整，再在实践中检验，是提高数学教学水平的重要途径.

案例 6.1.1

两次上同一内容课[①]

课题：$y = A\sin(\omega x + \varphi)$ 的图象和性质

第一次授课经历：

（一）课堂实录

1. 引入

师：前几节课我们学习了正弦函数、余弦函数、正切函数的图象和性质. 对于一般的形如 $y = A\sin(\omega x + \varphi)$ 的函数的图象性质，我们应该如何研究呢？

2. 新课讲解

接着教师提出问题：作出函数 $y = 2\sin\left(2x + \dfrac{\pi}{3}\right)$ 的图象. 教师讲解"五点法"作图的关键，并板书作出上述函数的图象. 给出振幅、频率、初相等概念. 进而归纳在 $y = A\sin(\omega x + \varphi)$ 的图象中，A、ω、φ 所起到的伸缩和平移的作用. 同时利用 A、ω、φ 的作用，对如何由 $y = \sin x$ 的图象经过伸缩、平移变换后获得 $y = 2\sin\left(2x + \dfrac{\pi}{3}\right)$ 的图象进行讲解. 并且强调先进行平移变换后进行横向伸缩变换与先进行横向伸缩变换进后平移两者的重要区别.

3. 学生进行简单的变式练习及例题的讲解

（二）学生作业出现的问题

在授课的过程中，我认为已经将本节课的难点：$y = A\sin(\omega x + \varphi)$ 可以由函数 $y = \sin x$ 经过各种变换得到进行了详细的分析和讲解. 然而，两名学生作业中的问题让我重新审视了本节课的实际效果.

作业原题：请说出函数 $y = \cos\left(\dfrac{1}{2}x - \dfrac{\pi}{6}\right)$ 可以由函数 $y = \cos x$ 经过怎样的变换得到？

生 A 的做法是先将 $y = \cos x$ 的图象上横坐标伸长为原来的 2 倍，再向右平移 $\dfrac{\pi}{6}$ 个单位. 生 B 的做法是先将 $y = \cos x$ 的图象向右平移 $\dfrac{\pi}{6}$ 个单位，再将横坐

---

① 本案例由上海市第一中学丁奇峰老师提供.

标伸长为原来 2 倍. 到底谁的答案正确?

师问生 B: 你为什么这样解答呢?

生 B: 我也不是很清楚, 不过上课时老师说过这样的问题, 我看着笔记做出来的.

这时, 我发现图象变换顺序对结果的影响是个难点.

(三) 教学反思

反思 1: 引入过于简单化, 仅仅将新旧知识的关系作了简单的陈述, 没有很好地激发学生对新知识探求的积极性和求知欲, 这也直接导致学生学习后面的新知时比较被动.

反思 2: 在新知的学习过程中, 教师通过一个较一般的函数 $y = 2\sin\left(2x + \dfrac{\pi}{3}\right)$ 的作图及性质来归纳出 A、ω、φ 对图象的影响. 在这一过程中, 学生缺乏对知识的发生、发展、变化的探究学习过程, 而只重视结果的得出. 这样学生无法进行主动的参与、信息的处理、创新的学习, 也无法帮助学生将书本知识纳入自身的知识结构, 也无法达到有意义的灵活应用和提高分析解决不同问题的能力.

反思 3: 在对本节课的难点重点的讲解中, 由于图象的变换较抽象, 限于学生的想象能力, 学生通过教师的直接讲解很难获得一个直观、清晰、明确的结论. 因而导致死记硬背、机械训练的结果.

反思 4: 在整节课的教学过程中, 教师往往只强调书本知识的理解和掌握, 强调解题能力的提高, 忽视学生学习主体性的地位, 对学生兴趣的培养及学习方法的引导、综合素质的提高等方面也不够重视.

对第一次上课进行再设计后的教学:

针对我以上的反思, 结合二期课改的理念, 我第二次上这节课时, 对设计进行了修改: 整堂课的设计以启发式授课方式为主, 结合几何画板的多媒体演示教学为辅, 通过 "提出问题——探究问题——解决问题" 的学习过程来展开. 以下是第二次授课实录.

(一) 过程描述

1. 引入

通过物理学中简谐振动的图象引入, 得出本节课的主题. 我利用学生已熟悉的弹簧振子的位移—时间的图象去明确研究函数 $y = A\sin(\omega x + \varphi)$ $(A > 0,$ $\omega > 0)$ 的图象的目的,使新课引入显得自然、易于接受.让学生明确理论是从实践中来,又回到实践中去.使学生学习研究的目的性更加明确.

2. 讲解新知

在学习新知的过程中,我设置了若干问题,来引导、启发学生思考解决的方法,整个过程中教师的角色从课堂的控制者和灌输者尽力转变为引导者和参与者,与学生一起探究、分析、解决问题.具体过程如下:

教师引导学生提出问题:$y = A\sin(\omega x + \varphi)$ 的图象的确定与 A、ω、φ 有何联系?进而引导学生通过探究特殊三角函数来明确 A、ω 和 φ 各自对函数的影响.

师:我们希望明确 A 对函数图象的影响,可以如何来做呢?

生 D:可以先通过研究函数 $y = A\sin x$ 的图象来看 A 对图象的影响.

师:非常好.那么 ω、φ 对函数图象的影响呢?

生 D:可以通过考虑 $y = \sin\omega x$ 和 $y = \sin(x + \varphi)$ 的图象来完成.

师:非常好.那么下面我们就分别通过具体的函数来探究 A、ω 和 φ 的影响.

于是通过学生有目的地对题组 $y = 2\sin x$ 和 $y = \dfrac{1}{2}\sin x$,$y = \sin 2x$ 和 $y = \sin\dfrac{1}{2}x$,$y = \sin\left(x + \dfrac{\pi}{3}\right)$ 的作图研究,由学生归纳出 A、ω 和 φ 三个量对函数图象的作用.

师:我们已经一起得出了 A、ω 和 φ 对函数图象的影响,那么对于更一般的如 $y = 2\sin\left(2x + \dfrac{\pi}{3}\right)$ 的函数我们是否也可以去研究它的图象呢?

然后继续引导学生研究 $y = 2\sin\left(2x + \dfrac{\pi}{3}\right)$ 的图象与 $y = \sin x$ 的图象之间的关系.

通过从具体函数到一般函数的问题引导,使学生体会特殊与一般的辩证关系.在具体对上述例题的探究过程中,通过几何画板的演示使学生可以形象直观地观察、体会到三角函数图象的变化关系.在整个演示探讨的过程中,无论是学生参与的积极性还是取得的教学效果都明显提高了.

（二）难点的处理

对于本节课的难点：将函数 $y = \sin x$ 的图象经过两种不同顺序的伸缩平移变换可以得到 $y = 2\sin\left(2x + \dfrac{\pi}{3}\right)$ 的图象这一问题的突破上，我利用几何画板展示 $y = 2\sin\left(2x + \dfrac{\pi}{3}\right)$ 的图象及 $y = \sin x$ 的图象的动态变化过程，可以让学生在讨论中逐步验证自身的猜想，最后得出两种不同方法. 在这一过程中学生不仅深刻体会了两种不同方法的殊途同归，同时也培养了学生探索数学问题的兴趣，并使学生体验了获得成功的喜悦感.

（三）对修改后教学效果的反馈

借助几何画板的动态作图功能，学生对数学问题的参与性、解决问题的积极性都有明显提高. 同时通过学生的自主探究、归纳，结合多媒体的直观展示，使学生深刻地理解了 A、ω、φ 对图象的影响，而本节课的难点也迎刃而解. 同时，利用多媒体教学工具也大大提高了教学容量及教学效率，活跃了课堂气氛. 而从学生的课堂练习和课后作业反馈上，都很好地反映出改变了教学方法后的实际效果.

（四）留给教师的反思

1. 以学生为中心

"以学生为中心"是二期课改的核心教育原则，作为教师要着力让学生在学习过程中充分发挥主动性；要让学生有多种机会在不同的情境下去应用他们所学的知识；要让学生能根据自身行动的反馈信息来形成对客观事物的认识和解决实际问题的方案.

2. "情境"的重要作用

学习总是与一定的社会文化背景即"情境"相联系的，在教学活动中通过实际情境或通过多媒体创设的接近实际的情境进行学习，可以利用生动、直观的形象有效地激发联想，从而使学生能够更好地利用已有知识来学习新的知识. 并能够很好地激发学生学习的积极性和兴趣，将学生的被动学习转变为主动参与，极大地提高学习效果.

3. 利用各种有效手段来支持教学

为了能够引导学生进行主动学习，教师在教学过程中已不能仅仅局限于书本知识的讲解,更要为学生提供各种信息资源(包括各种类型的教学媒体和教学资料).而这些媒体和资料并非用于辅助教师的讲解和演示,而是用于支持学生的自主学习和协作式探索.

[点评] 任何形式的研修最终都是通过自省完成自我认识.通过自己的理解,改变了原来的认识或做法,从而获得提高.本案例中,丁老师根据学生作业中存在的问题,对自己的教学进行自省反思,使自己对本节课的教学取得了较好的效果.

教育教学水平的提高很大程度上是积累的过程、渐进发展的过程.教师坚持自省,加强对有关知识的学习,包括数学知识的学习、对数学史以及数学发展的了解、数学教学知识的学习、教学方法的学习,如果再能得到有一定经验的教师的点拨,必能达到一定的高度.

二、同伴互助

罗宾斯(Robbins)提出,同伴互助是指两个或多个教师一起,共同反思当前的教学实践,改进与建立新的技能,相互指导,共享经验,共同参与教学研究并在工作中共同解决实际问题.

"同伴"既有教师的同辈,也有各年龄段的教师."同伴"一词更能体现教师之间的平等关系."互助"较之于"指导"更能体现教师积极主动提升自我、相互合作、共同进步.

俗话说,当局者迷,旁观者清.经过同伴的帮助,或者相互讨论,自己会豁然开朗,对互助的各方都有较大的启发与帮助.同伴互助常见的形式如下:

形式一:两轮备课.它是在教师个人备课的基础上,由一位主备教师提出自己的设想和构思,经过集体备课,互相交流、共同设计,确定出可行方案.然后每位教师吸收集体智慧的精华,分析学情并结合自身特点,对教材再次钻研进行再备课.这种"两轮备课"是为适应学生学习所做出的教学调整和内容重构,是教师合作后的资源共享,避免了不必要的重复劳动,同时每位教师又可从他人的备课中看到自己的优势和不足.

形式二:一课多研.是以"自我设计实践——同伴互助提升——反思加工实

践"三个环节开展实施的.具体步骤是:由一名教师独立备课、上课,其他教师听课观察;同伴之间进行评课,肯定成绩,找出不足,提出措施,并反思自己与他人的教学,取长补短,共同提高;在反思同伴建议的基础上,这名教师再次设计、实践,其他教师再次听课、评课.这种"一课多研"的过程以提高课堂教学效益为切入点,以听、评课为主要途径,把教学反思作为重要内容.

形式三:错位备课.它是同伴互助、资源共享的一种体现,每名教师把备课中的问题、困惑提出来,得到同伴的帮助.具体操作时有五个环节:(1)自备过程:每位教师进行个体备课.(2)组内共备:同年级教师共同探讨.(3)错位共备:把"组内共备"过程中有争议的问题或困惑提出来,几个教师共同研讨.(4)共备实践:由一位教师在共备的基础上先上一节课.(5)错位反思:几位教师共同评课、反思.这种"错位备课"最终把教师丰富的资源组成学习共同体,达到资源共享.

案例6.1.2

"错位备课"片段

教师1:北师大版六年级《数学》上册"折叠"一课,要求学生通过折叠这一实践活动,了解和掌握立体图形和它的平面展开图的对应关系.由于同一个立体图形的平面展开图不是唯一的,教学中是否需要找出同一个立体图形的全部展开图呢?

教师2:我们去年也曾有过这种困惑,总怕知识挖掘得不够深.后来我们共同研究新课程标准,在培养学生的空间观念上,课程标准是分三个学段逐渐加深的.因此我们建议,根据六年级学生已有的知识基础,学生的空间观念还不是很强,只要能正确判断平面展开图所对应的简单立体图形,能解决平面展开图所对应的立体图形的容积等问题,就已经达到了课程标准的要求.如果讲得太深,学生接受起来比较困难.另外这部分知识在七年级上册第三章"多姿多彩的图形"一节还要较系统地学习.

[点评]　"三人行必有我师",在教学上也是如此.在同伴的帮助下完成对教学设计的改进,这样的改进,由于是集思广益,通常都会比原来有所进步,教

学效果也会更好.同伴互助取得效果的前提是:同伴讨论有的放矢,局中老师善于接受.

三、个别带教

为了促进年轻教师专业成长,让他们尽快成熟、脱颖而出,同时也为了达到新老教师相互学习、共同提高的目的,不少学校采取老教师帮助新教师这种"个别带教"的举措.个别带教的形式丰富多样,常见的有校内"师徒结对"、区域内名师带教、教研员带教、跨区域的拜师学艺等多种方式,最近几年还出现了多名教师从不同方面(如教学、科研,乃至于习题编选、命题指导等专项能力)带教一位教师的"多带一"带教新形式.

四、教研员指导

教研员基于课堂教学进行指导,是我国中学教研的一个特色.由于教研员较之普通教师经历过的课堂类型多,听课、观课多,见多识广,在判断课堂教学方面具有很高的权威性,往往眼光锐利,分析深刻,一语中的,并且在改进指导教学方面拥有丰富的经验.所以教师对于教研员进课堂,一方面欢迎,因为可以得到实实在在的指导,另一方面又有一定的不情愿情绪,担心课上得不好,被发现出问题,反映到学校后对自己的工作造成影响.为了消除教师的这种顾虑,获得研修指导的良好效果,很多教研员采取与教师磋商,将问题和教师谈清楚,指出改进的方向,并落实个别反馈.而对学校的反馈则不涉及个别教师很具体的学科专业细节,而是指出教师发展的前景、改进的方向,变批评为鼓励,促进了双方目标的一致性.

案例 6.1.3

....

对话式培训

上海市静安区教育学院开展的以"捕捉教师课堂教学智慧,提高教育教学

能力"为目的的"对话式培训",是功能独特、很有效果的教研员指导教学方式.其主要内容要求如下:

教学设计:(由培训对象填写,包括课题、教学目标、教学重点难点、主要教学手段、教学过程等)	培训导师修改意见:
培训对象说课:(包括:1.教材与施教对象分析;2.教学目标确定的依据;3.达成教学目标的过程方法设计等)	
课堂教学实录:	
培训对象反思及改进措施:	
培训导师意见:　　　　　　　　　　　　　　培训导师_____(签名) 　　　　　　　　　　　　　　____年____月____日	

第二节　团队研修

在一个团队中,可以是志同道合的有共同兴趣的同龄人,也可以是各有所长、形成差异资源的互补型学习团队.工作室研修、集中培训等都是常见的团队研修组织方式.

一、工作室研修

名师是开展研修指导赖以依靠的极为宝贵的财富,由于资源稀缺,很多地区都采用由某一名师领衔的工作室方式,对区域内有一定培养前途的中青年教师进行定向培养.名师工作室作为突出领导力的教师研修平台,为引领教师专业发展提供了丰富的个人智慧资源,并带领团队研究开发集体智慧.

名师工作室是一种新颖的教研工作组织,它的个性特征是"名师",由名师带教名优教师进行专业研修.它的专业特质是它的聚合性、建构性、前沿性、辐射性和品牌性.它的效能特性在于把名师工作室建成一个"家"——温馨的"新家";一个"场"——互动的"气场";一个"堂"——自由的"讲堂";一个"台"——起飞的"平台";一个"型"——提质的"范型".

工作室的运作原则:

1. 辅导与自学相结合,以自学为主;

2. 集中与分散相结合,以分散为主;

3. 导师指导与自我实践相结合,以自我实践为主;

4. 本地观摩与外地学习相结合,以本地观摩为主;

5. 专家传授与互相研讨相结合,以互相研讨为主.

工作室的目标是通过促进成员的成长与进步,来实现一个更大范围、更高平台的发展,提升学科领域的前沿位置与发展水平.

案例 6.2.1

求真务实,导学共长

两年的带教工作结束了,回顾两年的带教,使人深深感到这两年是我与刘文伟老师共同学习先进教育教学理论并付诸教学实践的两年,是互相勉励并使敬业爱岗和无私奉献的信念更坚定的两年,是共同在高三的教学岗位探索、战斗的两年.既有成功的喜悦,又有不足的遗憾.

一、两年带教工作总结

(一)用先进的教育教学理论指导教育教学实践

在带教规划书中的带教思路的第一条明确提出:通过加强理论学习、了解与掌握先进的教学理论来指导自己的教学实践,刘文伟老师的个人发展规划中的个人不足之处也明确指出:对于现代教育理念的认识与实践有待提高.因此两年来"学习理论、指导实践"一直贯穿在整个带教过程之中.在这两年中我们一起学习的教学理论书籍有:《教学任务的改变》,《提高学生学业效能的课堂教学模式与策略》,《细节决定成败》,中小学教育科研指导丛书《行动研究指导》与

《课堂观察指导》,现代教学杂志的"改进作业专辑"、"改进备课专辑"、"改进上课专辑"、"一期课改的课程标准"等. 我们采取了自学与集体学习相结合的方法进行学习,集体学习强调必须结合自己的教学实践谈心得体会,互相启发,相互促进,并且落实在"听课、上课、评课"的带教活动之中. 上课、评课是衡量一位教师的基本功与水平的重要标志之一. 两年来我们互相听了二十多节课,每次上课前总要确立一个研讨主题,围绕主题进行教案设计、上课、课后评价. 例如,面对 2007 年暑假上海市教委提出的"加强教学管理,狠抓教学五个环节"的新要求,为了研究如何在教学中加强反馈和评价这些环节,由刘文伟老师开设了一节单元测试题的讲评课供研讨. 刘老师仔细、认真地分析了班级学生的测试情况,结合学习理论后的体会对测试卷进行讲评. 我们之所以确立这个主题进行研讨,是因为过去教师对作业、测试题的讲评课不重视,有些教师虽然较重视,但教学方法欠妥,存在面面俱到、就题论题等问题. 在这次活动中,我们经历了先学习(学习理论)、讨论、实践(上讲评课),再研讨的较完整的过程. 最后统一认识. 确立了好的作业、测试卷讲评课的标准,可能还较肤浅,但它毕竟是我们自己学习、实践、研究的成果,我们将在今后的实践研究中对它不断完善. 我又与刘老师交流了课后必须对学生犯错误较普遍的内容与试题采取后续的补教措施的想法,收效颇丰.

又如学习了上海二期课改的课程标准后,为了研讨在基础课中如何进行研究性学习,我带头开设了一节高中解析几何的研究课. 从一个简单的大多数学生已掌握的问题出发,不断地由学生(有时教师做些启发、引导)提出新的问题进行探索,进行研究. 由较低层次的定性分析到高层次的定量分析,整堂课在一个"提出问题、解决问题"的研究氛围中进行. 课后我们又对如何在日常教学中渗透研究性学习,如何创设恰当有效的情境,引导学生进行研究性学习进行了深入的研讨,取得了很好的效果,达到了我们预先确立的研究问题的目的. 在不断地学习、研究、实践中,刘文伟老师对数学的理解更加深刻,对数学教学更加充满自信,同时积累了很多成功的经验,多篇教学论文在教育杂志上发表. 其中论文"利用现代信息技术进行数学实验教学的实践与探索"在《静安教育》2008年第三期上发表;论文"提高数学课堂教学领导力的途径与策略"在《上海中学数学》2008 年第九期上发表;论文"落实复习环节中的'联',提升毕业班的教学"

在《上海中学数学》2009年第5期上发表并被中国人民大学报刊复印资料全文转载.

（二）注重个性特征，追求针对性，强调反思

区教育局名师带教领导小组负责同志指出，要客观地分析学员现状，采取针对性措施，使带教指导具有针对性.

刘老师在个人发展规划中明确提出个人不足之处是对于高中数学日常考试试题的命题与构造思路还不清晰，对于试题研究的能力和水平有待提高.我的带教规划书中针对刘老师不足之处，提出了加强试卷评价的理论学习，加强对各类试题的研究与评价.因而带教刘老师的过程中特别关注如何把握好命题方向，掌握好命题原则，为此我与刘老师学习了有关上海数学高考命题的文章，如教学杂志上由市考试院数学秘书、教研室教研员、高考命题组组长联合写的有关高考中如何进行研究性学习能力的评价与考核等文章.我也将自己多年来的体会及2004年参加上海数学高考命题工作的心得，如方向的把握、难度的控制、结构的安排等与刘老师进行详细的交流.同时带领刘老师参加了上海数学高考试卷的评价会，聆听了很多专家的意见，成效很好.同时我也布置了具体的任务：要求刘老师主动承担华东模范中学有关年级的期中、末考试卷的命制，并对2008届华东模范中学与其他六校进行的高三联考试卷进行评价，详细地写一份评价报告，刘老师完成这两项任务也是作为学习后的两次实践.其中两次担任华东模范中学高一数学考试的命题工作，都达到了预期的目标，高一任课老师都很满意.评价报告中对试卷的优缺点的分析基本到位，提出的个人观点和见解也比较正确，我充分肯定了他的成绩.我们对2008年与2009年上海数学高考卷作了详细的分析，刘文伟老师提出自己的评价意见，意见客观、适切.这说明两年来，刘老师在这方面已有较大的突破.

根据刘老师对应用现代信息技术手段辅助教学很有研究，实践也有一定成效这一特点，我们带教活动中安排了一次有关这方面的研讨、实践活动.能者为师，请刘老师介绍了研究、实践情况，一起学习了刘老师的论文"利用信息技术进行数学实验教学的实践与探索"，并听了一节有关这方面的研究课，课后进行了热烈讨论，大家认识到解决好这方面问题，除了要熟练地运用现代信息技术外，还要充分关注数学的本质与教学的有效性，防止用电子屏幕替代板书.

带教规划书的带教思路中明确指出:在整个带教过程中,强调反思,在学习中反思,在教学实践中反思,在反思中求发展,在反思中获成果.在反思中修改带教思路.

在听刘文伟老师的研究课时,我发现课上教师提的有些问题不贴切或不明确.及时要求他进行反思,反思当这些问题提出时,学生在课上的反应如何?反思这些问题为啥不贴切,不明确?同时我"寻找"了有关课堂提问的教学理论文章,我们一起进行深入学习,明确了如何区别课堂提问的有效与无效;如何选择最佳时机提出相应问题;如何组织规范的数学语言,使提出的问题贴切、明确等.通过反思与学习,刘老师在以后几次研究课的实践中课堂提问有明显的改观,取得长足进步,收获预期成效.

在听课、评课中我还针对学员不足之处,设置带教活动的内容.过去区教研室举行的公开研究课,课后教研员要求听课教师评课谈体会,发言人很少,且发言者的评课都在一个肤浅的层面上.面对这种状况,一年来我们深入学习了《课堂观察指导》这本教科研指导书中的理论,认识到要能正确、深层次地评价一节课,必须以课堂观察为依据.了解到课堂观察是一种科学观察,不同于日常观察,观察者必须带着明确的目的,从课堂情境中收集资料,并依据资料做相应研究,提出相应结论.明确了如何进行课堂观察,并能用《课堂观察指导》中的理论指导实践.我与刘老师一起去听我带教的骨干班学员在结束前上的展示课,并布置了研究的问题,要求刘老师在听课中要特别关注教师在整堂课中的提问,课后给出点评.刘老师认真按预先布置的问题进行课堂观察,统计了教师在上课时所提问题的数量以及每个问题给学生思考的时间,具体分析了哪些问题是有价值的和有效的,哪些问题是无效的等,课后,刘老师作了较高质量的点评.这不仅提升了自己的教学实力,而且为今后成为区内有影响的数学教师奠定了基础.

(三) 讲究实效,密切联系学员当前的教学工作

带教的第二年,我们都担任高三毕业班的数学教学工作,高考是高中学校教学工作的重中之重,高考成绩将直接影响到学校在社会上的地位与声誉,因此为了提高带教的实效,及时修正了带教思路,我们将整个高三数学教学的研讨作为第二年带教的重点.

一年来我们互相听预先确定主题的高三数学复习课 6 节,每次听完课除了评课外,都要对预先准备的有关高考复习内容进行深入研讨,其中包括:对高考说明的精读与分析;对高考新方向、新题型的研究;参加全市高考研讨会,听取专家、各区教研员的意见与建议.今年高三的数学是全市使用统一新教材的第一年,有很多新增内容.面对出现的新情况,我们多次对有关新增内容的有效复习(其中包括难度、广度、练习的选择等)的心得体会进行交流,互相启发,互相帮助,而且还共同学习我们过去没有学过,也没接触过的内容,如数学与音乐、数学与美术等.

通过一年的努力,刘老师所教两个班的数学在高考中成绩优良,刘老师所在的华东模范中学的本科率提高了 10 个百分点.

二、刘文伟老师培养目标达成状况分析

通过两年带教,加上刘老师自身的良好素质与不懈努力,带教规划制定的目标与个人发展规划制定的终期目标完成得很好.

刘老师于 2008 年被评为中学高级教师,在 2008~2009 年有 3 篇教学论文在区级以上教学杂志上发表;教学质量好,在区统考与高考中,所教班级学生的成绩优秀,平均分数明显高于同类学校;对试卷的命题与评价已有较高的认识,能出一份较好试卷.在全区的知名度明显提高,担任了区高三中心组工作与区兼职教研员工作.由于教学能力与工作能力有显著进步,本学期担任了教导副主任.能自觉做到在教育教学中学习、研究,在实践中反思,在反思中进步.但由于工作太繁忙,担任年级组长、备课组长、两个高三班数学教学工作,还担任学校学生处的一些工作,因此反思没有落实到书面,专业日志的撰写没完成.但我相信,刘老师的良好师德、敬业爱岗精神、较强的数学本体性知识与数学教学功底为今后进一步发展奠定了坚实基础.

[点评] 这个案例是张颂方名师工作室 2007~2009 两年间带教一名青年教师的导师总结,同时带教的还有两位教师.从总结中我们可以看到整个两年的带教历程和带教内容,青年教师的成长脉络也较为清新.工作室研修方式,领衔人可以凭借自己的专业判断,给学员的发展定出比较符合实际的、个性化的培养目标,学员经过名师的指点和带领,能获得较快较好的专业发展.

二、名师培养基地研修

名师培养基地是近年来各地探索出的培养名师的途径之一. 它的培养目标是造就一批学习型、研究型、创新型的名教师. 名师培养基地把教师的进修、提高目标分为三个层次：教育教学个体和群体的实施能力和研究能力的切实提高；让学员具有高站位、新理念、意识超前的综合分析和研究能力；学员能成为（或初步成为）富有个性特长的，具有研究能力、挑战能力、感悟能力和创新能力的名教师. 名师基地的培养重点是加快学员的专业化发展，但这不是最终的目标，教师成长发展的目的是为了促进自己所教学生更快、更实、更乐、更好地发展，使一代又一代国家所急需的人才能从他们的手中脱颖而出，这需要学员争做一名学习型、研究型、专家型的教师.

从"十一五"开始，上海采用名师基地和高级研修班的形式培养名师后备人选，到"十二五"全部采用名师基地的形式. 每个名师基地带教十名左右的学员，采用一名导师（主持人）领衔，数名专家参与的基地班指导研修的数学教师培养方式，在上海市普教领域一批著名特级教师和有关高校专家教授的指导下，在各区县教育行政部门及有关培养基地的共同努力下，取得了很好的成效，培养了一批具有良好师德修养、先进教育理念、厚实专业素养、开阔国际视野和较强国际交往能力，具有教育研究和教育创新能力，在市内乃至国内有影响的优秀教师.

三、集中培训研修

这种培训方式，可以是校内数学教师的集中培训，也可以是一个地区的初中、高中或某一年级的数学教师的集中培训. 区域内的教研活动是常见的一种集中培训. 集中培训的地点一般比较灵活，可以在本地区开展，也可以在异地开展.

依托地区教研机构开展的集中培训，是我国中学数学教师进行在职研修的一种常见方式. 利用一段时间对某一专题问题进行集中研究培训，是集中培训研修指导的重要形式.

案例 6.2.2

区域性集中培训——2011～2012 学年寒假上海市静安区高三数学集中培训

培训对象：高三数学教师.

一、背景分析

1. 数学高考命题的结构发生重大变化，考试说明已经出版. 这种变化将延续一段时间，但是教师普遍认识不足. 因此教学组织方面必须适应和研究这种变化.

2. 本届高三数学多数教师对完整的初高中教学内容还不是非常了解，需要对内容特色和上海教材的亮点进行研究，由此理解课程的整体设计意图.

二、培训目标

通过培训实现：

1. 对 2012 年数学高考的走向有明确的认识；

2. 对如何在茫茫信息的海洋中，筛选出符合高三后阶段需要的信息，教师能够提出自己的见解；

3. 对几类热点问题达成一致的理解；

4. 对高考必考的函数、数列、向量、解析几何、立体几何、三角以及文理分叉的内容的处理，每所学校拿出有特色的方案.

三、培训时间

2012 年 1 月 28、29 日共两天.

上午 8:30～11:30；下午 1:00～4:00.

四、课时安排

每半天按 4 课时计算.

五、课程设置

1 月 28 日上午 8:30～11:30	1 月 28 日下午 1:00～4:00
上半段：请数学高考命题专家讲座. 下半段：各校交流期末检测情况分析.	上半段：请教材主编介绍数学教材的编写意图和整体构想. 下半段：数学教材的特色和亮点研讨. 布置设计作业.

续　表

1月29日上午8:30～11:30	下午1:00～4:00
上半段:各校下学期教学进度初步打算交流,重点是对高考必考内容的复习方案. 下半段:研讨我们按照什么样的方式处理高考内容,如何通过作业环节提高效能?	上半段:对函数、数列、向量、解析几何、立体几何、三角以及文理分叉内容的处理进行研讨;明确几个重点方法. 下半段:集中交流,分组总结、汇总,撰写培训总结.

六、培训方式

1月28日上午8:30～11:30	1月28日下午1:00～4:00
上半段:专家讲座. 下半段:交流研讨,由区中心组主持.	上半段:讲座,由教材主编主讲. 下半段:分组讨论,最后集中;布置学员设计作业.
1月29日上午8:30～11:30	下午1:00～4:00
上半段:各校轮流交流,他校点评与互评. 下半段:研讨,小组长汇报,最后总结.	上半段:对照教材研讨;对照考试说明讨论. 下半段:集中交流;介绍去年培训的部分成果;分组总结、汇总,撰写培训总结.

[点评]　为了解决某一专题,利用时间进行集中培训研修,能够在短时间内达成共识,收到好的效果.上海市静安区教育局每年利用寒暑假时间对高三教师进行专题培训,取得了良好的培训效果.静安区在上海市高考中数学成绩也一直名列前茅.

四、依托大学资源的研修

1. 国家培训

强国必先强教,强教必先强师.加强教师培训,是促进教育公平的一项重要举措,是深入实施素质教育、全面提高教育质量的必然要求,也是广大中小学教师专业化成长的内在需求和愿望.

国培计划是为落实全国教育工作会议精神和教育规划纲要而启动的教育发展重大项目,是进一步加强中小学教师队伍建设的一项重大举措.国家培训以培训高质量的教师为主题,以学科为载体,突出层次高、要求高的特点,探索新时期教师培训的模式,完善高水平教师培训的组织管理机制,勉励学员们努力通过研修提高自身学科专业的水平,摸索学科教学的规律,成为一批"种子"教师.

2. 区域委托大学开办的高级研修班

中学数学教师专业发展的高度与深度,与其数学教育理论功底、数学学科功底以及视野等有着密切的联系.国培参与人数较少,级别高,参与面小,依靠大学雄厚的师资提升区域的师资水平,是近些年兴起的一种培训方式.

案例 6.2.3

高中数学高级研修班

上海市静安区为切实提高教师的学科素养,促进教师专业能力和终身潜力的可持续发展,培养一批高起点、高层次的具有现代教师素质的中学数学骨干教师,举办高中数学高级研修班.该班由静安区教育学院与华东师范大学职业技术培训中心合作,整合上海市数学界权威师资,探寻和实践中学数学教师的综合素质培养途径,促进其专业的可持续发展,已经成功办班三期.下表列出了培训专家及培训主题:

	期限:一年
张奠宙	国家高中数学课程标准正在研究的 15 个课题
	数学文化暨中国现代数学百年史话
	数学教学中进行思想品德教育的六个层次
	数学本质的探究(几何学)
	数学本质的探究(代数学)
乐经良	数学实践教学的探索与建设
田万海	数学课程目标的要素
	数学教师的素质与中学生数学素质的培养
	对于数学教学活动的思考:1. 数学语言及其教学
	对于数学教学活动的思考:2. 数学教学测量与评估

续　表

韩茂安	微分方程定性理论
王继延	新课程背景下中考的评价与思考
吕芒芒	关于数学的学术形态和教育形态
鲍建生	数学教学理论：1. 国际数学教育评价
	数学教学理论：2. 课堂教学观察
李　乔	网络组合论及论数学哲学
	组合数学与图论及其应用
李大潜	仰望欧拉，学习欧拉
李士錡	数学教育研究方法1：分析数学课堂教学
	数学教育研究方法2：理解数学教育理论
袁震东	现代数学大观
	高中数学概率统计教学

[点评]　高中数学教师的深度在职进修，仅仅依靠普教系统本身会力不从心，达不到一定的高度和视野．而大学里有一批关心中学数学教育的院士、教授，通过委托大学培训机构办高级研修班的形式，可以有效弥补区域内研修的不足，对于全面提升教师的专业水平和职业素养是大有裨益的．

3. 研究生课程班

为了满足广大数学教师进修学习的需求，教育硕士研究生课程班（包括数学教育）在不同类型的师范大学及个别综合性大学陆续开班，满足了教师积极进取、勤奋学习、与时俱进、不断完善自我的需求．为了达到学习和工作两不误的要求，多数培训利用寒暑假集中上课，或周六和周日的休息时间上课，也有通过网络完成课程学习的研究生课程班．研究生课程班的学习大大满足了教师的学习需求，对教师专业知识的提高起了很大作用．

第三节　校本研修

校本研修在学校层面上展开，致力于解决学校内部面临的问题，一般都是

教师中存在的共性问题,即使是个性问题也是大家所关心的.校本研修形式有哪些? 如何开展校本研修? 现介绍如下:

一、备课组集体备课

集体备课是相对于个人备课的一种备课形式,主要是指学校内同年级和同学科教师有计划、有组织地共同制定教学计划,分析教材重难点并确定最佳教法,撰写教案的过程,是一项集体性的教研活动.一般来说,教师的备课资源可分为有形资源和无形资源,有形资源包含教科书、教案、参考书、多媒体课件等,无形资源则是教师对专业知识的理解掌握程度、自己的教学风格特点、独特的见解等.由于每位教师主观或客观的因素不同,所以其教法及思路也有所差异,因此,对同一课题进行集体备课,能够集思广益、取长补短,既是提高教师整体素质的重要途径,又是保证备课质量、提高教学水平的重要举措.

集体备课的通常做法是"周集体备课制",即同年级同学科教师在每周的同一时间和同一地点,对上周的教学内容进行总结和反思,对本周的教学内容进行讨论、研究,并做到"四定"——定时间、定地点、定内容、定主备课人,以及"四备"——备教材、备教法、备课件、备作业设计.集体备课的程序是:总结反思——个人初备——集体研讨——个人完善,把个人创新与集体智慧融合,把研讨和反思结合.具体做法是:

1. 个人初备.根据下周的教学内容,将每课时的内容分解到人,保证每个人能集中精力备好一个课时或一个内容.教师要认真钻研自己所要备的教学内容,梳理出知识点和教学目标,了解所备内容在教材中的地位及前后联系,确定好教学的重点、难点,然后备出初步教案、教学课件、课后练习.其他教师在集体交流前必须熟悉教材,理清教材的知识体系,梳理出知识点,并初步考虑相应的教学设计.无论是主备课人还是其他教师,都要在初步设计的过程中列出自己的困惑和疑问,以便交流时供大家讨论.

2. 集体研讨.研讨时,首先由主备课人围绕所备内容提出自己对教材的理解,以及为了达到教学目的所设计的教案、课件、练习.其他教师针对主备课人设计的教案、课件、练习进行充分讨论,完善教学设计.在讨论交流中达到信息沟通、资源共享、相互吸取、相互促进.

3. 个人完善. 集体研讨交流达成一致的意见,形成实施教案后,主备课人根据讨论结果,对备课进行完善,其他教师根据主备课人的教案、课件、练习,结合自己的实际修改、完善,形成自己的个性化教案.

4. 总结反思. 总结与反思是集体备课的提高与升华阶段,是集体备课的灵魂. 总结反思是对自己的教学从教材的把握、教学方法、教学效果等方面,认真总结上课的得失,以及教学过程中产生的困惑、获得的启发等. 这些心得正是教师业务能力进步的标志.

总之,集体备课是实现教师交互式教学及进行教法研讨的备课模式,它集众人睿智,取长补短,为充分挖掘集体智慧提供了条件. 做好集体备课,实现学科备课资源共享,既是提高教师整体素质的重要途径,更是提高备课水平、保证课堂教学质量的重要举措. 作为教师,要在共享集体备课资源的基础上,结合自身实际,设计出适合自己教学风格的教案,选择适合学生的教法,实现课堂效益的最大化,从而真正实现集体备课的最终目的.

二、教研组主题讨论

教研组是学校管理的基本组织形式,也是进行研修指导的一种基本组织单位. 充分发挥教研组的职能作用,是提高研修质量的基本组织保证,也是加强教学管理、提高数学教师整体水平的一个关键途径. 数学教研组是本学科教师进行教学研究、经验交流、活动开展和各类评比的教学管理组织形式. 开展教学研究是数学教研组的核心工作. 教研组研修有针对教学环节的研修和旨在开展科研的研修. 针对教学环节的研修有以下几种常见的形式:

1. "磨课"

"磨课"是集体备课、教研的一种方式,也是新课程教学提倡的一种校本研讨方式. "磨课"充满着集体的智慧,有助于促进教师在专业上快速成长. "磨课"的主要内容有磨目标、磨教材、磨环节、磨学生、磨细节等五个环节. 教师是课堂教学的实践者,是"磨课"研讨的主体. 要把握"磨课"的方向,领会教材意图;抓住"磨课"的重点,明确"磨课"确定的目标、教材、教学环节、所教学生、教与学的细节;重视"磨课"的过程,使一个个教学环节由不完善逐步走向完善,促进资源共享,为整体打造、提升高效课堂搭建平台."磨课"正是教师教学生命成长的过程,凸显集体智慧的亮点.

数学教学的根本是引导学生构建良好的数学认知结构,全力践行新课程所倡导的"努力揭示数学概念、法则、结论的发展过程和本质"和"使学生理解数学结论逐步形成的过程,体会蕴含其中的思想方法".践行集体"磨课"时必须"站在学科的高度"和"站在系统的高度"下进行,并要注意教学目标的把握、核心概念的把握和学生主体地位的体现三个关键点,才能体现出新课程理念的先进性、正确性.

案例 6.3.1

"两角差的余弦公式"的"磨课"历程①

一、准备做深度备课

1. 理解课标

《普通高中数学课程标准(实验)》中指出:"经历用向量的数量积推导出两角差的余弦公式的过程,进一步体会向量方法的作用.能从两角差的余弦公式导出两角和余弦公式,两角和与差的正弦、正切公式,二倍角的正弦、余弦、正切公式,了解它们的联系."明确指出两角差的余弦公式推导更能帮助学生体会运算和推理在探究、发现数学结论,建立数学体系中的作用,有利于发展学生的运算能力和推理能力.在用向量的数量积推导出两角差的余弦公式过程中,进一步推导两角和的余弦公式,从中认识数学内容的内在联系,体验数学的发现与创造过程.两角差的余弦公式是本章的基础和出发点.要上好这节课是很不容易的,因为在教学过程中要处理好关键点:从猜想、联想两角差的余弦的关系式,到怎样发现公式及怎样证明这个公式.

2. 理解教材

人教社 A 版教材中将平面向量知识插入三角函数与三角恒等变换之间作

---

① 宫前长. 中国数学教育,2012,11:13—15.

为一个章节,就是体现向量是沟通代数、几何、三角函数的桥梁,是一种新的数学工具.用向量数量积的知识推导出两角差的余弦公式有很强的价值取向,具有承上启下的重要作用,揭示构建的"数"、"形"统一体是凸显向量的本质,让向量的工具作用得到充分的表现,也展示了教材必修与选修中向量知识渗透、贯彻、应用的编排特征.通过磨课,在遵循教材总的设计思路、框架的前提下,对一些具体的细节作优化调整.本节课教材由实际问题引入,显得生硬,理解吃力、费时,而磨课就是研究调整学生思维的切入点,从形式上与向量数量积公式相近的情况下让学生自然地发现两角差的余弦公式,清楚并经历两角差的余弦公式的提出、猜想和研究的历程,从而使得探究的思路更加自然、更贴近学生的原有知识结构,凸显了通过对简单情况进行讨论得出猜想的细节进行改进的作用,但一定要在学生的实际水平上做调整和补充,才能体现遵循教材、创造性地使用教材的思想.在磨课教学设计中,力争在磨学情的基础上准确把握学生需要掌握哪些知识、具备哪些生活经验.建立在"磨课"的基础上,集思广益,形成对概念、结论、例题等的教学目标做出准确定位的共识,使"创造性地使用教材"变为现实.如两角差的余弦公式 $\cos(\alpha-\beta)=\cos\alpha\cos\beta+\sin\alpha\sin\beta$ 的教学,其基本流程为首先注意到 α 和 β 的大小、终边所处的位置关系、两角正余弦所处位置的对称关系及符号,为了强化记忆进一步概括出公式的特征,但结果到后来复习时仍会出现 $\cos(\alpha-\beta)=\cos\alpha+\cos\beta$, $\cos(\alpha-\beta)=\cos\alpha\cos\beta-\sin\alpha\sin\beta$ 的结果.数学核心概念的学习中,观察、分析、综合是基础,抽象、概括是关键.如果教师在进行教学活动时抓住两角差公式的探索、推导过程的特征,就抓住了教学两角差公式的核心,既突出了关键,又减轻了学生记忆公式的负担.

3. 分析学情

本节课以两角差余弦公式的探究为载体,进行有创意的精心设计,必须以学生思维的培养和发展为教学的着力点,用"教思维"的方式有意让学生重视问题提出的自然性、合理性,侧重点在课堂上进行问题的提出、猜想的发现、证明思路的探讨,展示教材目标的高定位、新立意,在课后习题训练中采用分层次的探究性创新作业,能延伸不同的学生进行自主探究、构建知识的实践.两角差的余弦公式推导处理是磨课的关键,它可以上通教材,下达不同的学生,有利于学生主体地位的体现.目标真实、自然的探究过程中,容易培养学生善于思考、善于提问、小组合作的好习惯,学生的观点、看法、思路与感悟能够得到充分表达,数学知识的自主探究、建构容易形成,学生会自然形成"提出问题——初步猜想——反例反驳——再次猜想——取角验证——逻辑证明——得到公式"的思路流程.教师磨课时不仅把着力点放在猜想提出和猜想证明思路的寻找上,并且要紧紧围绕学生的思维难点进行点拨、启发、引导,分散难点就是更好地突破难点,达到有效地发展学生思维的目的.如本节课的教学引入有两个关键点,即为什么要在单位圆中研究问题和采用怎样的方法让学生容易发现用向量数量积的两种形式(即两次算)解决问题.这就需要指导学生的学法,首先指导学生以退为进,分化难点,从简单的、特殊锐角的情况开始探究,让学生通过观察表达式的组成及其结构特征,突出重点,拓宽思维,联想到单位圆上点的坐标、向量的数量积公式,进而转化为向量问题加以解决.同时,注意指导学生搞清楚两角差与相应向量的夹角的联系与区别,进而给出严格的证明.方法的有效指导能够突破难点、突出重点,学生的数学思维流畅、探究过程真实,课堂教学定位会清晰合理.

4. 确定教学目标

如何合理定位目标,关键是解读好教材和准确理解课标.章建跃博士曾说:"教学目标应当以数学知识技能为载体,在教学过程中开展数学思想方法的教学,渗透情感和价值观的教育,只有在正确理解教学内容的基础上才能制定恰当的目标."具体、明确地提出了制定教学目标时所把握的关键.那么,在具体备课时,通过哪些思考,才能达到这样的教学目标要求? 新课程的三维目标是课程目标,是教学备课时对整体设计的一种设计思路,主要反映学生学习过程中的心理维度.教学目标关注的是教学内容特征反映,依靠"了解"、"理解"、"掌握"以及相应的行为动词"经历"、"体验"、"探究"等表述目标.因此,通过各位教师的提议和讨论,对"两角差的余弦公式"一节的教学目标设计及教学重难点确定如下:

知识与技能——让学生探索、猜想、发现并能用向量的数量积推导"两角差的余弦公式",掌握公式的特征;了解单角与复角的三角函数之间的内在联系.

过程与方法——理解数学的转化思想,增强学生向量方法应用的意识;通过两角差的余弦公式的运用,会进行简单的求值、化简.

情感、态度与价值观——通过学生的主动参与、合作交流,体会探究的乐趣,认识到世间万物的联系与转化,养成探索的习惯.

教学重点:通过探索得到两角差的余弦公式.

教学难点:两角差的余弦公式的探索与证明.

二、"磨"炼教学预设思路

磨课就是解决按照什么思路展开教学活动,包括对教材的解读、对学生的分析、对教学资源的使用、对备课时存在的困惑的解决,等等.总之,只有深层次解读教材、思考教材,才能更好地用好教材、用活教材.教材思路是在三角恒等变换的两角差的余弦公式一节内容中,先利用章头图中的问题引出如何用 $\sin\alpha$ 表示 $\tan(45°+\alpha)$,并与如何用 α、β 两角的正余弦表示 $\cos(\alpha-\beta)$ 建立联系;通过特殊角进行猜想、验证及一般表示的探究,再用几何法和向量法进行证明获得公式,例 1 直接利用公式计算,例 2 把所得公式与同角三角函数关系式相结合.除了教材的两个例题外,精选不同层次的题目,由易到难,针对两角差的余弦公式设置顺序,体现方法、能力的最近发展区,使学生的思考循序渐进,恰到好处.本节的重点是探索得到两角差的余弦公式.在认真解读了教材的设置及目标后,进一步重新审视前面一章学生已掌握的内容以及学生的接受能力,初步决定对教材内容进行适当的调整:在已学向量知识的基础上,对两角差的余弦关系式采用猜想(特殊角)、探究(任意角)的方式学习,发挥向量的"数"、"形"特征及向量数量积的两次算的特征.解决了两角差的余弦公式是"三角恒等变换"这一章的基础和出发点问题,真正体现出三角恒等变换处于三角函数与数学变换的结合点和交会点,自然认识到公式的发现和证明是本节课的重点,也是难点.

三、"磨"出精彩的教学片段

1. "两角差的余弦"问题的提出及解决片段

教师复习已学的三角函数知识,采用提问的方式进行:三角函数的定义是什么? 在单位圆中如何表示正弦线与余弦线? $60°$ 与 $45°$ 的余弦值是多少? $15°$ 的余弦值是多少? 能否猜想出 $15°$、$45°$、$60°$ 的三角函数关系式?

学生猜想:可以写出等式 $\cos15°=\cos(60°-45°)=\cos60°-\cos45°$. 对等式成立进行了验证,结果等式不成立,产生了疑惑.

师:上述所写式子中左边的等号成立,右边的等号不成立.虽然式子 $\cos15°=$

$\cos 60° - \cos 45°$ 不成立，但给大家提供了一个"数"的特征"信息"，即 $15° = 60° - 45°$，从"形"的角度进行解读，可能会有新发现. 需要多联想以前所学的数学知识，尤其是数形结合紧密的数学概念.

生$_1$：函数、向量、坐标……（学生大胆的联想）

师：有没有与角度相关的、又与数形相关的数学概念？（点拨）

生$_2$：向量、坐标（单位圆上点的坐标可以用对应角度的三角函数表示）

师：大家不妨画出你认定的相关图形进行探究，能发现其中的关系等式吗？

生$_3$：如左图，在坐标系 xOy 中找到 $45°$、$60°$ 的终边与单位圆的交点 P、Q，其坐标记为 $P(\cos 45°,\ \sin 45°)$、$Q(\cos 60°,\ \sin 60°)$，这时恰好 $\angle POQ = \angle xOQ - \angle xOP = 15°$，想到最近学习的向量的数量积性质中的 $\cos \alpha = \dfrac{\boldsymbol{a} \cdot \boldsymbol{b}}{|\boldsymbol{a}||\boldsymbol{b}|}$，借用 $\cos \alpha$ 的向量表示方式，解决

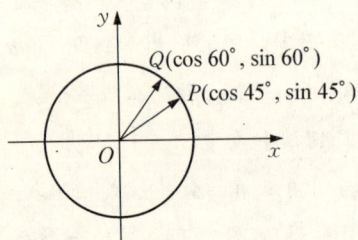

$\cos 15°$ 的表示问题，即 $\cos 15° = \cos(60° - 45°) = \dfrac{\overrightarrow{OQ} \cdot \overrightarrow{OP}}{|\overrightarrow{OQ}||\overrightarrow{OP}|} = \overrightarrow{OP} \cdot \overrightarrow{OQ}$，此时就自然联想到向量的数量积的表示有两种形式，一种是向量的模与其夹角表示，另一种是向量的坐标表示. 选择向量的坐标表示可以与 $45°$、$60°$ 的终边与单位圆的交点坐标相联系，从而有 $\overrightarrow{OP} = (\cos 45°,\ \sin 45°)$，$\overrightarrow{OQ} = (\cos 60°,\ \sin 60°)$，由 $\overrightarrow{OP} \cdot \overrightarrow{OQ} = \cos \angle POQ$，即 $(\cos 45°,\ \sin 45°) \cdot (\cos 60°,\ \sin 60°) = \cos 45° \cos 60° + \sin 45° \sin 60° = \cos 15°$，因此得到等式 $\cos 15° = \cos(60° - 45°) = \cos 45° \cos 60° + \sin 45° \sin 60°$. （有部分学生感叹向量的"超凡"功能！）

师：通过上面的探究，能否将上述等式一般化，能否对一般化的等式进行证明？

生$_4$：可以得到一般化的形式 $\cos(\alpha - \beta) = \cos \alpha \cos \beta + \sin \alpha \sin \beta$，证明方法可以采用上述方法. 即在平面直角坐标系 xOy 中作单位圆，以 Ox 为始边作角 α、β，它们的终边与单位圆分别交于 A、B 两点，则 $\overrightarrow{OA} = (\cos \alpha,\ \sin \alpha)$，$\overrightarrow{OB} = (\cos \beta,\ \sin \beta)$，$\cos(\alpha - \beta) = \dfrac{\overrightarrow{OA} \cdot \overrightarrow{OB}}{|\overrightarrow{OA}||\overrightarrow{OB}|} = \overrightarrow{OA} \cdot \overrightarrow{OB} = (\cos \alpha,\ \sin \alpha) \cdot (\cos \beta,\ \sin \beta) = \cos \alpha \cos \beta + \sin \alpha \sin \beta$，故 $\cos(\alpha - \beta) = \cos \alpha \cos \beta + \sin \alpha \sin \beta$. （投影仪

展示)

师:大家思考 $\alpha-\beta$ 作为两向量的夹角,有没有限制条件?

……

师:公式特征能总结出来吗? 通过公式转化能否寻找有关 $\cos(\alpha+\beta)$ 的等式?

反思:一串串的提问给学生提供了思维的空间,学生积极地参与课堂教学,大胆猜想、仔细观察、独立思考,思维空间的拓展激发了学生探究的热情和兴趣,使其在自己力所能及的范围有不同的收获,得到了不同的发展.

学生先猜想 $\cos 15°$ 的值,再回顾体现数形结合的数学概念即向量、坐标. 通过寻找 $15°$、$45°$、$60°$ 在直角坐标系中的对应向量及坐标关系,利用向量数量积运算法则解决问题. 问题的设置层层递进,难点分散,凸显了核心概念的教学,体现了数学本质,提升了学生的思维能力,更加彰显了数学课堂的理性思维.

2. 反思磨课中预设的教学引入

在磨课过程中,对两角差的余弦公式的推导引入,预设要依据学生的学情进行适当的调整,对基础扎实和能力强的学生采用高起点、高立意的预设,即从正、余弦函数的周期性入手,借用周期运动的叠加猜想、寻求两角差的余弦公式,增强了探究的强度. 但对于基础一般的学生采用低起点、问题串的方式,层层递进的预设,先初步猜想,再用特殊角验证,让学生独立思考,联想向量数量积的两次算(投影法与坐标法)寻求两角差的余弦公式,落实新课程探究教学. 校本磨课切实可行地促进了教师在新课程教学中角色的转换,教师在学生探究过程中,真正成为参与者、合作者、引领者,陪伴着学生突破数学学习难点.

3. 磨课消除了目标确定时侧重点的处理困惑

磨课过程中,教师公认以两角差的余弦公式推导和准确掌握、应用两角差的余弦公式为重点,推导公式自然成为这节课的难点. 但有部分教师想将重心偏移到公式应用环节,也有部分教师重心偏移在公式的合理推导、探究中. 在实施教学中,注重让学生亲身经历过程和亲身体验方法,消除了"重心偏移到公式应用环节"的心理顾虑. 磨课实践证明,侧重于公式探究的生成更有利于学生的主动参与、合作、探究,更有利于学生亲身经历和体验数学知识的探究过程,形成更理性的思维,锤炼了学生的数学思维,践行了"知识是载体、能力是立意"的理念,更好地促进了学生的发展.

[点评] "磨课"是一种有效的校本研讨途径.如此"磨课"一定能促进教师对课程内容精髓的领悟,更能体现教师数学思维的"悟性"和"灵性",容易形成更理性的数学课堂.数学教育家波利亚说过:"教会思考意味着数学教师不仅仅应该传授知识,而且也应当去发展学生运用所授知识的能力;他应当强调运用的窍门,有益的心态及应有的思想习惯."这句话道出了教育教学的真谛!

2. 课堂观察

课堂观察是课堂研究广为使用的一种研究方法.课堂观察就是指研究者或观察者带着明确的目的,凭借自身感官(如眼、耳等)以及有关辅助工具(观察表、录音录像设备等),直接或间接(主要是直接)从课堂情境中收集资料,并依据资料作相应研究的一种教育科学研究方法.

课堂观察的基本步骤为:第一,课堂观察前的准备——确定观察的目的和计划;第二,课堂观察——进入课堂及记录资料;第三,课堂观察后的工作——资料的分析和结果的呈现.

3. 主题研修

以教研组为单位的专项研究,是着重解决当前学校或者教研组关心的问题的重要途径.主题的确定通常和学校近期开展的活动相联系,或者是为了配合活动的开展,或者是由活动引发的讨论.主题研修的方式多种多样,可以由一人提出主题,大家围绕主题展开议论,并指定专人记录、整理.有时持续多次,涉及的内容广泛,通常是各抒己见,不一定要达成共识,只有主流观点和非主流观点之分,充分地相互交流.由于大家彼此都很熟悉,所以常常会演变成交流会或者谈心会.交流内容都是大家由衷的想法,所以对教师特别是青年教师的启发和帮助很大.

案例6.3.2

上海市育才中学数学讨论班的创建

对某个疑难问题进行讨论是数学教师之间常有的事.上海市育才中学数学

组将这种"争论"上升到更高的层次,自发组织了"教师小型讨论班",为教师间经常进行数学教学探讨和数学学术交流研究搭建了一个平台.基本做法是:先确定讨论班讨论的主题,让大家作一些准备,然后进行一次讨论;再由大家一起提出问题,尤其是自己一直在思考的问题,供大家一起思考;两三个星期后再讨论一次,或推荐一些优秀的文章,大家阅读后再谈体会.这样,逐步将无序的活动发展成有针对性的、有利于教学质量提高的、有利于青年教师对初等数学教学深入理解的舞台,并将讨论班的研究成果汇编成册,成为大家的财富.近两年还组织了关于高考模拟试卷命题、竞赛辅导等专题研讨,使一批青年教师在命题能力及竞赛辅导能力方面获得了较大的提高.

　　[**点评**]　这种讨论班的形式非常受教师欢迎.通过对某一主题进行头脑风暴,使大家的思维碰撞,思维水平得到升华,使每位教师的教学水平不断提高,是非常有效的校本研修活动之一.

4. 课题研修

　　中学数学教师应该具有教育科研的意识和能力.从事教育科研可以使教师达成教育理解、提升教育智慧.数学教师将自己教学中遇到的问题确定为课题,然后通过学习教育理论,采用科学的方法进行教育研究,最终把课题完成.课题研修,不仅能解决数学教学第一线的实际问题,同时也可以迅速提升教师的科研水平.

　　例如,上海市育才中学数学组非常重视教师科研能力的提升,数学教师科研的积极性非常高,仅 2012 年静安区区级一般课题,育才中学数学组就有 3 项,区级青年教师课题 1 项.(见下表)

编号	课题名称	单位	姓名
2012006	针对学生性格的差异探索数学个性化教学的实践研究	育才中学	尹德好
2012007	初高中衔接数学学困生问题分析及对策研究	育才中学	鲍辰婕
2012008	高中数学"题根"的探索与研究	育才中学	周心华
Q2012001	变式教学在高中数学课中的实践研究	育才中学	李振昕

5. 问题驱动研修

让教师带着"任务"参加校本研修活动,通过"任务驱动",促使教师自觉参加校本研修活动,提高教师学习、研修的积极性.

案例 6.3.3

借助《数学模块指导手册》驱动教师成长

2009 年上海市育才中学开始了新一轮的课程改革,育才中学课程改革的最大突破是基础型课程的校本化实施.育才中学根据学生学习规律、学科内在结构特点,对学生的学习时空、学习内容、学习方式、学习评价等进行整合,把每一学期分成三个学程(高中阶段一共 18 个学程).相应地,根据高中三年各学科课程的总课时数,对应学程,将各学科划分为内容相对独立且具有内在逻辑关系的模块.因此,学生可以不拘泥于以往学科教材知识顺序,每个学程自主选择相应学习模块,实行跨年级走班教学.这一改革最大的特点是增强了基础型课程的选择性,赋予学生充分的选择权,使学生可以自主选择学习时段、学习内容和学习进程.

学程实施以来,为了科学地编制学科知识模块,育才中学开展了学科课程标准(上海二期课改课程标准)的校本化实施研究.本次课改数学组教师积极探索,大胆创新,编写了《数学模块教学指导手册》.其基本框架包括:教学内容、目标设计、教学建议、评价示例.借助《数学模块教学指导手册》的编写和使用来提高教学和评价的精度和有效性,满足学生个性化的发展需求.

[点评] 《数学模块教学指导手册》的编写过程是育才中学数学教师充分交流研讨、相互学习的过程,是他们专业成长的过程,是锤炼团队的过程,也是育才中学教师文化自觉和学校课程领导力提升的生动体现.

三、跨学科交流

随着新课程改革的不断推进与深入,跨学科教研越来越成为中学数学校本教研的必然要求.新课程"综合性"、"开放性"的理念倾向要求实施跨学科教研.与"综合性"和"开放性"的教学相适应,中学数学校本教研必然要突破传统思维

模式的局限,由以单一数学学科为组织单位的固有模式向跨学科模式过渡.常见的跨学科研修方式如下:

1. 跨学科集体备课.跨数学学科集体备课可以将集体备课的优越性发挥得更好,由于众多"门外汉"的参与,其视野与思维空间远比数学同学科的集体备课开阔.让其他学科的教师带着新异的目光,从截然不同的视角去关注和审视数学,多个视角的碰撞与交汇可形成创造性的设计,使得集体备课由"取众人之长",上升到"取众科之长".

2. 多渠道的资源共享.听课、评课是常规教研活动最主要的形式,在跨学科听课中,资源的获取不再局限于数学学科渠道,而可以具有广泛选择性,拥有更多的学科渠道.这样,资源的丰富性、多样性远非同学科听课可比.教师只有坚持长期的跨学科听课,才能更好地为自己的学科教学积累丰富而全面的资源储备.学术沙龙也是资源共享的一种方式.

3. 多内涵的专业发展.数学教师的专业素养的内涵正在发生重要的转变——由单一趋向综合.中学数学校本研修也要把着眼点放在教师人文素养的综合提升上,在更高更新的层面上促进教师专业素质的多内涵发展,这样,教师的个人素质才能满足学生全面发展的需要.

案例 6.3.4

数学教师人文素养和综合能力的提升方案

上海市育才中学数学教研组非常重视数学教师人文素养和综合能力的提升,要求每个数学教师做到"八个一"——每学期阅读 1~2 本教育理论或文史哲类书籍;每年至少订 1 份报纸或杂志;每年新增个人藏书不少于 10 本;每学期至少撰写 1 篇读书心得、教育叙事或科研论文;每学期欣赏 1 场音乐会或 1 出传统戏剧;教师应发展 1 项业余爱好、特长;每周至少参加 1 次体育锻炼;每年至少参加 1 次学校组织或自行安排的旅游考察.

[点评]　上海市育才中学数学教研组由于非常重视校本研修,教师的教育教学水平不断提升,教师的专业化素质显著提高.她不仅是学校改革的先锋,也是静安区优秀教研组.

第四节 校际研修

校际研修为校与校之间提供了交流、学习、合作的平台,可以实现教育资源、信息、经验、方法等的顺畅交流和有效整合,是共同探索提高教学质量的有效途径之一. 校际研修包括以下形式:

一、区域内教研活动

1. "有组织的教研员领导下的"区域研修

数学教研员主持的研修是常见的一种研修形式. 在新课改的进程中,教研员应当是新课改的领头羊、广大教师的贴心人、研究探索新课程的助推器. 教研员与中学数学教师一起,积极探索新课程,努力为教学服务,促进教师专业发展.

案例 6. 4. 1

上海市静安区教育学院学科研修活动实施方案(试行)

一、目的意义

作为区级研究、培训机构,教育学院把研究指导服务于课程改革作为科教研工作的中心,始终聚焦于课堂,以推进课程和教学改革为己任.

研究与培训相结合的研修活动,以把先进的教育理念变成教师的具体的教育行为为目标;强调的是能够从课程教学的实际问题出发,用观察、讨论、探究等方法,有专题、有系列地在教研活动时间对教师进行有目的和有计划的培训,使教研活动成为教师培训的课堂,使教研活动与教师的培训结合起来,解决理论应用于实践的问题,真正为教师投身课程改革服务.

二、具体要求

1. 研究与培训相结合的研修活动,更强调活动的计划性和目的性,注重从课程改革实践中所遇到的困惑与问题中选择专题,在内容上更贴近教育热点和课改前沿,对问题作较深入的探讨.

2. 在形式上更注重开放式的研究性学习,形式更好地为内容服务.

3. 研修活动必须落实 8 个环节:①选题背景(主题的形成过程、主题的问题指向);②活动目标(直接、近期、长远);③研修对象(人员组成、主要人员分析);④研修提纲(问题设计);⑤研修形式;⑥活动实录(包括活动的归纳小结);⑦活动反思;⑧研修活动意见反馈表.

4. 研修活动次数每学期不少于教研活动次数的 1/3.

三、操作流程(略)

[点评]　上海市静安区教育学院作为区域培训的专业机构,在研修理念、研修方式、研修途径、研修效果等各方面一直走在全国的前列,创造了很多有效的培训方式.从本案例可以看出,静安区教育学院学科研修活动实施方案的务实和可操作性.

案例 6.4.2

改进高三数学作业的讲评

背景分析:去年对作业设计进行了全面培训,但是如何讲评作业,在认识上有很大差异.目前我区仅一半教师完整使用过新编教材,如何使讲评符合课改要求? 需要研修.

研修目标:

1. 筛选有代表性的学校案例;

2. 归纳作业讲评的几种方法;

3. 对作业讲评形成共识.

研修对象:静安区高三数学教师.

研修主持人:任升录(静安区数学教研员).

研修时间:2011 年 9 月 1 日至 2012 年 5 月 20 日.

研修内容、形式、课时安排:

1. 作业讲评的一个案例分析.形式:讲座(3 课时).

2. 作业讲评的目的和意义.形式:讲座(3 课时).

3. 作业讲评的案例交流.形式:研讨(3 课时).

4. 改进后的作业讲评案例汇报.形式:研讨(3 课时).

5. 作业讲评的现场研修.形式:公开课+研讨(3 课时).

6. 各校作业讲评的方案设计、实施与评价交流(3 课时).

7. 作业讲评的几种方案研讨.形式:案例分析＋研讨(3 课时).

8. 各校落实作业讲评的经验交流.形式:总结交流与研讨(3 课时).

[点评] 数学作业讲评是高三数学教学中的重要工作之一.本案例是上海市静安区教育学院数学教研员根据静安区高三数学教学中存在的问题而为高三数学教师量身定做的研修项目.通过本次研修,提高了全区高三数学教师数学作业的讲评水平.

2. 构建数学教研共同体

数学教研共同体是由有"共同愿景"的数学教师个体(专家、教研员、骨干教师、一般教师)共同构成的教研团体.他们在教研过程中彼此之间进行沟通、交流,分享各种教研资源,共同完成一定的教研任务.构建数学教研共同体,使区域教研形成一个从封闭走向多元、开放的数学教研网络.数学课程专家是课程改革中数学教学研究的一支重要力量,能发挥理论研究和学术方面的优势,积极开展课程改革的研究工作,主动参与中学数学课程改革的实践,帮助地方和学校开展教学研究工作.数学教研员及骨干教师应当成为数学课程专家与中学数学教师之间的纽带,协调各方面的关系,帮助建立校际教研机制,开展互动的校际交流.中学数学教师是区域教研共同体的核心和主体,要养成学习与反思的习惯,增强研究意识,以研究者的眼光审视、反思、分析和解决自己在教学实践中遇到的问题,把日常教学工作与教学研究融为一体.

建立数学教研共同体是满足中学数学教师归属需要及信息沟通的重要途径.在教研共同体中,中学数学教师感到自己和其他教师同属于一个团体,进行共同的教研活动,遵守共同的规则,具有一致的价值取向和偏好,满足了教师的归属感、认同感,能有效激励他们持续、努力地参加教研活动;教研共同体成员之间在沟通交流中可以获得不同的信息,看到理解问题的不同角度,而这又会促使他们进一步反思自己的想法,重新组织自己的思路.

二、异地教学研究

教师的专业发展需要搭建一个平台,集体跨地区到某校参观学习,相互上课、评课,研修会有较大的收获.异地教学就是这种平台之一,它是采取易位教学、借班上课的方式,把平时最好的教学水平呈现出来,促进日常教学水平的提高,实现公开课与日常课的真实统一,促进自己专业成长.

三、基于网络平台研修

网络教研平台是指利用计算机技术、网络技术、通信技术所构建的一个软件系统,通过这个系统可以发布信息、相互交流、开展活动.目前在各地使用的网络教研平台有教研网站、学科网站、资源中心、论坛(或 BBS)、博客(Blog)、魔灯(Moodle)、维客(Wiki)、播客(Podcast)、威客(Witkey)、远程视频(会议)系统、电子杂志、教师研训平台、科研平台等.网络教研是对常规教研方式在空间和时间上的弥补、延伸和扩展.选择或建设的网络教研平台既要实现常规教研功能,又要有常规教研所不能实现的功能.

信息技术为教师的专业发展提供了新的技术和平台,网络教研是教师专业发展的重要方向和趋势.网络教研包括:教学设计分享、主题学习资源网站建设、主题研讨、视频案例的教学观摩与研讨、定向搜索和网络求助等.

1. 教学设计分享

基于信息技术分享教学设计是运用集体智慧,从教学中学习教学,从课堂设计中改变课堂,从而顺利实施新课程的有效途径.

案例 6. 4. 3

从"幂函数"三次教学设计看教师专业发展
——网络环境下数学集体备课案例展示[①]

一、网络平台发布的第 1 次教学设计

1. 创设情境

问题 1　请写出下列以 x 为自变量的函数关系:

---

① 陈玉生.数学教学研究,2012,2:9.

(1) 正方形的边长为 x,正方形的面积为 y;

(2) 正方体的边长为 x,正方体的体积为 y;

(3) 正方形的面积为 x,正方形的边长为 y;

(4) 正方体的体积为 x,正方体的边长为 y;

生:(略)

问题2 你发现这些函数有什么共同之处吗? 你能归纳吗?

生:这些函数都是自变量出现在底数位置上,且指数为常数.

2. 形成概念

给新函数下定义:一般地,把形如 $y = x^\alpha$ 的函数称为幂函数,其中 x 为自变量,α 为常数.

专家回帖 这是一个十分普遍的幂函数引入设计.教师让学生写出一组函数关系,先观察后归纳,并在此基础上加以总结,得到幂函数概念.这样的引入看似水到渠成,其实对学生来说,并不完全是自己想出来的,因为教师在设计中已经为学生做好了一切准备工作,框定了学生的思维,学生的观察也只是在形式上作出归纳,并没有真正参与到概念的形成过程,有些学生可能仅仅是一种形式上的模仿而已.

二、网络平台发布的第 2 次教学设计

1. 创设情境

问题1 比较下列各组数的大小:

(1) $1.5^{2.3}$,$1.5^{3.2}$; (2) $0.5^{-1.2}$,$0.5^{-1.5}$; (3) $1.5^{0.5}$,$0.5^{1.5}$.

师:请大家直接说出结果.

生:(略)

师:以上这些数不借助计算工具,要求出具体数值不是很方便,经过观察可发现什么?

生:小题(1)、(2)中的底数相同,可借助指数函数及其单调性来比较大小.

师:这种先选函数,再靠单调性来比较大小的方法在小题(3)中适用吗?

生:不行,要借助"1",转化为类似小题(1)、(2)的情形.

问题2 若不借助"1",你能直接比较大小吗?

启发1:你会怎么办?

启发 2：化"同底"可以吗？

启发 3：能将什么化为是相同的呢？

生：可将指数化为相同，这样就可以化为借助某个函数进行比较．

2. 形成概念

师：这不是我们学过的一次函数、二次函数，也不是指数函数和对数函数，我们称这个新函数为幂函数．给其下定义：一般地，把形如 $y = x^\alpha$ 的函数称为幂函数，其中 x 为自变量，α 为常数．

专家回帖　利用已有知识建构新概念是数学教学中的常用方法，符合认知规律．随着数学学习的深入，学生积累的数学知识和方法就应当成为学生进一步学习的素材．选用这些素材不仅有利于学生理解所学知识的内涵，还能更好地揭示所学数学知识之间的内在联系，有利于学生从整体上理解数学，建构数学认知结构．本案例运用学生学过的指数函数比较大小，但须化为同底．如果化为"同底"有困难怎么办？认知冲突自然就产生了，在这种情况下，引导学生观察后发现，为了比较大小，化为指数相同比较容易．此时，由化为"同指"就产生了一个新的函数．这样的教学设计需要学生有一定的参与深度，需要学生有一定的思维能力，他们的想法是被教师设置的问题所挤出来的，是问题引导下的学生主动参与的结果．

三、网络平台发布的第 3 次教学设计

1. 创设情境

师：前面学习中，我们发现指数函数 $y = a^x (a > 0,\ a \neq 1)$ 中，若将 y 作为自变量，x 作为因变量，就得到对数函数 $y = \log_a x (a > 0,\ a \neq 1)$，显然，表达式 $c = a^b$ 是个宝藏，已经从中挖掘出了两个函数．

问题 1　你还能从表达式 $c = a^b$ 中挖掘出什么函数？（学生活动，教师要求每个学生都进行探究，并将结果写在草稿本上）

启发 1：这个问题就是要求我们"造"一个函数．

启发 2："造"函数就需要明确自变量和因变量，可以怎样选择呢？

生：我"造"的函数表达式是 $y = x^\alpha$．

师：你是怎么想的呢？

生：我们已经研究了指数函数和对数函数，其中还有一种情况是底数没有做自变量,表达式有 3 个部分,我们已经研究了其中的两个部分,接下来就研究第 3 个部分了.

问题 2 利用表达式 $c=a^b$,我们一共可以"造"几个函数?

生:3 个.

师:3 个字母选出两个分别作自变量和因变量,应该有 6 种情况啊!

生:6 种情况中,b 为常数时有两种情况,都可写成 $y=x^a$ 的形式;其他 4 种情况都可转化成指数函数或对数函数.因此,一共可"造"3 个函数.

2. 形成概念

给新函数下定义:一般地,把形如 $y=x^a$ 的函数称为幂函数,其中 x 为自变量,a 为常数.

专家回帖 探究和发现是新课程所倡导的,是学习的重要方面."学习任何东西的最好途径是自己去发现.为了有效地学习,学生应当在给定的条件下,尽可能多地自己去发现所要学习的材料."这就是波利亚所说的主动学习原理.本教学设计中,教师通过设计一个具有一般性认识规律的问题,即利用表达式来构造函数,让学生进行探究活动,并尽可能多地去找出可以构成的函数,从中发现一种新的函数.这样的教学设计相对于前两种来说,对学生的数学基础和思维能力要求更高一些.通过这样的教学,能让学生充分体会到知识发生的一般过程,并积累探究和发现学习的一些经验.同时,有利于激发学生的兴趣,对提高学生的能力有明显的帮助.

[点评] 加强网络研修是促进教师专业发展的基础,网络互动交流是促进教师专业发展的重要方式,专家点拨引领是促进教师专业发展的保障,网络反思领悟是促进教师专业发展的有效途径.本案例中,通过网络对幂函数的定义进行了三次教学设计,激发了教师的创新思维,提高了分析问题、解决问题的能力.这对自己、对别人的专业发展都很有帮助,真正实现了"实践——反思"的专业发展方式.

2. 主题学习资源网站建设

主题学习资源网站的建设主要是为了组织学生实施研究性学习、综合实践活动.主题学习资源网站的建设需要教师搜集大量资源,并将它们组织起来.建站的过程是教师收集信息、分析信息、处理信息的学习过程,是学习和运用信息技术的过程,它不仅对改进学生学习方式、促进学科教学与信息技术整合具有帮助,而且对实现教师的专业发展具有突出意义.

3. 利用微博、微信进行研修

教师进行教学反思时,最好将自己的教学心得发布到网络上. 相对于纸笔书写的心得,网络上的心得具有公开性,它增加了教师的成就感和责任感,教师将更加认真负责地对待,从而使教师得到更自觉的自我锤炼和提高.

微博也是一种新型的校本研修形式,其推广价值和实际意义已经充分显现.

案例 6.4.4

巧用微博进行教学反思①

上海市育才中学数学教师王喆玮巧用微博进行教学反思:

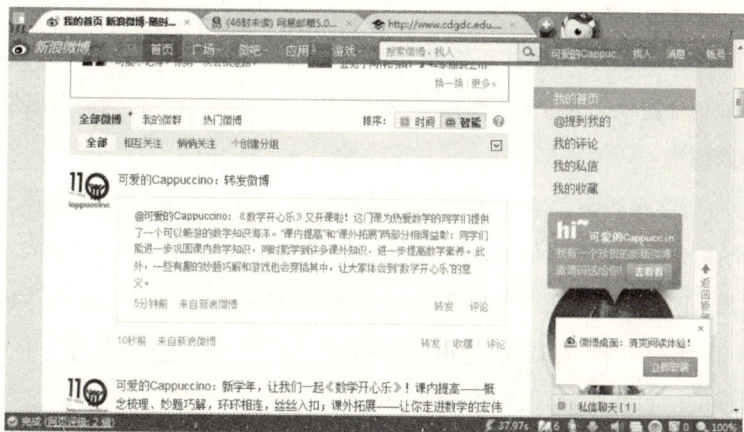

[**点评**] 王老师与时俱进,运用微博这一信息化手段反思自己的教学行为,是校本研修的一种有益的尝试.

---

① 本案例由上海市育才中学王喆玮老师提供.

4. 视频案例的教学观摩与研讨

教学案例是从教育教学实践活动中总结出来的实例,它包含对一些具体情境的描述和一个或者多个引人入胜的问题,同时也含有解决这些问题的方法和技巧.既有具体情境的介绍和描述,也有一定的理论思考和对实践活动的反思.视频案例具有典型性,它的典型源于对普遍教育教学现象的真实抽象,还体现在主题集中.视频案例的优势使其不断受到教师教育工作者和一线中学数学教师的追捧和青睐.

5. 定向搜索与网络求助

带着明确的问题到网络上搜索相关资源,这是运用信息技术进行研究和学习的重要途径.此外,通过网络求助和讨论也是一种重要的学习方式,也是校本研修的重要方式,可以由研究者提交搜索到的相关文稿和供讨论交流的相关资料.

思考题

1. 传统的师徒带教模式正在遇到挑战,新教师见习制度的实行,为刚刚走上讲台的教师提供了一个崭新的成长平台,你认为如何为新教师的成长提供合适的研修途径?

2. 一所学校数学教学整体水平的提高依赖于数学团队中每个个体水平的提高,个体和整体是相互依赖的关系.个体水平提高的内因是教师本人不断学习和反思,不断从外界获得正能量.结合本章的内容,谈一谈你自己的看法.

3. 由于网络的日益普及,微博、微信等交流平台不断扩展,丰富了中学数学教学研修的内容和途径.请列举一些网络研修的具体例子.

第七章

....

中学数学教学研修方法

通过前几章的学习,理解了中学数学研修的重要性,了解了研修的途径. 可是要想取得高效的研修效果,还要有合适的研修方法,方法得当可以事半功倍.

第一节　教学案例研修

案例研修是把案例作为研修对象,通过案例的解读、分析和理性思考,启迪教学的新思想和新理念. 教学案例研修的方法通常有现场教学观摩、视频案例分析、自我录像回放、阅读他人设计的案例等方法. 这些方法由于背景和场地的不同,各有优缺点,如果能发挥每种方法的优点,并将这些方法整合使用,将大大提高研修效果.

一、现场教学观摩

现场教学观摩是传统的教学案例研修方法,它能沿用至今并得到广泛的使用,足见其在教学案例研修中的重要地位. 现场教学观摩研修包括定性和定量观摩评价两种形式. 定性观摩评价是观摩教师选择几个角度观摩听课,课后评价用描述性语言叙述. 而定量观摩评价是指观摩教师选取若干评价课堂效果的指标进行量化,课后评价用数量描述.

在进行现场教学观摩研修时,需要做好以下准备:

1. 确定研修的问题

研修问题可根据最近要解决的问题确定,如高三 4 月份进入大量试卷讲评阶段,而不同教师试卷讲评的质量参差不齐,这时开展试卷讲评课的案例研修最有帮助.也可以根据正在开展的教研主题确定,如学校正在开展"活力课堂的建设",就可根据这一主题确定关于学生课堂参与度的研修问题等.

2. 选取现场教学观摩的案例

现场教学观摩的案例,可选取与研修问题相关的案例、向专家学习的案例、同事之间相互切磋的案例、创新型的案例等.

3. 观摩者该带着什么问题或任务进入现场观摩

观察者可根据自己关心的问题、需要加强的教学领域或某一方面素养来确定观察任务.也可根据合作体的需要来确定任务,合作体就是有共同的合作目标,或是研究一个主题,或是改进课堂教学的某一方面等等.如对最普遍的教研活动组织——学科教研组而言,在观察任务的确定上就要考虑本学科教研组最近的研究主题、发展目标等.

4. 访谈问题和调查问卷的设计

访谈之前,应拟定访谈提纲、选择访谈对象、确定访谈时间和地点等.

调查问卷的设计应做到:

(1) 对每一个问题要确保被调查者都能找到适合自己的选项;

(2) 问题表述要清晰;

(3) 开放性问题也要具体化;

(4) 多角度设置问题;

(5) 避免带有倾向性或暗示性的问题.

有了这些准备,就使得现场观摩目标更明确,更有针对性.

案例 7.1.1

怎样建设活力课堂研修[①]

要研修的问题是怎样建设活力课堂,从学生层面,首先做了一个前期调查——了解学生,从两个角度了解,一是教师眼中的学生,二是学生自身.对

---

① 本案例由上海理工大学附中张丽华老师提供.

教师眼中的学生的调查主要是交流的方式,对学生采用问卷调查.了解学生在数学学习上的习惯、特点及对数学教学有什么要求等.得到了以下一些结论:

1. 学生多数会机械模仿,缺乏独立思考,教师示范过的题目会做,教师没有示范过的题目就不会做,而且知识的遗忘率很高.这些是教师普遍抱怨的问题.

2. 对各种信息捕捉、了解快速,但普遍缺乏对这些信息的深层理解和加工.体现在学习上,就是知识学得肤浅,归纳总结能力低下,对问题的本质认识不清.

3. 学困生成绩差的原因是长期游离在小组讨论、课堂学习之外,很多时候是一个良好的听众,却不是一个很好的参与者.

4. 中等学生反映出来的一个更为普遍的问题是能听懂但不会做.

根据这种情况,选取了一节"函数的奇偶性"概念课,这节课在问题的设计上力求多角度、多层次,争取让各层次的学生都能参与进来,便于了解各层次学生参与的情况.

课上观察的问题自然是学生的参与情况.将学生分组,每位听课教师认领四位学生作为观察对象,将数学学科的学困生、中等生和优等生分别告诉各听课教师,为课上观察做好准备.以往选取一个观察角度,观察的是全班同学,很难关注到每个学生的情况.现在听课教师和四位同学坐在一起,除了能了解到他们回答问题的积极性外,更能细致地了解他们思维的活跃度.小组讨论时,他们是怎样参与的,参与的深度、广度又怎样?观摩者带着这样一些问题和任务走入了课堂.

为了用数据说话,设计了如下一张观课量表:

授课教师		开课班级		课题			
分段评价	流程	学生课堂参与项目			学生课堂参与度分值		总分值
	引入	1. 教师提问"由具体的图形找出特征"			□0　　□1　　□2		满分 10
		2. 教师追问"轴对称、中心对称的概念"			□0　　□1　　□2		

续 表

流程		学生课堂参与项目	学生课堂参与度分值			总分值
分段评价	学生的实验	3. 实验单任务一完成情况	□0	□1	□2	满分 16
		4. 实验单任务二完成情况	□0	□1	□2	
		5. 对任务二的语言、文字描述情况	□0	□1	□2	
		6. 实验单任务三完成情况	□0	□1	□2	
		7. 对任务三的语言、文字描述情况	□0	□1	□2	
		8. 任务过程中团队合作情况	□0	□1	□2	
		9. 任务过程中自主探索情况	□0	□1	□2	
		10. 任务成果小结情况	□0	□1	□2	
	教师的提炼	11. 对几何画板演示关注度	□0	□1	□2	满分 12
		12. 对图形→文字→数学符号的认同度	□0	□1	□2	
		13. 得出偶函数定义的自主度	□0	□1	□2	
		14. 由偶函数定义类比奇函数定义的相关度	□0	□1	□2	
		15. 分析定义内涵的参与度	□0	□1	□2	
		16. 分析奇偶函数定义的外延能力	□0	□1	□2	
	应用巩固	17. 知识应用规范度	□0	□1	□2	满分 8
		18. 对奇偶性认同度	□0	□1	□2	
		19. 应用灵活度	□0	□1	□2	
		20. 小结参与度	□0	□1	□2	
总体评价						总分值 ____

附之以提问检测、习题检测及课后检测等方法,进一步了解及验证学生的参与状况.

[点评] 通过这样一节带着问题的研修,尤其是通过对所收集数据的整理和分析,可以发现许多值得进一步思考的问题.比如,如何使学困生由被动、滞后的课堂参与变为积极主动,更大地释放他们的学习潜能;在小组的学习讨论中如何融入教师的指导,改变小组讨论中常常是几个人发言、个别人只做旁观

者的情况;讲授和活动在教学中怎样才能各得其所;不同的课如何选用不同的教学模式等等.共同的标准是如何调动学生参与的积极性,提高课堂教学的有效性.本节现场观摩课的研修侧重于定量研修,充分让数据本身去说明问题.

案例 7.1.2

初中一年级数学"四边形"课堂实录①

教师首先在黑板上工整写出三句话:我参与,我成功,我快乐! 给自己一个机会,还大家一个惊喜! 心动不如行动,跃跃欲试不如亲自尝试!

问题 1:你能找出生活中的四边形例子吗?

问题 2:你能说出四边形的定义吗?

第一小组学生主持人上场,分别指派两名学生主讲,其他学生随时补充,教师实时点评.

比一比:你能发现下列两幅图形的相同点和不同点吗?

说一说:你能说出四边形的边、角、顶点吗?

第二小组学生马上走上讲台,展示本组对这两个问题的预习成果,教师给予肯定和鼓励.

猜一猜:所有三角形的内角和为 $180°$,试猜想四边形的四个内角和是多少?

剪一剪:将任意一个四边形四个角剪开,把四个角拼凑在一起,你发现了什么现象?

议一议:四边形的四个内角和都是 $360°$ 吗?

第三小组圆满地完成了展示任务,心满意足地回到自己的座位.

想一想:为什么四边形的内角和是 $360°$? 你能证明吗?

第四小组的主持人最有意思,用了一段顺口溜组织展示活动(遗憾没有记下来),诙谐的语言、稚嫩的腔调让课堂充满笑声,一种思路、两种方式、三种方法……最后找到了最佳的思路与证法,那就是:连接四边形任一对角线,将一个四边形转化为两个三角形,利用三角形内角和定理马上得出结论.

---

① 本案例由江苏杜郎口中学徐利老师提供.

练一练:(不再赘述)两道习题由第五小组的六位"小先生"展示得一清二楚,其他学生亦忙于其中,体验着成功的快乐.

做一做:小明沿着一个四边形道路跑步,一圈后,小明的身体转了多少度?

第六小组成员各抒己见,很好地将数学知识与生活实际结合起来,并对本节课作出了自己的总结,在教师的引导下,本节课学习的数学知识和数学方法呈现在大屏幕上:

三角形概念──→四边形概念(类比)

四边形问题──→三角形问题(转化)

听课教师课后评价说:这节课真正把课堂"还给"了学生,让学生去探索、发现,教师是"导演",充分体现了新课程改革的理念.如果坚持下来,学生的学习兴趣不可能不浓,提高学生的学习效果就水到渠成.这堂课的研修侧重于定性研修.

[点评]　观摩教师对本节课的评价是定性评价,用语言描述了课堂观察后的所见、所思、所得.

二、视频案例研修

现场观摩可以真实地感受课堂的氛围,近距离观察学生,但很难将现场的瞬间事件捕捉下来,难以把握教学全貌,更难就某个问题做对比研究.在信息化的今天,视频案例研修解决了以上难题,成为教师培训、研修非常重要又不可或缺的一部分.

视频案例是基于一定的教学设计,借助于先进的摄制、编辑技术,将课堂教学活动,教师的反思,专家、同行、学生的评价进行整合而制作出来的.分为线性视频案例和超媒体视频案例.根据超媒体视频案例的基本特征及其理论基础,在师资培训和校本研修中,视频案例至少有以下几方面的优势.

1. 有利于提供真实可信的课堂情境[①]

由于视频案例可以捕获课堂的大量细节,因此它可以更好地揭示教学事件

---

① 鲍建生. 课堂教学视频案例:校本教学研修的多功能平台[J]. 教育发展研究,2003,12:21—22.

的模糊性和复杂性. 由于视频案例所提供的是"不加修饰"的课堂情境,因此也有助于观察者形成自己对某个事件的观点,而文本案例通常所表达的大多是案例制作者的观点和兴趣.

2. 有利于内隐知识的呈现

所谓内隐知识是关于"怎么做"的知识,它之所以"不可言传",在一定程度上是指不能脱离它所镶嵌的情境,因此,有效的方式就是将这类知识连同它所镶嵌的背景一起呈现出来.

3. 有利于统整教师培训课程

教师教育是一个多学科的领域,其中既涉及教育学、心理学的一般原理,专业学科(如数学)的基础知识和教学法知识,也涉及具体的课堂教学案例和处理各种教学事件的策略. 在具体的教学实践中,由于知识是共同发挥影响的,因此,课程的整合是教师培训的一个重要工作.

利用超媒体视频案例统整教师培训课程可以在两个层面上进行:一是利用超媒体环境链接各种与案例相关的理论与实践知识;二是通过围绕视频案例的各种教学活动,使学习者主动链接案例数据库中的各种概念、原理、方法、观点和问题,从而促进个人知识的统整.

4. 有利于提供多元表征

多元表征既是结构复杂领域的基本特征,也是认知弹性理论的核心问题. 斯皮诺等人认为,为了在新的情境中灵活地运用知识,人们需要"有能力从不同的概念与案例的角度去表征知识,这样,以后运用这些知识时,就有能力根据问题解决情境的需要对这些知识进行恰当的'裁剪'". 为此,他们利用视频案例的形式去设计教学活动,要求学习者"在不同的时间和不同的情境,根据不同的目的和不同的概念框架去反复观察同一个案例",从而为知识的表征提供多重的分类图式.

与此相仿,贝克和马歇尔利用各种基于视频案例的活动,为学习者提供多重概念观点下的重复实践情境,使他们有机会多角度地去解释、分析课堂事件. 结果表明,通过案例观察与分析,结合不同的"专家"观点的即时介入,可以提高教师分析新的教学情境的能力.

5. 提供向专家学习的机会

向专家学习是教师专业成长的一个重要环节.但专家的知识是高度情境化和个人化的,一旦离开具体的问题或事件,这种知识就难以呈现.在视频案例的教学活动中,专家可以由两种途径"即时介入":其一是作为案例的主体对教学进行"示范";其二是作为旁观者对案例进行点评.介入的方式可以分为"明示"与"暗示"两类.所谓"明示"是指视频案例系统为观察者观察与分析案例提供了明确的观察框架;而"暗示"则是由专家提供观察与分析视频案例的模型,让观察者自己去体会观察的角度.

6. 为教师的教学研究提供丰富的资源

与文本案例和课堂视频录像相比,超媒体视频案例在相关资源库的建设上有着巨大的潜力.如果说,围绕案例的讨论与反思可以提高教师教学能力的话,那么,超媒体资源库则可以为教师的教学研究提供强有力的理论支撑.教师专业水平的提高,除了依靠外部的培训与同事的互助指导外,更重要的是通过校本研修制度以提高自身的研究能力.

鉴于视频案例的以上特点,在视频案例的研修中更侧重:

(1) 对比研究;

(2) 教学某个片段的研究;

(3) 理论的验证;

(4) 反思的深度.

案例 7. 1. 3

视频案例研修——特殊到一般的探究[①]

在一次研修活动中,采用了视频案例研修,先观看了一位年轻教师上的一堂"特殊到一般的探究"的视频课,它由几道例题组成,其中一道例题是:

在平面直角坐标系 xOy 中,设直线 l 与抛物线 $y^2 = 2x$ 相交于 A、B 不同两点,在平面直角坐标系 xOy 中,过定点 $(4,0)$ 的直线 l 与抛物线 $y^2 = 2x$ 相交于

---

① 本案例由上海理工大学附中张丽华老师提供.

A、B 不同两点，求 $\overrightarrow{OA} \cdot \overrightarrow{OB}$.

把上述问题推广到一般性的结论.

观看视频课后大家认为：教师的讲解比较清楚，学生也基本听明白了，但课上真正留给学生思考推广思路的时间很少，故对推广的实质和方法的掌握不到位，可能对以后的应用产生不利影响.

根据研讨结果，为了突出教会学生方法，重点落在思维品质的培养上，上课教师将教案做了以下修改：其他例题删除，对例 1 进行变式教学，做好推广的铺垫，问题的设计层层递进.使学生顺着台阶一步一步上升，逐渐达到顶峰，并能俯瞰推广的方法，达到教学目的.

例 1. 在平面直角坐标系 xOy 中，设直线 l 与抛物线 $y^2 = 2x$ 相交于 A、B 不同两点.

(1) 若直线 $l: y = x - 4$，求 $\overrightarrow{OA} \cdot \overrightarrow{OB}$；

(2) 若直线 $l: y = 2(x - 4)$，求 $\overrightarrow{OA} \cdot \overrightarrow{OB}$.

问题 1：观察上题中条件与结果的异同，提出一个一般性问题.

学生通过比较(1)、(2)，从中发现斜率的变化，从而得到一个一般性问题：

在平面直角坐标系 xOy 中，过定点 $(4, 0)$ 的直线 l 与抛物线 $y^2 = 2x$ 相交于 A、B 不同两点，求 $\overrightarrow{OA} \cdot \overrightarrow{OB}$.

问题 2：还能进一步得到推广吗？

在学生通过(1)、(2)理解了什么叫特殊到一般之后，进一步引导学生从另外的角度入手继续推广，从而得到以下推广的思路：

(1) 定点 $T(4, 0)$ → 定点 $T(t, 0)$；

(2) 抛物线 $y^2 = 2x$ → 抛物线 $y^2 = 2px(p > 0)$；

(3) 定点 $T(4, 0)$ → 定点 $T(t, 0)$，抛物线 $y^2 = 2x$ → 抛物线 $y^2 = 2px$ $(p > 0)$；

……

问题 3：探究推广思路(3)能得到一个怎样的结论？

从正面推广已挖掘到一定的深度，进一步引导学生从逆向思维的角度考虑：

例 2. 给出命题：在平面直角坐标系 xOy 中，直线 l 与抛物线 $y^2 = 2x$ 相交于

A、B 不同两点,若 $\overrightarrow{OA} \cdot \overrightarrow{OB} = 8$,则直线 l 过定点 $T(4, 0)$. 判断此命题是否为真命题,若是,给出证明,若不是,添加适当条件使之成为真命题.

我们将同一位教师的两节课在课堂结构方面做了一个如图所示的对比研究:

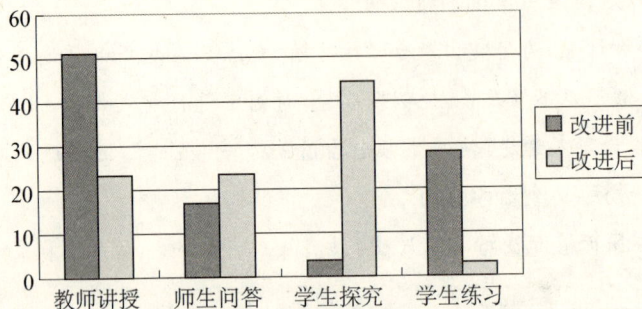

教师讲授时间从 50.2% 减少到 23%,学生探究时间从 4% 增加到 45%,由于教师讲授的时间减少,学生探究的时间增加,充分体现了这节课的探究作用,使学生学习到了探究的方法,很好地培养了学生的思维品质.

[点评] 视频案例的研修弥补了现场观摩研修的不足,对我们研究某个教学片段或某个问题、作对比研究等更有帮助,而且所收集的数据可以经过反复验证,比课堂上匆忙收集的数据也更有说服力.

三、自我教学录像回放研修

哲学认识论的"默会知识论"认为专业人员所具有的知识很多是缄默、个性化的,而且镶嵌于情境活动之中.大部分教师都很难把听来的理论和技能运用到日常教学上,因而除了观摩、研修他人的教学案例之外,观看自己的教学视频录像,纠正自己的教学行为也是非常重要的一个手段.教师在课堂上无暇反思自己的教学行为,课后回忆又很难将完整的教学过程重复.而借助视频录像就可以克服这个缺点,有利于对课堂教学的系统分析.教学中的每个细节是构成课堂框架的节点,优化、改进细节的设计,在细节上体现有效,课堂自然高效.而教师无法记录课堂的细节,视频录像却能帮助我们记录.借助视频录像,可以将自己目前的教学情况与以前的教学情况加以比较,从中发现自己取得了哪些进步,哪些地方还有待改进.还可将自己的教学情况与优秀教师加以比较,从中肯定自己的优势,找出不足,在以后的教学中发扬优点,改正缺点.

下面是一位教师观看自己的教学视频录像后发出的感想:

看完自己的录像课,真有一种"不识庐山真面目,只缘身在此山中"的感觉.一直以为自己上课的时候,教态是不错的,但在录像课上从开始到结束,我的教态都很随意,身姿不够挺拔、动作过于繁多、语言不够精炼.在效果上,学生没有充分调动起来,课堂气氛不够热烈.在学习方法指导上,也很单一.在学生活动方面指导不到位,如对学生小组内怎样讨论,讨论到哪种地步,等等,都没有做具体指导,以至于有些学生上课讨论时进入不了状态、无所事事.这样一段感悟使我们认识到只学习别人是不够的,把自己的教学视频录像当一面镜子,找找自己的优缺点更能帮助自己进步.

总之,观看个人视频录像,有如下作用:(1)有利于对课堂教学的系统分析;(2)有利于对课堂教学某一环节的研究;(3)有利于进行纵向和横向反思.

案例7.1.4

对课堂教学细节的记录与反思①

一道例题:

四边形 $ABCD$ 的对角线 AC、BD 相交于点 O,$AB = 5$,$OA = 4$,$OB = 3$.求证:四边形 $ABCD$ 是菱形.

这是学完菱形判定"对角线互相垂直的平行四边形是菱形"后配备的一道难度不高的例题.

师:引导学生进行分析,说明解答思路、方法.

学生:写出证明过程,一名学生在黑板上板演.(这名学生在个别地方写得不是很严密)

师:等多数学生完成后,对学生写在黑板上的证明过程逐句讲解,指出不严

---

① 本案例由上海理工大学附中数学组张丽华老师提供.

密的地方,前后用时超过10分钟.

生:半数学生没抬头.

反思:这样一道例题,用时超过10分钟,做完的没事干,不写的还是不写.如此缺少针对性,浪费课堂教学时间,如何有高效的课堂质量? 学生在完成这道题后,学到了什么? 遇到类似的问题能找到解答的思路吗? 让学生在黑板上写证明过程的目的是什么? 学生都不清楚,清楚的只是替教师写了一遍解答.那么,由学生找一找不严密的地方如何? 由板演的学生自己讲一讲证明的思路如何?

经过这样一个细节的反思,找出了自己教学效率低下的原因.

案例 7.1.5

教学录像回放,找回学生的想法

在基本不等式一节的教学中,有这样一道例题:

例 (1)已知 $0 < x < 1$,求当 x 取何值时,$x(1-x)$ 的值最大;

(2)已知 $0 < x < \dfrac{1}{2}$,求当 x 取何值时,$x(1-2x)$ 的值最大;

(3)已知 $0 < x < \dfrac{1}{2}$,则当 $x =$ _____ 时,$3x(1-2x)$ 有最大值 _____;

(4)当 $x =$ _____ 时,$x\sqrt{1-x^2}$ 有最大值 _____;

   当 $x =$ _____ 时,$x\sqrt{1-2x^2}$ 有最大值 _____;

(5)设 $x > 0$,$y > 0$,且有 $x^2 + \dfrac{y^2}{4} = 1$,求 $x\sqrt{1+y^2}$ 的最大值.

当讲到(5)时,顺着前面的思路得到解法:

$$x\sqrt{1+y^2} = \dfrac{1}{2} \cdot 2x\sqrt{1+y^2} \leqslant \dfrac{1}{2} \cdot \dfrac{4x^2 + y^2 + 1}{2} = \dfrac{5}{4},$$ 再验等号成立的

条件.接着跳到了下一题.

观看录像时,发现有一个学生想要提问题,却被我忽视掉了.找到这位学生问他想说什么? 他说:老师,我还有其他解法,你为什么不问问我们就结束了呢? 他又讲了两个解法:

解法2 $x\sqrt{1+y^2} = x\sqrt{1+4-4x^2} = x\sqrt{5-4x^2}$;

解法 3　$x\sqrt{1+y^2}=\sqrt{\dfrac{4-y^2}{4}}\sqrt{1+y^2}=\dfrac{1}{2}\sqrt{(4-y^2)(1+y^2)}.$

[**点评**]　这是两个非常好的化归解法. 在课堂上学生是学习的主体, 教师应设法调动学生思考、讨论、解决问题的积极性, 但是有时像这节课的一些细微处, 教师难免顾及不周, 或者忽略. 通过观看自己的视频录像, 再留心有没有需要修改和完善的教学过程, 从而提高教学质量和学生学习兴趣.

第二节　教学评选研修

教学评选一直是培养教师、促进课改、将先进的教学理念转化为课堂教学实践的方法和策略. 同时为教师在教学中的交流、探讨提供了一个平台. 教学评选通常包括教学基本功大赛、课堂教学比赛、课例设计比赛等.

一、教学评选的意义和作用

目前我们大多数的教学评选成了一种表演, 参与面窄, 知晓度小, 没有辐射与推广, 更缺少研究的气氛. 要克服以上问题, 首先要明确教学评选的意义和作用.

1. 激励作用

教学评选是教师素质提高不可或缺的环节, 对教学的改进起着非常重要的作用. 但目前很多的评选, 教师参与的积极性都不太高. 在这种情况下, 学校及有关教育部门对评选应给予高度的重视, 制定相应的奖励措施, 鼓励教师积极参与, 充分发挥评选的导向和激励作用——"以奖促干". 表彰先进、嘉奖优秀不是目的, 其真正目的是通过这种形式激励先行者、激活中间层、鞭策掉队者, 形成你追我赶、齐头并进的生动局面. 另外评选结果也是对教师教学的肯定和认可, 提醒大家向优秀学习、向先进看齐, 在与先进和优秀的对比中找差距、明不足、添措施、求进步.

2. 培养作用

通过教学评选这种形式可以正确指导和引导教师的成长和发展. 对评选主

题的深刻理解有利于把握当前先进的教育理念;评选前与组室同仁的研究、讨论、学习更有助于自身的提高;对案例优缺点的点评,在肯定优点的同时,又找出缺点,有利于改进教学.总之,教学评选对教师教学能力的培养起到了重要的作用,有助于教师在评选中成长、发展.

3. 引导作用

一些新的课改理念是通过教学评选活动展示出来的,通过评选活动可以深刻理解先进的教学理念,引导教研工作坚持正确的方向,保持生机和活力,从而推动教学改革深入、健康、持续地向前发展.如对两节参评课的点评:课 A 虽然注意了学生的主体地位,注重了启发式教学,但很明显教师的活动远比学生活动多,教师的讲解比学生自主学习多,教师是"导游";课 B 则真正把课堂"还给"了学生,让学生去探索、去发现,教师是"导演",充分体现了新课程改革的理念.这样一次评选让我们理解了新课程的理念——体现学生的主体地位,更教会了我们如何将课堂还给学生.

4. 研究的作用

在评选活动的目的或总结开篇中都有这样的话:"提高教师科研能力,全面提升教学质量及办学效益";"为进一步促进理论研究深入开展,探索新形势下人才培养方式,加强学术交流,提高教育教学质量"等.这充分说明,教学评选的一个重要的作用和意义是开展教学研究,探讨教学模式.同一个教学内容,不同教师上,看同一段话,分别是怎么说的,同样的问题分别是怎样设计和提出的.这样比较,便能对比出优秀在哪里,哪些是值得借鉴和学习的,哪些是有待改进的.这样不断地比较分析,研究的内容就充实了,并在实践中升华了,另外还可以结合视频案例的研修作进一步的研究.

二、评选规则和内容

教学评选具有一定的导向作用,是教改的前沿阵地,选择一个恰当的评选主题,可以宣传并在实践中落实先进的教学理念,掀起一股先进教学思想、先进教学理念、先进教学行为的研究热潮.一个恰当的评选主题的选取,既要考虑课改的要求、先进教学理念的引导,又要考虑当前的实际情况,还要结合本校、区、市等正在开展的教学研究工作.

　　评选规则和内容的确定,需要依据新课程理念、教改的大方向,并结合本校、区、市的具体情况.如新课程标准中提出"关注学生体验、关注过程"的理念,我们在评选规则及内容的制定上就要考虑到这一点.下面是北京市自 2005 年以来开展的"中小学教师优秀课堂教学设计评比活动"评选内容的改进情况:2005 年评选只包括文字材料,并且是课前教学设计;2006 年增加了现场说课和答辩;2007 年增加了课后教学反思;2008 年增加了课堂实录片段(15 分钟);2009 年增加了课堂完整实录,并且采取开放形式,评委和观众同在一个现场.由评选内容的不断改进可以看出:评选逐步注重理论与实践的结合,关注学生的活动,关注真实的课堂,将评选与教学实际紧密联系,符合以学生为主体的课改理念.

三、后期的推广学习及再探究

　　评选结果的宣布并不等于评选活动的结束,评选的意义远不止一个评选结果,它更深远的意义是它的辐射作用和再研究.

1. 获奖作品的展示与学习

　　获奖作品最贴近教师教学的实际,又是理论与实践结合的产品,其中融入了先进的教学理念和先进的教学方法,是教师很好的学习资料,因此,应该将获奖作品通过展示、发表、出版等加以推广,使更多的教师能够学习先进的理念和方法,从而启发或帮助其他教师改进教学,发挥其应有的推广价值.

2. 获奖作品的网络推广

　　现在是网络的时代,获奖作品的网络推广也尤为重要,它的辐射面更广.在网络上获奖作品不止是单向的学习,若设置一些回帖、点评与调查,更可以形成一种学习的互动、相互的交流,可以听到教师的声音,更能了解到学生的感受与评价,使我们的教学理念来源于学生又服务于学生,达到扬长避短的目的.

3. 分享获奖者的智慧

　　当我们学习获奖作品时,都会发出这样的感叹:设计得非常完美,是怎样想到的呢? 这时获奖者对题目内容的选择和设计思路、所遇到的困惑问题的解决方式、还有一些什么困惑或没有解决的问题等的介绍,不只帮助学习者能学习到好的理念和方法,更能教会学习者怎样思考及解决问题的方式,更能帮助学习者在自己的教学实践中加以应用,学会提出问题、解决问题的方法.

4. 对获奖作品的点评及再研究

获奖作品好,但好在什么地方,有经验的教师或许能说出部分理由,但对年轻教师来说可能存在有点能感觉到但说不出来的现象,尤其是不相上下的作品,为什么这个得了一等奖,那个却拿了二等奖.专家的点评便能帮助教师充分理解获奖作品的优秀之处以及作品中的不足.在对比中能更深刻理解先进的理念,同时,对教师的培养起着很大的推动作用.

对获奖作品进行再研究,从中提出问题,找出不足,对我们的教学理念和方法进行再实践、再检验、再完善,这标志着研究的继续或新一轮研究的开始,教育无止境,课改无止境,我们需再接再厉.

可见,对获奖作品进行深入挖掘,请专家进行评析,在更大范围内进行宣传推广,使之在教学中起到更大的示范作用,有着重要的意义.

第三节　专题研究

专题研究是指围绕某一教学问题,教师与专业人员一起开展针对问题解决的研究活动.专题研究是针对某一主题做的深入研究,对问题的解决、教学的改进、教师素质的提高都有很大的帮助.专题研究的方法通常有项目驱动、主题研修、专项问题研讨等.

一、项目驱动

近年来,变革一直是教育领域的核心主题.上海的二期课改也可以说是一个覆盖整个上海市,对全国也产生影响的大项目.变革中一些好的理念和思想要落实到教学实践中,就需要项目这样一个载体来推进.在推进过程中,一线的教师充分参与到项目中,并在理论与实践的结合过程中提升理论素养,加强教学改革和科研意识,变革中一些好的理念和思想也悄无声息地融入到教学实践中.

静安区教育学院附属学校的"后茶馆式教学"就是一个非常成功的项目,在其出现的背景上有这样一段:

目前教师在课堂教学上的现状:教师基本上已接受了"以学生发展为本"等一些新课程基本理念,也认可"研究性学习"、"合作学习"、"IT整合"等教学方式.但是,在实际的教学中还存在以下较为突出的问题:(1)教师总体上讲得太多.但大部分教师没有意识到自己讲得太多,学生自己能学懂的,教师还在讲,而学生搞不明白的,教师没讲,或者讲了但未讲透、没时间讲透.(2)学生的"潜意识"暴露不够,特别是"相异构想"没有显现出来,更没有得到解决.课堂教学追求学生的正确回答.教师乐意重复,或是多次重复自己的思维和正确的结论.(3)教师对第一次教学中的学生差异问题常常束手无策.这种学生差异不仅包括学业成绩好与学业成绩差的差异,还包括学业成绩好的学生之间的差异和学业成绩差的学生之间的差异.(4)许多教师不明白自己每一个教学行为的价值取向究竟何在,常常带有盲目性.

可见,在理论与实践之间有一道鸿沟,而要填平这道鸿沟,就要借助专题研究中的"项目驱动",于是"后茶馆式教学"这一项目启动了.它是一种关注学生学习获得知识的方法的过程,是一种提高学生学习效能的教学方式.通过颠覆过去课堂教学按次序、等比计划、定时间讲解的方式,而由学生自己阅读概念性、认识性的内容,教师仅对难点等原理性内容进行点拨,从而使课堂教学精致化."后茶馆式教学"简单地说就是:读读、练练、议议、讲讲、做做,而核心是一个"议"字,它的本质是对话——经验与文本的对话."后茶馆式教学"的课堂教学关键干预因素,一是学生能自学的,教师坚决不讲,教师讲的不一定是最重要的,而一定是学生不懂的;二是课堂上一定要让学生暴露出问题,没有暴露问题的教学就是灌输,尤其要关注学生的相异构想.这种方法提高了学生完成学业的效能,保证了课堂教学的质量,也就是提高认知效果,减少无效劳动.它不但关注学生今天的发展,更加关注学生将来的发展.由于其注重教学情境设置,强调教学过程中的协作会话、意义建构、思维的冲突与控制、学习个体的主动探究和问题解决策略的形成,符合课程发展理念,更符合学习者的认知规律和心理特点.

这一项目的启动,很好地将理论与实践相结合,将先进的教学理念落实到教学实践中,提升了一线教师的素质,更大大提高了学校的教学质量.可见,项目驱动是专题研究中的重要方法,对推进教学改革起着重要的作用.

二、主题研修

教师由于长期埋头于以重复为特征的日常教育生活,往往对很多教育教学问题视而不见.而随着课改的深入发展,不断创新的课程理念又急需有效地变为学校一线教师的具体教学实践行为,校本主题研修便是一个很好的平台,可以帮助教师以批判的眼光重新审视自己日常的教学行为,从而驱动教师的专业成长,驱动教师团队合作的意识,唤醒教师进行课程改革的意识.同时,又能将课改的先进理念有效地转变为一线教师的具体的教学行为,并将这些理念在实践中加以检验.目前,以学校为单位开展的主题研修比较多,如上海理工大学附中开展的"活力课堂建设"、浙江余杭中学的"课堂观察"等.学校通过主题研修活动,解决教学中遇到的问题,提升教师的专业素养,最终达到提高教学质量的目的.

案例 7.3.1

上海理工大学附中数学组开展的"活力课堂建设"

为实现课改中学生主体的理念,学校开展了活力课堂的建设.

1. 课堂观察

要提高课堂的活力,首先要了解现在课堂的情况及存在的问题,所以数学组活力课堂建设的第一步是观察课堂.我们以崔允漷编著的《课堂观察——走向专业的听评课》为范本,首先从两个方面观察:(1)观察学生的学习;(2)观察教师的教学.不观察不知道,一观察吓一跳,从中发现了课堂中的很多问题:

(1)没有体现分层教学,缺乏对学习困难学生的关注,很多学困生游离在课堂之外;

(2)由于教学仓促,提供给学生思考的时间少,学生没能进入深层次的思考;

（3）问题设计的层次少，不能引发学生真正思考；

（4）小组活动中发言的总是某几个学生，多数学生只做旁观者；

（5）学生活动少，教师的讲解偏多，没有很好体现学生的主体地位.

2. 提升学生的参与度

针对上述问题，数学组活力课堂建设的第二步是如何提升学生的参与度. 数学组的教师着实动了一番脑筋. 要想让学生动起来，教师在教学设计上就必须为各层次的学生创造参与的机会. 比如我们对试卷讲评课做了很大的改进，将学生的典型错误的答卷拍摄下来，在课上展示出来，并加上标题，如"第8题，8人答错，看看这是你吗？".

于是，学生活跃起来了，拿着自己的考卷，还时不时看别人的考卷，看看是谁犯的错误，还不停地猜想和讨论犯错误的原因. 结果，不用教师讲解，学生便自己找出了错误的原因，并找到了正确的解答. 尤其是犯错误的学生，印象更加深刻. 同时，课上还展示了一些书写不规范或细节有漏洞的试卷，标题是"看看分数扣在哪里".

学生在查找扣分点时，也查找了思维的漏洞. 犯错误的学生不只知道了正确的答案，还知道了错误的原因，以后会引以为戒；没犯错误的同学，学会了帮别人查找错误，站到了一个更高的层次上. 这样一节试卷讲评课人人参与，上得热火朝天，课堂的大部分时间都留给了学生，充分体现了学生的主体作用，显然也大大改善了课堂观察中发现的问题.

3. 总结交流

数学组利用这个平台，总结工作中取得的成绩，更能从中找出不足，并将实践经验上升到理论层面，从而提升一线教师的理论水平.

[点评]　校本主题研修活动源于教师的需要，是以问题为驱动、以课例为载体、有着鲜明主题的研修方式，它为教师的专业发展提供了平台. 在这个平台上，教师相互支持，交流分享，每个教师在贡献自己的智慧和经验的同时，又有了新的收获. 在这个平台上，教师以建设性的方式渗透经验并进行学习，关注点从形式走向本质，从课堂整体走向局部的细节，有可能实现"反思与实践之间的建设性联结"，使现实的教育教学行动更加有效.

三、专项问题研讨

专项问题研讨也是专题研究的一种方法.作为一线教师的研究,不应只是从理论出发,而是要在教学实践中发现问题,本着解决问题的思路,展开专项问题的研讨工作.在一次教研组会议上,大家议论到 2009 年上海高考数学试卷第17题:

在发生某公共卫生事件期间,有专业机构认为该事件在一段时间内没有发生大规模群体感染的标志为"连续 10 天,每天新增疑似病例不超过 7 人".根据过去 10 天甲、乙、丙、丁四地新增疑似病例数据,一定符合该标志的是(　　　).

A. 甲地:总体均值为 3,中位数为 4

B. 乙地:总体均值为 1,总体方差大于 0

C. 丙地:中位数为 2,众数为 3

D. 丁地:总体均值为 2,总体方差为 3

这道题结合社会实际现象,考察平均数、中位数和众数的基本概念及其实际意义,应该不算一个难题,但学生普遍反映难,于是教师开始七嘴八舌地发表自己的观点.这个问题引发了上海理工大学附中教师关于概念教学的反思:在目前教学中普遍存在"掐头、去尾、烧中段"的情况下,该怎样进行概念教学,才能达到理想的教学效果?

顺应这一反思,教研组开展了概念教学这个专项问题的研讨.根据二期课改中展现知识的生成、发展和形成过程的要求,全方位解析概念,如从学科背景、历史背景、教材背景、应用背景等多个方面加以解析,于是深挖了平均数、中位数和众数的概念教学——从平均数、中位数和众数概念的历史背景角度发现,1755 年,Boscovich 在有关测量的误差工作中,为了使绝对误差的和最小,即 $\sum |x_i - a|$ 最小,使用了中位数,当 x 取 $x_1, x_2, \cdots, x_n$ 这组数据的中位数时,绝对误差的和即 $\sum |x_i - a|$ 最小,此后中位数得到了广泛的使用.

将这一历史问题的解决方法用来解决 2009 年上海高考第 13 题非常实用:某地街道呈现东-西、南-北向的网格状,相邻街距都为 1.两街道相交的点称为格点.若以互相垂直的两条街道为轴建立直角坐标系,现有下述格点(−2,2)、(3,1)、(3,4)、(−2,3)、(4,5)、(6,6)为报刊零售点,试确定一个格点(除零售点外)_____为发行站,使6个零售点沿街道到发行站之间路程的和最短.

这道题的通常解法是设发行站的坐标为(x,y),则6个零售点沿街道到发行站之间路程的和

$$s = |x+2|+|x-3|+|x-3|+|x+2|+|x-4|+|x-6|+$$
$$|y-2|+|y-1|+|y-4|+|y-3|+|y-5|+|y-6|.$$

我们构造两个函数:

$$f(x) = |x+2|+|x-3|+|x-3|+|x+2|+|x-4|+|x-6|,$$
$$g(y) = |y-2|+|y-1|+|y-4|+|y-3|+|y-5|+|y-6|.$$

易求得$x=3$时,$f(x)$取得最小值,$y=3$或4时,$g(y)$取得最小值,由题意可知发行站的坐标为(3,3)时,s取得最小值.

这样一种对概念多方位的解析,不仅能帮助学生深刻地理解概念,更从历史背景中发现了解决问题的新思路、新方法.

在概念教学这一专项问题研讨结束后,教研组又开展了"数学教学中融入数学史的价值探讨"专项问题研究.如数学归纳法一节,教材中给出了一个数列$\{a_n\}$,$a_n = n^2 + n + 11$,通过验证a_1,a_2,…,a_9都是质数,由此得出结论:对一切$n \in \mathbf{N}$,a_n都是质数.这样的结论是错误的,说明使用归纳法研究数学问题时,为了保证结论的正确性,必须给出证明.之后便说,数学家找到了一种证明与自然数有关的数学命题的方法,从而引出数学归纳法.而学生对数学归纳法比较难以理解,尤其是数学归纳法的第二步,应用时常常不使用归纳假设,用了有时也不明白为什么.如果我们能借助数学史的一些素材,模拟数学家发现概念的过程,既可以帮助学生理解概念,又给学生提供了探索的机会.如公元1世纪数学家尼克麦丘在《算数引论》中提出了正整数的一个性质:前n个奇数之和等于第n个平方数,即$1+3+5+\cdots(2n-1) = n^2$,让学生试着给出证明(不是用数列求和的方法).学生在验证$n=1$、3时等式成立后,真的使用了递推关系$n^2 + (2n+1) = (n+1)^2$,与16世纪意大利数学家莫若里可的证明不谋而合.

这些历史材料使学生对递推有了一定的认识,极大地调动了学生的探究热情.

作为一线教师,在教学实践中遇到问题、发现问题后,应进行一系列专项问题的研讨,使问题来源于实践并应用于实践.通过专项问题的研讨,驱动教师进行理论学习,理论又驱动教师的教学实践转变为教学实验,行动研究过程又促成了教师在专业上更高的追求,避免了"教而不研则浅"的现象.

思考题

1. 教师观看自己的课堂教学录像,会有很多新的发现,包括表情、语言等多个方面.这是教学研修的很好途径.请你录制自己的上课片段,并进行分析.

2. 结合本章的论述,怎样组织教学评选才能调动教师参与的积极性呢?

3. 就某个具体的专题进行研修是中学数学教学研修的基本方法之一.请你列出一个需要进行研究的专题,并提出具体的研修目标.

参考文献

［1］王建军. 学校转型中的教师发展[M]. 北京：教育科学出版社，2008:87.

［2］弗莱登塔尔. 作为教育任务的数学[M]. 陈昌平，唐瑞芬，等译. 上海：上海教育出版社，1995:102.

［3］[英]Paul Ernest. 数学教育哲学[M]. 齐建华，张松枝，译. 上海：上海教育出版社，1998:Ⅵ—Ⅶ.

［4］吴庆麟. 教育心理学：献给教师的书[M]. 上海：华东师范大学出版社，2003.

［5］[美]约翰·杜威. 杜威教育论著选[M]. 赵祥麟，王承绪，译. 上海：华东师大出版社，1981.

［6］[美]布恩·埃克斯特兰德. 心理学原理和应用[M]. 韩进之，等译. 北京：知识出版社，1985:446，162—163.

［7］黄荣金. 变异理论下的数学课堂研究[M]. 南宁：广西教育出版社，2010:33.

［8］曹才翰，章建跃. 中学数学教学概论[M]. 北京：北京师大出版社，2008:323—334.

［9］魏超群. 数学教育评价[M]. 南宁：广西教育出版社，1996:37—38.

［10］田万海，等. 数学教学测量与评估[M]. 上海：上海教育出版社，1995:101—106.

［11］张奠宙. 中国数学双基教学[M]. 上海：上海教育出版社，2006:67—93.

［12］丁石孙，张祖贵. 数学与教育[M]. 长沙：湖南教育出版社，1998.

［13］杰罗姆·S·布鲁纳. 教育过程[M]. 邵瑞珍，译. 北京：文化教育出版社，1982.

［14］杰弗里·豪森，等. 数学课程发展[M]. 陈应枢，译. 北京：人民教育出版社，1991.

［15］全美数学教师理事会. 美国数学教育的原则和标准[M]. 蔡金法，等译. 北京：人民教育出版社，2004:339—349.

［16］严士健，王尚志，张奠宙. 高中数学课程标准(实验)解读[M]. 南京：江苏教育出版社，2006.

［17］中华人民共和国教育部. 义务教育数学课程标准(2011年版)[M]. 北京：北京师大出版社，2012.

［18］张鸿顺. 中学数学重点课题研究[M]. 杭州：杭州大学出版社，1991:195，196，273.

［19］汪晓勤，韩祥临. 中学数学中的数学史[M]. 北京：科学出版社，2002:249—261.

［20］王宪昌. 数学思维方法[M]. 北京：人民教育出版社，2002:74.

［21］李士锜，吴颖康. 数学教学心理学[M]. 上海：华东师大出版社，2011:145—153.

［22］刘绍学. 普通高中课程标准实验教科书数学选修2-3[M]. 北京：人民教育出版

社,2006:81.

[23] Stenve Herne,等.学会教学教师专业发展导引[M].丰继平,徐爱英,译.上海:华东师大出版社,2009:25—26.

[24] 郑慧琦.做有思想的行动者——研究型教师成长的案例研究[M].上海:上海教育出版社,2008:57.

[25] 杨伟光.数学教学文化研究[M].北京:教育科学出版社,2009:39—42,70—71.

[26] D. A.格劳斯.数学教与学研究手册[M].陈昌平,等译.上海:上海教育出版社,1999.

[27] 赫尔巴特.普通教育学讲授纲要[M].李其龙,译.杭州:浙江教育出版社,2002.

[28] 魏庚人.中国中学数学教育史[M].北京:人民教育出版社,1987.

[29] 陈桂生.教育实话[M].上海:华东师大出版社,2003.

[30] 荀渊,唐玉光.教师专业发展制度[M].北京:教育科学出版社,2001.

[31] 徐斌艳.数学课程与教学论[M].杭州:浙江教育出版社,2003.

[32] 赵小平.现代数学大观[M].上海:华东师大出版社,2002.

[33] 鲍建生,周超.数学学习的心理过程[M].上海:上海教育出版社,2009.

[34] 王华,等.数学课堂教学实践:问题与案例[M].上海:上海教育出版社,2009.

后记

最近几年本人多次到华东师范大学为不同地区的教研员和中学数学教师介绍数学教研工作;在上海师范大学为数理学院的师范生和研究生开设如何打好教学基本功讲座;还先后到南京、济南、大连、张家界、怀化等地为中学数学教师进行不同形式的学科培训.在此期间深感缺少一本适合中学数学教学研修的教材,遂有写作本书的初衷.本书构思已有三年时间,在这期间课程改革的形势不断变化,加上教学研修的复杂性,多次修改写作提纲.2012年年初,在华东师大出版社李文革先生的建议下,本人拟好写作提纲和具体写作内容,收集了写作资料.

一本指导教师研修实践的教材,需要来自教学第一线的新鲜经验,也需要有丰富的案例来支撑,特邀请两位具有丰富教学经验的资深中学高级教师一道完成写作任务.

本书的主要作者都长期在中学数学教学第一线从事教学和教研工作,对我国中学数学的教学研修现状有着比较确切的亲身感受,也形成了自己的一些思考.本书具体分工如下:任升录编写绪论、第一章、第二章、第三章、第五章等内容;尹德好编写第四章、第六章、第七章等内容;薛立新根据中学数学教学研修的需要,撰写了书中理论学习、教学实践等案例,并结合中学数学教学的实际对所选用案例进行了科学性、实用性检查;张丽华参与了第七章部分案例初稿的撰写.初稿完成之后由我统一修改定稿.除作者撰写的案例外,对于收集和教师提供的案例,为了保持案例的真实和完整,在适合本书编排体系的前提下,尽量保持原貌,并予以署名,在这里就不一一列举,谨向大家表示诚挚的感谢.

作为特约审稿人,华东师大田万海教授提出了诸多真知灼见,使得本书增色不少.本丛书另外两本的作者王国江先生、王凤春先生,在本书的成书过程中,也提出了建设性建议,例如绪论的结构就是在多次集中讨论基础上形成的.
王喆玮老师作为第一读者,不仅阅读了全书初稿内容,而且指出了包括表达和
文字等方面的不妥之处,使得本书在贴近中学数学教学研修实际方面又进了一
步.在此向各位致以最真诚的敬意.就在本书写作进入最后阶段,华东师大开放
教育学院聘请我担任教师远程研修助学导师,与两期共计超过 500 名数学教师
的在线交流讨论,丰富了本书的内容,在此向参加 2012 年秋学期第二期和 2013
年春学期第一期上海市级共享课程的数学教师们表示深深的谢意.

　　春夏之交,万物生长,到处呈现生机勃勃的景象.春天是播种的季节,夏季
是生长的季节,我们的努力能否收到预期的效果,对读者有没有启发,需要在使
用过程中检验.限于作者的视野和水平,论述中学数学教学研修,难免有些疏漏
和偏颇.如果个人和区域经验能够有助于教师理解如何开展研修活动,或者本
书能为读者提供一点参考,那是作者的莫大幸焉.

　　最后衷心希望使用本书的教师以及其他读者朋友,能够对本书提出您的宝
贵意见和建议,使本书在再版时能有所改进.

任升录

2013 年 5 月于上海